Les rois maudits

L'enquête historique

Eric Le Nabour

Les rois maudits

L'enquête historique

Préface de Colette Beaune

PERRIN
www.editions-perrin.fr

ISBN-2-262-02396-4

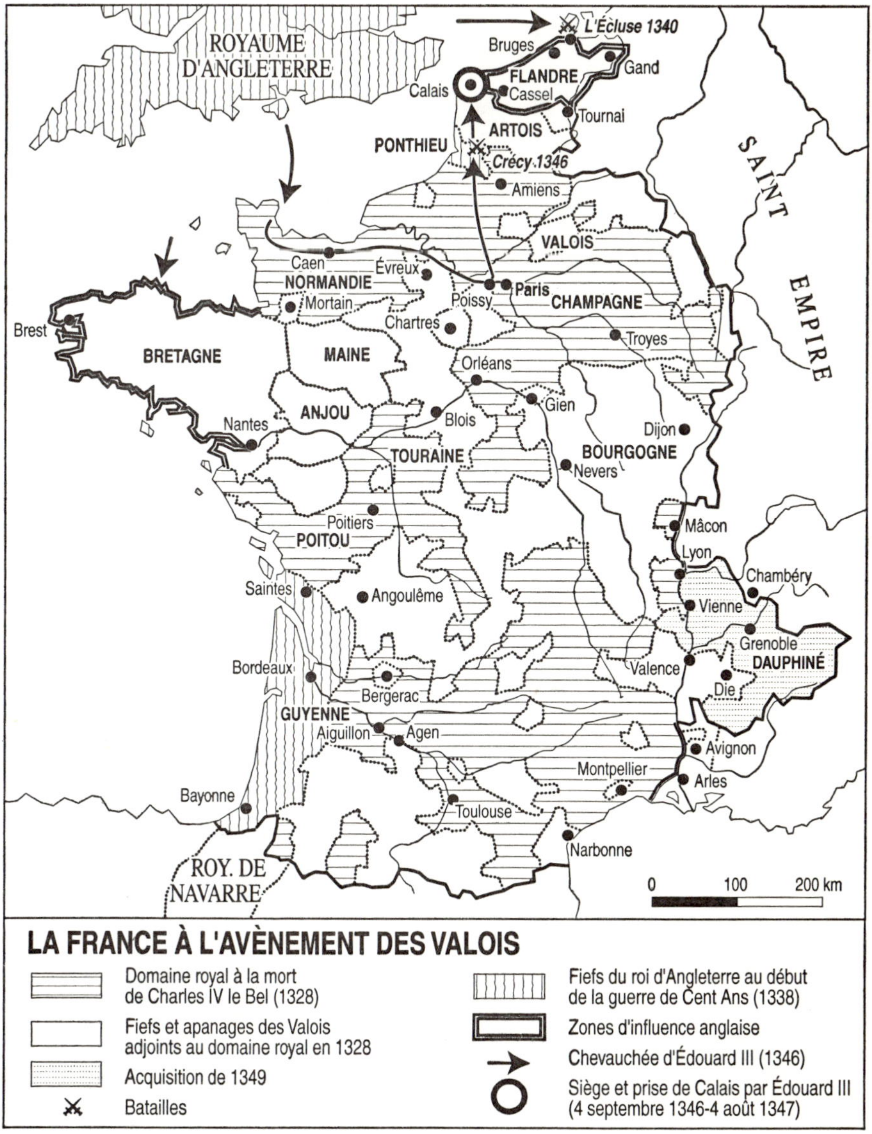

LA FRANCE À L'AVÈNEMENT DES VALOIS

Généalogie de la famille d'Artois

- **Louis VIII le Lion** (1187-1226), roi de France (1223-1226) ♥ **Blanche de Castille**
  - **Louis IX** (Saint Louis)
  - **Robert Ier, comte d'Artois** (1216-1250), ♥ en 1237 **Mahaut** († 1288) fille d'Henri II, duc de Brabant
    - **Robert II, comte d'Artois** (1250-1302)
      - **Philippe d'Artois,** sgr de Conches († 1298) ♥ **Blanche,** fille du duc Jean II de Bretagne
        - **Robert III d'Artois,** comte de Beaumont-le-Roger (1287-1342) ♥ **Jeanne de Valois,** fille de Charles de Valois, sœur de Philippe VI, roi de France
      - **Mahaut,** comtesse d'Artois (1270-1329) ♥ **Otton IV,** comte de Bourgogne
        - **Jeanne de Bourgogne** ♥ **Philippe V,** roi de France
        - **Blanche de Bourgogne** ♥ **Charles IV,** roi de France
    - **Blanche d'Artois** (1248-1302) ♥ en 1269 **Henri Ier de Navarre** (1244-1274)
      - **Jeanne de Navarre** (1273-1305), ♥ **Philippe IV le Bel,** roi de France

Généalogie de Philippe le Bel

- **Louis VIII le Lion** (1187-1226), roi de France (1223-1226) ♥ **Blanche de Castille**
  - **Louis IX (Saint Louis)** (1214-1270), roi de France (1226-1270) ♥ en 1234 **Marguerite de Provence** (1221-1295), fille de Raymond V, comte de Provence, et de Béatrice de Savoie
    - **Philippe III le Hardi** (1245-1285), roi de France (1270-1285) ♥ en 1262 **Isabelle d'Aragon** (v. 1247-1271), fille de Jacques 1er d'Aragon ♥ en 1274 **Marie de Brabant** (1254-1321), fille d'Henri III, duc de Brabant
      - **Louis** (1263-1276)
      - **Philippe IV le Bel** (1268-1314), roi de France (1285-1314) ♥ en 1284 **Jeanne de Navarre** (1273-1305), fille d'Henri 1er de Navarre
        - **Louis X le Hutin** (1289-1316), roi de Navarre (1305-1314) puis roi de France ♥ en 1305 **Marguerite de Bourgogne** (1290-1315) fille de Robert II, duc de Bourgogne ♥ en 1315 **Clémence de Hongrie** (1293-1328), fille de Charles Martel d'Anjou, roi de Hongrie
          - **Jeanne II,** (1311-1349) reine de Navarre (1328-1349)
          - **Jean Ier, le Posthume** (1316) roi de France (1316)
        - **Isabelle de France** (1292-1358) ♥ **Édouard II,** roi d'Angleterre
          - **Édouard III,** roi d'Angleterre (1312-1377)
        - **Philippe V le Long** (1293-1322), roi de France (1316-1322) ♥ en 1307 **Jeanne** (1292-1329) fille d'Otton IV, comte de Bourgogne, et de Mahaut d'Artois
        - **Charles IV le Bel** (1294-1328), roi de France (1322-1328) ♥ en 1308 **Blanche** (1295-1326), fille d'Otton IV, comte de Bourgogne, et de Mahaut d'Artois ♥ en 1322 **Marie de Luxembourg** (1305-1324), fille de l'empereur Henri IV ♥ en 1325 **Jeanne d'Évreux** (1310-1371), fille de Louis, comte d'Évreux
      - **Robert** (1269)
      - **Charles de Valois** (1270-1325) ♥ en 1290 **Marguerite d'Anjou** (1273-1299) ♥ en 1301 **Catherine de Courtenay** ♥ en 1308 **Mahaut de Saint Pol**
        - **Philippe VI de Valois** (1293-1350, roi de France (1328-1350) ♥ en 1313 **Jeanne de Bourgogne** (1294-1348), fille de Robert II, duc de Bourgogne ♥ en 1349 **Blanche de Navarre** (1333-1398), fille de Philippe III d'Évreux
      - **Louis d'Évreux** (1276-1319)
      - Blanche (1278-1305)
      - **Marguerite** (1279-1318) ♥ en 1299 **Édouard Ier** (1239-1307), roi d'Angleterre
        - **Édouard II,** roi d'Angleterre (1284-1327), ♥ en 1308 **Isabelle de France** (1292-1358), fille de Philippe IV Le Bel

Préface

par

Colette BEAUNE

Le 13 souriait au roi Philippe. En ce dimanche de Pentecôte 1313, il adoubait ses trois fils en présence de la reine d'Angleterre et de tous les grands barons réunis à Paris. Des joutes furent données, et les tables ouvertes à tout venant dans les rues ajoutaient à la liesse populaire. C'était en ce jour l'apogée du règne. Philippe IV le Bel n'était-il pas alors le roi le plus puissant de toute la chrétienté, le petit-fils d'un saint, le père d'une nombreuse lignée et le protecteur de la papauté ? Clément V venait de s'installer à Avignon et de dissoudre l'ordre du Temple à sa demande. Le mariage de la reine Isabelle avec Edouard II garantissait la paix avec l'Angleterre. Les tisserands de Flandre se taisaient. Nul n'osait plus s'opposer ouvertement au roi de Fer.

L'année 1314 fut horrible. Même le ciel prenait parti contre le roi. Une comète apparue dans le ciel parisien annonça les pires désastres. Le temps pluvieux et froid ne permit pas aux blés de mûrir et la famine réapparut. A l'extérieur, le roi d'Angleterre et la reine Isabelle affichaient désormais ouvertement leur mésentente, les Flamands se révoltaient et les trêves de Marquette ne satisfaisaient personne. Enguerrand de Marigny, le principal conseiller de Philippe qui les avait négociées, fut accusé de trahison. Les contribuables de tout le royaume voulaient qu'on leur remboursât ce qu'ils avaient payé pour financer une guerre avortée. Or les caisses étaient vides ; l'Etat, au début du XIVe siècle, dépense même en période de paix plus qu'il n'encaisse. Face à cette réalité, Philippe avait tout essayé : les manipulations monétaires, la saisie des biens juifs et lombards, la confiscation des commanderies du Temple. Tant qu'il avait connu le succès, les Français avaient payé. En cette année 1314, voilà qu'ils ne voulaient plus ; se souvenant brutalement que le roi ne respectait plus depuis bien longtemps leurs libertés fiscales ou judiciaires. Le petit-fils de Saint Louis se moquait bien des pauvres. Son administration les traitait avec mépris et leur ôtait le peu qu'ils avaient pour vivre. Dans toutes les provinces, les nobles s'allièrent contre le roi pour défendre leurs sujets (disaient-ils) ou leurs privilèges (disait le roi). Des rumeurs hostiles couraient sur la famille royale : les brus du roi qui avaient respectivement vingt-cinq, vingt et dix-huit ans tromperaient leur mari. Fidèle à son épouse après neuf ans de veuvage, le roi Philippe n'avait aucune sympathie pour l'adultère. Et politiquement, celui-ci conduisait, il le savait bien, à l'incertitude des filiations. Le sang de France devait rester pur pour que le trône ait un héritier incontestable. Il fit enfermer Marguerite de Bourgogne, Jeanne et Blanche d'Artois, et supplicier les deux amants, les frères d'Aunay. Le trône ne courait en principe aucun risque ; Philippe n'avait que quarante-six ans et ses trois fils (Louis roi de Navarre, Philippe comte de Poitiers et Charles comte de La Marche) dans la force de l'âge auraient d'autres enfants. Mais le 29 novembre 1314, Philippe mourut. Il laissait trois fils mariés sans l'être qui n'avaient que des filles. Un problème qui ne s'était jusque-là jamais posé aux Capétiens ; depuis 987, ceux-ci avaient toujours eu en effet à leur mort un héritier mâle.

Ces années sombres et mal connues qui s'étendent de la mort de Philippe IV à l'avènement de Philippe VI de Valois en 1328 sont le sujet du roman que Maurice Druon fit paraître en 1955. *Les Rois maudits* connurent un énorme succès. L'écrivain y posait à travers les réalités médiévales les questions des années 1960. Cette adéquation avec l'époque est l'une des raisons de la diffusion exceptionnelle du livre. Maurice Druon y mêle fort habilement fiction et histoire. Essayer de faire la part de l'une et de l'autre, tel est l'objet de ce livre.

Les personnages

Maurice Druon centre le récit sur Paris et sa région. Socialement, il ne s'intéresse qu'aux élites : les rois (Louis X le Hutin de 1314 à 1316, Philippe V de 1316 à 1322, Charles IV le Bel de 1322 à 1328), les nobles, les Templiers, les papes Clément V et Jean XXII. Celles-ci sont mieux éclairées évidemment par les chroniques. Mais 85 pour cent de paysans n'apparaissent jamais, sauf de façon sous-entendue, comme victimes des guerres ou des excès de la fiscalité. Le paysan que rencontre Philippe IV à la veille de sa mort reste anonyme. De même, les bourgeois de Paris ne fournissent aucun des acteurs majeurs de cette histoire, qui est celle du pouvoir et des cours.

C'est un parti pris que justifie l'entrelacement des deux thèmes principaux dans l'œuvre de Maurice Druon : d'une part, la malédiction qu'aurait proférée sur le bûcher le Grand Maître des Templiers Jacques de Molay contre le roi et le pape – tous les malheurs qu'a connus le royaume dans les premières années du XIVe siècle en découleraient –, d'autre part, l'affrontement entre Robert et Mahaut pour la possession du comté d'Artois et l'influence auprès du roi. Cette lutte où tous les coups sont permis induit une question plus générale : les femmes peuvent-elles accéder au gouvernement des apanages et au trône de France ? Finalement la loi des mâles l'emportera.

Le cadre fixé chronologiquement et géographiquement, il convient ensuite d'y inscrire des personnages. Ceux-ci tiennent à la fois de l'histoire et du roman. Le romancier a peu de latitude de manœuvre vis-à-vis des rois, des papes et des grands de ce monde. Les événements sont bien connus, les dates sûres, seule l'appréciation des caractères peut varier. Certes il y a une marge d'interprétation quand plusieurs textes présentent des discordances sur le même événement. Le romancier choisit la version la plus spectaculaire (protestations d'Agnès de Bourgogne lors du sacre), l'historien les présente toutes et les évalue. Autre différence : si l'historien peut hésiter à caractériser un personnage (qui fut réellement Philippe le Bel ?), il n'émet pas de jugement moral. Le romancier, lui, présente la lutte entre Mahaut et Robert comme l'affrontement de deux formes d'ambition et du mal, et il place le bien du côté du roi et de l'Etat.

Pour ses personnages secondaires, le romancier crée à partir d'éléments historiques qui peuvent être parfois infimes. Guccio Baglione n'est pour les historiens qu'un nom qui apparaît deux fois dans les archives : dans l'autobiographie de Gianni Baglione au milieu du XIVe siècle et dans la Constitution en 1309 de la compagnie Tolomei. Mais le joli personnage du jeune Lombard amoureux d'une jeune fille noble est une création de Druon. Création aussi pour Marie de Cressay (en fait Marie de Pacy près de Bernay-sur-Eure). D'autres personnages sont créés à partir d'un seul document dont Maurice Druon supplée les manques (Béatrice d'Hirson ou Evrard de Bar-sur-Aube) par une sorte d'agrégation. Ainsi Spinello Tolomei qui se retrouve du début à la fin du roman est-il formé à partir de plusieurs Italiens qui ont fréquenté le marché parisien entre 1260 et 1290. C'est une sorte de Lombard type mais aucun en particulier. Il tient des Tolomei le nom, la citoyenneté siennoise, la fonction bancaire. Mais ceux-ci ont fait faillite en 1311 et regagné l'Italie. Il tient de Gandoufle d'Arcelles l'énorme fortune, les clients huppés et l'influence politique. Mais Gandoufle est lui aussi mort avant 1314.

Gaullisme et laïcité

Le Philippe le Bel de Maurice Druon a de faux airs de Charles de Gaulle. D'abord par sa personnalité : le roi est un homme imposant et austère qui ne suscite guère la familiarité. Une moralité exigeante et peu de tolérance pour les faiblesses d'autrui. Il lui faut incarner l'autorité de l'Etat et s'affirmer face à la papauté ou au Temple qui a failli. Philippe ne tient de personne hormis Dieu. Toutes les terres et tous les hommes et femmes d'un royaume qu'il a agrandi dépendent de lui, et il en répondra au roi du ciel. Il règne avec le soutien des légistes en qui Druon voit des bourgeois soucieux de progrès qui feraient carrière grâce à leurs mérites et à leur souci nouveau du service public. Or les légistes sont pour partie des nobles, tel Enguerrand de Marigny. Leur ascension sociale est réelle, mais elle tient du patronage plus que de la méritocratie. Enguerrand n'a point fait de brillantes études de droit mais il a fait le bon choix en entrant au service de l'épouse du roi, Jeanne de Champagne, et les décisions qu'il prend ne sont pas les siennes mais celles du roi. Les légistes sont des techniciens utiles, non des hommes politiques. Seule la haute noblesse garde une influence décisive au Conseil. A la fin, Charles de Valois fait pendre le ministre. Quant aux assemblées que Philippe réunit et qui sont les premiers états généraux, elles se bornent à écouter le roi et à consentir. Elles ne sont que de très loin des ébauches de parlement ou de démocratie. De toute façon, les démocraties médiévales, quand elles existent, ne concernent que les privilégiés.

Les Rois maudits de Druon foisonnent de signes (une comète annonce les malheurs de la fin du règne, la mort du roi est précédée d'une éclipse) mais Dieu en est absent. L'Eglise n'est guère mieux traitée. C'est seulement une institution qui cherche à se pérenniser et à accroître son pouvoir. Le conflit entre temporel et spirituel est présenté comme une lutte entre deux rivaux du même ordre. Au conclave s'affrontent les partis cardinalices soutenus par untel ou untel. Tout cela n'est pas faux, certes. Mais les grands problèmes théologiques du temps sont soit sous-estimés soit carrément occultés : la vision béatifique, par exemple, mériterait pourtant mieux ; il ne s'agit en effet pas de vider le paradis et l'enfer mais de savoir si les âmes sont jugées individuellement au trépas de chacun ou doivent attendre le Jugement dernier pour voir Dieu en face. Quant au problème de la pauvreté qui passionne alors tous les pays méditerranéens comme *Le Nom de la rose* d'Umberto Eco l'a bien montré, nous n'en saurons rien. Faisant siennes les critiques des Spirituels (des franciscains) dont il ne parle pas, Druon relie l'Eglise au pouvoir, au népotisme et à la richesse. Les seuls prélats évoqués sont les frères de Marigny, et les frères mendiants – si nombreux en ce début du XIVe siècle – sont réduits à quelques figures d'inquisiteurs : Bernard Gui oblitère Thomas d'Aquin pourtant canonisé en 1323. Enfin, l'influence de l'Université passe à la trappe. Option curieuse pour un roman situé à Paris où toute la rive gauche vit déjà au rythme des débats qui agitent l'*alma mater*.

De même, la part faite aux dévotions est faible dans *Les Rois maudits* et ne reflète nullement les réalités de l'époque. La vie quotidienne des grands est en effet scandée par le temps liturgique. Tous vont à la messe, certains tel Saint Louis récitent leurs heures comme les moines. Pèlerinage, croisade et souci du salut individuel sont très présents dans les esprits. Or, les pratiques médiévales sont présentées par Druon comme des superstitions à la limite du ridicule : ainsi quand Charles de Valois s'enorgueillit en 1317 d'avoir un pied de Saint Louis dans un reliquaire d'argent doré – toutes choses qui, aux yeux du romancier, ne servent à rien et sont d'authenticité douteuse ! La révérence dont un pied est ici l'objet renvoie à l'usage de baiser le pied de la statue de saint Pierre à Rome et, il faut le préciser, les reliquaires de pied ne couraient pas les rues ! Il se trouve que la répartition des reliques de Saint Louis nous est très bien connue ; Philippe IV a dispersé avec beaucoup d'attention les reliques de son grand-père. Les pieds sont restés à Saint-Denis ; l'abbaye fut, elle, très mécontente d'avoir perdu la tête offerte à la Sainte-Chapelle. La famille capétienne conserve plutôt des cheveux mais aussi des vêtements, des livres ou des coupes. Même emploi folklorique des reliques lors de l'accouchement de Clémence de Hongrie : pour cette naissance du petit Jean Ier, le romancier accumule tibia et prémolaires de saints divers dont certains ne furent jamais évoqués aux accouchements ! Va pour Marguerite et Félicité, mais le scepticisme de l'historien s'impose pour sainte Colette (une franciscaine canonisée bien plus tard). Plus amusante, l'intervention à deux reprises de saint Druon. Ce n'est pas que cet ermite du XIIe siècle, originaire de la région d'Arras dont le romancier fait le protecteur de Mahaut d'Artois, n'ait pas existé. Mais c'est plutôt un clin d'œil sympathique au lecteur !

Les miracles ne sont pas mieux lotis. Druon n'y croit pas. Quand il vient à parler des écrouelles (le miracle royal est quand même difficile à passer sous silence), son embarras est visible. Ainsi le passage où, sur son lit de mort, Philippe IV doit révéler à son successeur les paroles secrètes « qui l'investissent de la capacité réelle ou supposée de guérir une affection bénigne ». Or il les a oubliées et c'est son confesseur qui les révèle au futur Louis X ! En réalité, il n'y a jamais eu de secret et la formule attestée depuis Saint Louis est celle-ci : « Le roi te touche, Dieu te guérit. » De même, la guérison est attribuée, selon les sources, au sang des rois ou à l'efficacité du sacre et de la sainte ampoule. Les paroles secrètes seront surtout évoquées plus tard sous Philippe VI de Valois quand le changement de dynastie fait douter de la continuité du sang comme du miracle. Notre Philippe si oublieux, selon Druon, a en fait dans la réalité très soigneusement joué de son pouvoir thaumaturgique. Il y croyait et en a systématiquement fait la propagande. Même excommunié ou presque, il guérissait toujours et le faisait savoir. Le développement de l'Etat moderne, contrairement à ce que l'on pensait dans les années 1960, ne devait pas conduire à une laïcisation de l'Etat mais à une surchristianisation du roi et de la nation. Comme le roi, la France est très chrétienne, et la séparation de l'Eglise et de l'Etat n'est pas concevable au temps des rois maudits.

La question féminine

Le droit de vote des femmes n'est effectif en France qu'à partir de 1945, et la République demeure hermétique dans les années 1960 aux débuts des *gender studies* dans les pays anglo-saxons. Les femmes n'occupent guère de place au niveau le plus élevé, qu'il s'agisse de la France gaulliste ou de celle d'aujourd'hui.

Peu de femmes donc dans ce roman consacré à la grande histoire (les règnes et les guerres) et à la vie publique où, il est vrai, elles jouèrent un rôle discret. Parmi ces femmes rares dont le romancier a choisi de parler, les unes acceptent le modèle traditionnel qui cantonne les femmes à la sphère privée : fiancées acceptant le choix des parents, épouses dévouées, veuves austères, telles Clémence de Hongrie ou Marie de Cressay. Toutes ne sont pas heureuses mais justifiées en quelque sorte par le mariage et la maternité. D'autres refusent ce rôle : femmes adultères comme Marguerite de Bourgogne épouse de Louis X, empoisonneuses comme Béatrice d'Hirson qui couche avec Robert d'Artois (pour le dominer sans y réussir !).

L'héroïne emblématique des *Rois maudits* est Mahaut d'Artois : le roman tourne autour du conflit qui l'oppose à son neveu Robert. Sous la plume du romancier, Mahaut, qui succède à un homme au comté en en évinçant un autre, est tour à tour pair de France – elle soutient la couronne de son gendre Philippe en 1316 –, empoisonneuse du petit Jean Ier et du roi Louis X, et fabrique des philtres d'amour dans les couloirs du palais. A la fin, elle meurt solitaire après avoir vu les émeutiers piller son superbe château de Hesdin.

Mahaut était-elle si coupable ? En effet, le droit successoral lui donne raison, et les trois procès intentés par son concurrent ont tous abouti à proclamer son bon droit. Son neveu Robert d'Artois a bel et bien fabriqué des faux, et l'itinéraire de Mahaut (qui est incontestable) prouve qu'elle a passé six mois en Franche-Comté fin 1316 et n'a donc pu empoisonner Louis X. Certes des rumeurs couraient sur son compte, mais c'est que Mahaut était trop puissante, trop visible et... trop femme. M. Druon se garde bien de présenter les arguments à décharge : en effet, Mahaut a perdu en peu d'années tous les hommes de sa famille (père, frère, époux, ses trois fils) pour qui elle fit bâtir par les meilleurs sculpteurs des tombeaux magnifiques et fit distribuer des milliers de repas aux pauvres ; Mahaut fit construire hôpitaux et monastères et commanda quantité de livres et de tapisseries. L'évolution du gouvernement de l'apanage d'Artois est parallèle à celle du royaume : Mahaut renforce le pouvoir central, développe l'impôt quand elle peut. Thierry d'Hirson au service de Mahaut est le parfait homologue d'Enguerrand. Pourquoi le premier serait-il un favori et l'autre un grand ministre ?

Ainsi caricaturée, la comtesse d'Artois est réussie. Du point de vue romanesque d'ailleurs, quel intérêt y aurait-il à la montrer – comme ce fut le cas en réalité – commandant des livres de lecture ou des masques de carnaval pour sa tribu enfantine, alors que l'achat de poisons qui circulent de femme en femme avant de frapper des hommes est – il est vrai – plus accrocheur et correspond tout à fait à nos stéréotypes médiévaux. Ainsi donc Mahaut est une empoisonneuse comme toutes les femmes le sont potentiellement, elles qui préfèrent agir dans l'ombre à défaut de manier ouvertement l'épée. Mahaut est une empoisonneuse car elle a plus de cinquante ans ; c'est une *vetula* comme toutes ces femmes ménopausées qui donnent le mauvais œil et véhiculent des savoirs interdits. Les générations d'inquisiteurs à venir en feront d'emblée des sorcières.

Maurice Druon n'a pas écrit un roman féministe certes. La carrière des femmes se joue à l'horizontale, dit l'un de ses personnages. Mais son intuition de grand romancier a reproduit exactement la plupart des stéréotypes misogynes de l'époque médiévale. Chemin faisant, il a mis en lumière un problème dont les historiens ne sont pas toujours conscients : la succession au trône de France et la succession d'Artois sont chronologiquement imbriquées (1309-1316 / 1328-1329) et probablement interdépendantes. Dans quel sens faut-il penser cette interconnexion ? Mahaut exerçait le pouvoir au féminin. Son gouvernement fut contesté sous l'effet conjoint des campagnes de rumeurs et des guerres civiles. Toutes ces difficultés favorisèrent l'exclusion des femmes du trône de Saint Louis, puisque l'exemple n'était pas probant. Le pouvoir des femmes, on le voyait, conduisait à l'impuissance ou à l'anarchie ! Au vrai, le règne de Mahaut ne fut si difficile que parce qu'elle exerça le pouvoir à une époque où les femmes sont progressivement exclues de la succession aux apanages (en 1314) puis au trône (1316, 1328). Le pouvoir féminin de Mahaut apparut donc comme un archaïsme, bientôt comme une anomalie.

La théorie du complot

Les chroniqueurs médiévaux croient déceler l'action de Dieu à travers l'histoire des hommes. Pour les maintenir sur la voie salutaire, Il envoie comètes ou éclipses qui sont autant de signes. Le roman de Druon adopte un peu le même point de vue. Les choses ne sont pas ce qu'elles sont, il y a des secrets en ce monde. Des manipulateurs cachés ont pour objectif non plus le salut des hommes mais leur fortune personnelle ou leur vengeance.

Ainsi, la manipulation se situe à deux niveaux : en haut, les Lombards, à un niveau inférieur les Templiers. Bien insérés dans la société, les Lombards prêtent aux grands, tous endettés (ce qui est vrai, mais on n'a que les dettes qu'on peut se permettre), et ils font pression sur les uns ou les autres pour protéger leurs intérêts. Spinello Tolomei, le personnage des *Rois maudits*, est le *deus ex machina* de cette affaire. Son hôtel est bourré d'objets (certains à vendre, d'autres déposés en gage) qui attestent une logique d'accumulation et de pouvoir.

Mais est-ce vrai, était-ce possible ? Spinello aurait été en effet un financier très maladroit puisqu'il fait faillite dès 1311 et que les Lombards sont rapidement expulsés (provoquant une crise du crédit). La société du XIVe siècle n'est pas, rappelons-le, celle des années 1960 : les fortunes qui comptent sont toujours en terres et fiefs ; avoir de l'argent n'est rien si le sang noble et la bonne renommée ne s'y adjoignent, enfin la vulnérabilité des capitalistes étrangers est très grande. Ils sont le fait du prince dont ils financent en partie les fêtes et les guerres. Et le banquier lombard n'a pas grand-chose à voir avec les « 200 familles » ni avec le « grand capital », thèmes récurrents au XXe siècle. Spinello renverrait plus au mythe de « l'internationale juive » : mêmes réseaux internationaux étrangers au pays d'accueil, même vocation financière forcée. Mais dans les années 1960 où la Shoah a fait irruption dans la conscience des Européens, le silence est de mise. Pourtant les mêmes ordonnances royales touchèrent au XIVe siècle les Lombards et les Juifs, ceux-ci étant tout aussi nombreux à Paris. D'ailleurs le roi pouvait compter sur l'appui de l'opinion contre ces usuriers maudits mais indispensables au fonctionnement de l'économie. Nous ne rencontrerons dans *Les Rois maudits* que les premiers, le romancier ne parlant que peu des Juifs. Il les évoque une fois, en 1320, dans les dates qui nous occupent, à propos du massacre atroce perpétré contre eux à Verdun-sur-Garonne.

Autres comploteurs des *Rois maudits*, ce sont les ex-Templiers qui manipulent les confréries maçonnes, les lépreux, les pauvres enfants pour provoquer soulèvements ou défaites, ce sont eux qui fournissent du poison ou des savoirs secrets pour miner cette société de l'intérieur.

Les Templiers, écrit Druon, sont des innocents que le pouvoir royal aurait broyés pour remplir ses caisses. Les procès de Moscou sont probablement pour beaucoup dans cette affirmation. Les historiens sont aujourd'hui beaucoup plus prudents sur toutes ces propositions. Quand les Templiers sont tous arrêtés en octobre 1307, il est certain que les caisses de l'Etat sont vides et que Philippe le Bel va tirer temporairement profit des confiscations. Les Templiers ont une réputation de richesse, due à leur rôle de convoyeurs de fonds vers l'Orient croisé. Mais on ne trouvera rien ! Il n'y a pas de trésor des Templiers puisque les combats en Orient, tous perdus depuis la chute d'Acre en 1291, absorbent au fur et à mesure l'or levé en Occident.

Philippe le Bel s'en prit au Temple essentiellement pour des raisons politiques et religieuses. Jacques de Molay refusait l'union des ordres (c'est-à-dire la fusion avec les Hospitaliers), ce qui rendait plus difficile tout projet de croisade en Orient. L'autonomie de l'Ordre qui ne dépendait que du pape devenait gênante pour un Etat de plus en plus centralisé. Et surtout, le roi crut les délateurs qui accusaient les Templiers d'hérésie, idolâtrie, voire même de sodomie. Les Templiers qui furent tous arrêtés le même jour avouèrent tout ce qu'on voulut, qu'ils aient été torturés ou qu'ils aient pensé n'avoir pas d'autre solution. Le Grand Maître avoua. Ces aveux permirent au roi d'arracher au pape la dissolution de l'Ordre en 1312. L'austère Philippe se sentait responsable du salut de son peuple. La mort de sa femme Jeanne en 1305 l'avait plongé dans une crise mystique : il arrêtait les Templiers comme il avait en 1306 expulsé les Juifs et les Lombards, ou comme il arrêtera un peu plus tard ses trois brus.

Les Templiers étaient en partie coupables : comme toute communauté, l'Ordre comptait des brebis galeuses, mais il n'était globalement ni idolâtre ni hérétique. Pourtant certaines de ses cérémonies d'admission étaient bien suivies de bizutages scabreux (avec reniement du crucifix, crachats et baisers obscènes). La réforme y était nécessaire. Jacques de Molay l'avait d'ailleurs promise sans y réussir.

Alors, au moment de mourir, avait-il réellement maudit le roi, le pape, Guillaume de Nogaret, tous convoqués au tribunal du ciel ? De fait, les rois de France ne furent considérés comme maudits (parce qu'ils augmentaient trop les impôts et non pour s'être débarrassés des Templiers qui furent peu regrettés) que lorsque, aux morts prématurées des trois fils de Philippe le Bel, vinrent s'ajouter l'absence de descendance et l'échec politique. Dieu avait entendu, pensa-t-on alors, les supplications des pauvres. Car Jacques de Molay était resté muet sur le bûcher. Comme voix des pauvres, l'Ordre riche et puissant était d'ailleurs peu crédible. Il fallut attendre la fin du XVe siècle pour que la légende de la malédiction se fixât sur le Grand Maître.

L'Ordre dissous, que devinrent les Templiers ? Certains étaient morts brûlés, d'autres en prison, mais les survivants furent rapidement libérés. Ils rejoignirent alors l'Hôpital ou reçurent des pensions jusqu'à la fin de leurs jours. L'Ordre versa-t-il dans la clandestinité et la révolte ? Druon pousse en ce sens sans l'affirmer franchement (ce qui est clandestin pose toujours problème à l'historien, qui a besoin de sources). Le diocèse de Langres aurait animé la résistance. Il est vrai que les Templiers étaient particulièrement nombreux dans cet Est champenois d'où l'Ordre était originaire. Le frère de Jacques de Molay, chanoine à la cathédrale, poussa les Templiers locaux à affirmer l'innocence de l'Ordre devant la commission pontificale, mais en 1310. Après plus rien, sauf ce Girard de Langres repéré dans une sale affaire d'envoûtement en 1316 à Avignon. Templier et prêtre, il était réellement présent à Paris en 1310.

Enfin, autre héros de Druon, Evrart de Bar-sur-Aube, qui fréquente les mauvais lieux et assassine, ne nous est connu que par l'interrogatoire de 1316. Celui-ci n'en fait d'ailleurs pas un Templier même s'il est « de leur conseil » (cette institution n'existe pas). Les fichiers informatisés actuels qui regroupent deux mille noms de Templiers dont la moitié sont français n'en font pas état. Evrard est le complice d'un Templier plus qu'il ne l'est lui-même

Quant à la suggestion d'un lien entre le Temple et la franc-maçonnerie, elle n'est due qu'à la récupération tardive par cette dernière de l'imaginaire templier, à la fin du XVIIIe siècle. En 1300, il n'existe pas de métier du bâtiment organisé, même si l'on trouve des apprentis et des compagnons sur les chantiers qui transmettent leurs tours de main à travers les générations. Faut-il supposer au Temple des connaissances ésotériques, le don de prévoir l'avenir et la maîtrise des secrets de l'Orient ? C'est ignorer que la très grande majorité des Templiers, à l'exception des prêtres, est illettrée. Les bibliothèques du Temple sont connues pour leur pauvreté. On demandait aux Templiers de combattre et non de savoir. Et cette incompétence face à des juges instruits a signé leur échec. D'ailleurs quand Girard veut passer pour un magicien et un devin crédible aux yeux du cardinal Caetano, il n'affiche pas sa qualité de Templier mais se fait passer pour un autre. En 1316, on ne parle ni de trésor ni de savoirs secrets du Temple.

Aucun complot donc derrière la crise du début du XIVe siècle. Après deux siècles d'essor démographique, le monde est plein, les terres de plus en plus rares. Famines et épidémies réapparaissent. Le climat devient plus froid et pluvieux – l'ost boueux est une réalité. A ces modifications qui structurent le temps long s'ajoute le hasard.

Alors que Saint Louis avait régné quarante-deux ans et Philippe le Bel trente et un ans, trois rois vont se succéder en treize ans et mourir sans héritier mâle ! La crise que traverse la France traduit la coalescence des structures et du hasard...

Le roman de Maurice Druon *Les Rois maudits* se veut historique, et il l'est. Une équipe nombreuse et sérieuse a réuni la documentation en fonction des textes alors publiés et de la problématique des années 1960, le tout magnifié par l'imagination et le savoir-faire d'un grand romancier. Quand l'historien des années 2005 se retrouve face à cette fresque colorée et puissante, dont il se sent littérairement bien incapable, il demeure fasciné par le roman mais plus critique que lors de sa première lecture à l'âge de quatorze ans. L'histoire entre-temps a évolué, les questions posées ne sont plus les mêmes. Toute histoire est contemporaine.

1

Lever de rideau

Plantons le décor !... Pour une large part, la saga des « rois maudits » se déroule en France, le plus souvent à Paris ou dans ses environs immédiats.

Certes, Maurice Druon nous entrouvre les portes de Lyon, de Vincennes ou de Westminster, mais ce ne sont que des décors de second ordre, des toiles peintes. Comme si une force magnétique l'y ramenait invariablement, c'est dans le Paris de ce début du XIVe siècle qu'il nous replonge avec délices. Paris, lieu de pouvoir, arène de toutes les luttes, cité « tentaculaire » si on la compare à Londres ou à Venise.

Comment le lui reprocher ? C'est bien à Paris que commence de s'écrire l'histoire de la France en cette fin du règne de Philippe le Bel.

La ville a bien changé depuis l'époque où Paris s'appelait Lutèce au IIIe siècle avant J.-C. Lentement, elle s'est étendue au XIe siècle, puis sa croissance s'est accélérée au XIIe. Mais c'est Philippe Auguste qui en a fait une capitale en y installant un embryon d'administration royale – la Chancellerie, les Comptes, le Trésor – et en faisant construire à proximité de la ville la « grosse Tour du Louvre ». C'est lui surtout qui va faire édifier cette fameuse muraille destinée à englober les 272 hectares qu'occupe alors ce que l'on pourra bientôt appeler Paris *intra muros*. Une muraille haute d'une douzaine de mètres, d'une épaisseur de 2,6 mètres à la base, et couvrant une distance de 2 500 mètres sur la rive gauche comme sur la rive droite. Flanquée d'une soixantaine de tours, percée de seize portes solidement fortifiées, elle s'appuie rive gauche sur la Tournelle en amont et la Tour de Nesle en aval, rive droite sur la Tour Barbeau en amont et la Tour du Coin en aval.

Cette fortification n'aura cependant guère l'occasion de prouver son utilité avant longtemps, freinant même l'expansion de la ville.

Resserrée derrière ses remparts, la ville de Philippe le Bel donne encore l'image d'une sympathique confusion. Comme le souligne Raymond Cazelles : « Le peuplement et l'édification de Paris se sont effectués sans plan préétabli, selon les goûts et les disponibilités, de telle sorte que le Paris des XIIIe et XIVe siècles présente un aspect hétérogène avec des établissements religieux ou bourgeois déjà anciens, des rues étroites, des culs-de-sac ou rues sans “ chief ”, des reculées, des cloîtres, des hôtels, des maisons de louage et des masures [1]. »

Sous Philippe le Bel, Paris est limité au nord par le Temple et Saint-Martin-des-Champs, au sud-ouest par l'abbaye Saint-Germain-des-Prés et son bourg, au sud-est par Saint-Marcel et Saint-Victor.

Mais Paris est avant tout un carrefour : une île principale traversée par un fleuve et une croisée de deux axes de circulation nord-sud et est-ouest. Ces deux axes n'ont rien de grandes rues autour desquelles se répartiraient des axes plus petits. La ville du roi de Fer n'est pas celle du baron Haussmann, mais un lacis de rues et ruelles qui relient les grands pôles d'activité que sont le palais de la Cité, les Halles, les ports et la place de Grève.

Pour passer d'une rive à l'autre de la Seine, deux ponts seulement : le Grand et le Petit Pont, tous deux surchargés de maisons et de boutiques – 140 et 112 sur le Grand

Pont. Régulièrement endommagés ou emportés par les crues, ils sont souvent hâtivement reconstruits.

En dépit de ce désordre apparent, Paris s'organise peu à peu. Jusqu'au XIIIe siècle, la ville est constituée par des censives : fiefs nobles, ecclésiastiques ou bourgeois. Mais à ces fiefs souvent anciens vient se superposer le domaine de la rue. Des rues groupées en paroisses, et dont l'importance ne doit pas être négligée, ne serait-ce que du point de vue fiscal.

A cette répartition s'en ajoute encore une autre, celle des quartiers : la Cité, Saint-Jacques, la Verrerie, la Grève, Sainte-Opportune, Saint-Germain-l'Auxerrois, Maubert, et Saint-André-des-Arts. Chaque quartier est placé sous la responsabilité d'un quartinier, généralement choisi dans les rangs de la bourgeoisie et dont la mission est de défendre la capitale en cas de guerre.

Quel aspect pouvait donc bien avoir ce Paris qu'arpente avec émerveillement le visiteur étranger ? La ville qu'il découvre, se trouve déjà trop à l'étroit dans son enceinte. Une ville riche et animée, dominée par le palais de la Cité, le Louvre, la cathédrale Notre-Dame, peuplée de somptueux hôtels, de maisons bourgeoises, d'églises, et où il est aisé de reconnaître trois zones géographiques principales : la Cité, cœur religieux, administratif et judiciaire ; la rive gauche pour l'Université ; et la rive droite, qui regroupe la plupart des activités économiques liées aux ports et aux Halles.

Un Paris fiévreux, coloré, où l'on circule mal, un perpétuel chantier, des rues effervescentes où tous les petits métiers se côtoient, où l'on parle haut et fort et... dans toutes les langues.

Car à Paris – la boutade est toujours d'actualité – on ne trouve guère de « Parisiens authentiques ». En réalité, le développement de la ville au XIIIe siècle a été porté par une vague d'immigration. Provinciale d'abord – comme en témoignent nombre de patronymes –, mais également étrangère à un moindre degré. Voilà pourquoi le visiteur n'aura guère de mal à croiser sur son passage des « Parisiens » qui parlent l'anglais, l'allemand, le lombard, l'aragonais, le castillan, le flamand, l'écossais, le polonais, et même le hongrois ou le norvégien !

Combien sont-ils, ces Parisiens ?

Pour en avoir une idée un peu précise, les historiens se sont servis de « l'état des paroisses et des feux » de 1328, recensant 61 098 feux pour Paris et Saint-Marcel, soit trente-cinq paroisses. Un feu, c'est-à-dire un foyer, une famille réunie autour d'un feu commun. Impossible, en revanche, de savoir avec précision si tel feu regroupe une dizaine de personnes et tel autre deux ou même une seule. Ferdinand Lot, pour sa part, retient un coefficient de 3,5 par feu, d'autres un coefficient un peu plus élevé. Mais, même en adoptant un taux moyen – celui de Lot –, nous arrivons à une estimation de deux cent mille habitants !... Ce qui est énorme à une époque où ni Londres, ni Venise, ni Gênes, ni Florence ne dépassent les cent mille âmes.

Paris fait donc bien figure de « monstre démographique ». Et on imagine sans peine la stupeur du visiteur fraîchement débarqué de sa province où une ville de dix mille habitants représentait déjà à ses yeux une sorte d'anomalie.

Mais la particularité de Paris est d'être avant tout – et ceci explique sa situation d'exception – la ville où réside le pouvoir des rois capétiens.

La ville du roi

Philippe Auguste avait créé un embryon de capitale administrative et judiciaire. Sous Philippe le Bel, Paris devient vraiment la « ville du roi ». C'est à Paris, même si le roi n'y réside pas en permanence – essentiellement de décembre à février, en tout pas plus de deux à quatre mois par an –, que bat vraiment le cœur du royaume. Si l'on ne peut encore parler de véritable centralisation, la volonté de rassembler là les instruments essentiels du pouvoir est évidente.

Le roi loge au palais de la Cité construit sur les ruines d'une forteresse datant de l'époque gallo-romaine. Un palais qui sera remanié, agrandi, embelli, et perdra peu à peu son caractère militaire de forteresse.

Dès 1296, Philippe IV, pour agrandir le palais vers le nord et l'est, procède à des expropriations, non sans indemniser leurs « victimes ». Les travaux se poursuivront durant toute la durée de son règne et sous les derniers Capétiens. De 1297 à 1313, c'est Marigny qui dirigera ces travaux.

En 1315, le palais apparaît ainsi comme une construction flambant neuve, un palais aux murailles blanches qui n'est plus seulement le lieu où réside le roi, mais où œuvre le gouvernement, un centre magnétique d'où rayonne le pouvoir. De vastes salles sont aménagées à cet effet. La Chancellerie et la Chambre des comptes s'installent au nord et à l'ouest de la Sainte-Chapelle construite sous Saint Louis et achevée en 1248 ; le Parlement est logé entre la Tour Bonbec et la Tour de l'Horloge ; à l'ouest, prennent place le logis du roi ainsi que la fameuse chambre Verte dominant des jardins et la pointe de l'île de la Cité. A l'intérieur de ce dernier se tiennent la salle du roi – où siège la cour du Parlement et où tous ceux qui lui appartiennent prennent leur repas –, la chambre des Plaids où le roi dîne et entend les plaideurs, ainsi que la chambre du Conseil. Une longue galerie – la galerie Mercière – relie ce logis à la Sainte-Chapelle.

Le palais apparaît si symbolique de la nouvelle image que Philippe le Bel souhaite donner de la monarchie que, lors de son inauguration en 1313, il y fera chevaliers ses trois fils en présence de sa fille Isabelle, de son gendre Edouard II d'Angleterre et des pairs du royaume.

Le palais est donc d'abord et avant tout un lieu de décision politique. Plus qu'une résidence royale, il est l'instrument d'un gouvernement. Toutes les institutions y sont concentrées, et avec elles ceux que l'on nomme « les gens du roi ».

L'entrée du palais est libre. A côté de ceux qui participent de l'une des administrations les plus fortes et les mieux organisées de l'Europe occidentale, se pressent curieux, étrangers et provinciaux de passage. On les voit déambuler dans les bâtiments, les cours et les chapelles au beau milieu de cette fourmilière de juges, d'avocats, de conseillers et de « gens des comptes » qu'appellent au palais leurs fonctions.

« Ses murailles inexpugnables, s'émerveille Jean de Jandun en 1328, offrent entre elles une enceinte assez vaste et assez étendue pour pouvoir contenir un peuple innombrable. Par honneur et pour leur glorieuse mémoire, les statues de tous les rois de France qui, jusqu'à ce jour, ont occupé le trône, sont réunies en ce lieu [...] Le Palais du roi a été merveilleusement adapté aux soins actifs, efficaces, complets de la prudence de nos rois... »

La progressive sédentarisation du roi à Paris amène ainsi au palais et dans la ville même un nombre croissant de serviteurs, petits ou grands, désireux de s'installer à proximité des lieux de pouvoir. Vivre et travailler à Paris devient plus qu'une ambition, une nécessité, une prédilection aussi. Vivre à Paris, c'est pour beaucoup ne plus pouvoir vivre en province.

Mais ce n'est pas tout. A la fois ville politique, religieuse, et intellectuelle par la vitalité de son université, Paris va devenir un lieu de passage obligé puis de fixation pour les élites. Le roi rassemble et fédère les énergies sous son autorité. Il draine également vers la capitale tout ce qui pense, crée, enseigne, dans le domaine des arts et des sciences, étendant son rayonnement bien au-delà de l'enceinte de Philippe Auguste. « Le milieu parisien est propice à la culture intellectuelle et artistique et les favorise particulièrement par les moyens dont il dispose et par la curiosité de tout ce qui est nouveau [2]. »

Un pôle magnétique

Il n'y a pas que les « gens du roi » qui soient fascinés par Paris. La présence de Philippe le Bel et des derniers Capétiens y sédentarise toute une population qui va des grands barons du royaume aux artisans les plus humbles. Elle agit comme un catalyseur. Qu'importe si le roi préfère résider au Louvre plutôt qu'au palais et même à Vincennes tout le temps que dureront les travaux, son cœur bat à l'unisson du royaume.

C'est à Paris qu'il faut faire carrière et qu'il faut travailler. C'est à Paris qu'il faut vivre et qu'il faut s'enrichir. C'est même à Paris qu'il faut parfois mourir.

La ville a d'ailleurs ses propres autorités. Depuis le XIIe siècle, elle est administrée selon un régime d'exception. Deux prévôts, l'un s'occupant de la justice ordinaire du roi, l'autre de la perception des revenus de ses domaines, la dirigent. Puis, en 1261, Saint Louis a mis fin à ce pouvoir bicéphale en désignant un seul « garde de la prévôté et vicomté de Paris ». Le premier à occuper cette charge, Etienne Boileau, s'est d'ailleurs immédiatement employé à rédiger un précieux *Livre des métiers* qui sera pour longtemps la base fondamentale de la réglementation professionnelle de la capitale. Premier bailli de France, il siège au Châtelet, à la sortie du Grand-Pont.

Plus tard toutefois, ce pouvoir redeviendra bicéphale, partagé entre le prévôt du roi et le prévôt des marchands qui, avec quatre échevins, veille depuis sa maison de la place de Grève sur les intérêts de la ville et de la hanse des marchands

Cette administration particulière confère à la ville une singularité non négligeable.

Centre du pouvoir, Paris est également un centre économique d'une extrême importance. La ville, on l'a dit, est un carrefour. Un carrefour fluvial et routier situé au cœur d'une région céréalière et viticole d'où partent et aboutissent des échanges multiples : vins de Bourgogne ou d'Orléans, sel de Bretagne et du Poitou, poisson des pêcheries de Dieppe et de Rouen, bois, pierre et pavés indispensables à la fièvre constructrice qui embrase la ville.

Pour accueillir ces marchandises, les ports ne manquent pas. Le principal est le port en Grève, ainsi nommé parce qu'il n'était au départ qu'une simple grève de sables alluviaux sur laquelle on pouvait aisément tirer les bateaux. Viennent ensuite les ports Saint-Gervais, des Barrés, Saint-Germain-l'Auxerrois, le port au vin, celui aux grains, au charbon, etc. Chaque port a plus ou moins sa spécialité. Le port Saint-Gervais est celui où arrivent le foin, les bûches, les fagots en provenance des forêts de Haute-Seine. Le port de l'Ecole, lui, accueille le poisson de mer, le bois des forêts de l'Oise et de l'Aisne ou le cidre de Normandie.

Par la route, reliant Paris à la Flandre, à l'Artois, à la Normandie, à la Champagne ou aux bords de Loire, arrive jusqu'à la capitale l'essentiel de son alimentation : grains, légumes, bétail. Des halles, où s'effectuent les transactions les plus importantes, y accueillent les marchandises depuis Louis VII.

Des foires qui, dès le début du XIVe siècle, feront rapidement concurrence aux foires de Champagne et attireront hommes d'affaires italiens où français à Paris, fournissent le reste : articles de mercerie, produits industriels, draps de Flandre ou de Beauvais, etc. Ce sont les foires de Notre-Dame, de Saint-Germain-des-Prés ou de Saint-Denis.

Sous le règne des derniers Capétiens, Paris est donc devenu un poumon économique essentiel et une place d'affaires avec laquelle il faudra compter.

Lieu de pouvoir et d'échanges, la ville est encore un centre intellectuel et religieux, les deux notions demeurant intimement liées en un temps où la raison ne contrarie pas encore la foi.

Si la Sainte-Chapelle est la chapelle du palais – elle abrite la Sainte Couronne achetée par Saint Louis et recueillera plus tard la tête de Saint Louis –, la vie spirituelle de Paris a pour centre l'île de la Cité. Notre-Dame et son cloître canonial en sont le foyer émetteur. Autour de la cathédrale se sont développées plusieurs écoles, faisant pendant aux écoles monastiques Saint-Victor et Sainte-Geneviève de la rive gauche.

A deux jets de pierre de Paris – cas à part entre tous –, on n'aura garde d'oublier Saint-Denis. Liée à la dynastie capétienne, l'abbaye remplit un double rôle spécifique, à la fois spirituel et temporel : abriter les tombes royales et prier pour le royaume, mais également conserver par l'écriture la mémoire des rois, conserver les couronnes et autres insignes royaux. Saint Denis est le patron des monarques capétiens, à la fois protecteur et guérisseur. C'est lui qui intervient à leur mort pour leur assurer l'entrée au Paradis, lui également qu'il convient de prier en toutes circonstances.

Face à Notre-Dame et Saint-Denis, seules trois abbayes peuvent d'ailleurs se targuer de jouer un rôle éminent dans la vie religieuse et intellectuelle de la capitale : Saint-Germain-des-Prés, Sainte-Geneviève et Saint-Victor.

L'Université, créée par Philippe Auguste en 1200, forme à elle seule un monde à part. Elle a son statut propre, ses règles d'ordre public, et de multiples activités annexes (copistes, parcheminiers) gravitent autour d'elle. Y ont enseigné Albert le Grand et saint Thomas d'Aquin. Si elle paraît quelque peu « en sommeil » sous les derniers Capétiens, ce n'est qu'une apparence. Le travail d'enseignement y est toujours fécond, et l'Université de Paris rassemble quelques-uns des meilleurs astronomes du début du XIVe siècle à qui l'on devra les célèbres « tables alphonsines », ainsi que des jugements sur les comètes de 1315 ou les conjonctions.

Reste un lieu singulier au cœur de la ville : le Temple.

La présence de l'Ordre est attestée à Paris dès le milieu

du XIIe siècle. Son premier établissement est alors sur la rive droite, près de Saint-Gervais et de Saint-Jean-en-Grève. Mais, au XIIIe siècle, trop à l'étroit, l'Ordre s'installe dans ce qui va désormais s'appeler la rue du Temple, notre square du Temple actuel.

La construction de l'enceinte de Philippe Auguste coupe alors la seigneurie en deux parties. L'une demeurant à l'intérieur et placée sous l'autorité du prévôt, donc du roi ; l'autre à l'extérieur des remparts, sur laquelle l'Ordre conserve ses droits, notamment la haute et la basse justice.

Le fameux donjon n'a été construit qu'à la fin du règne de Saint Louis. Il abritera le Trésor royal avant que celui-ci regagne le Louvre, puis revienne au Temple à partir de 1303.

Le Temple se présente ainsi comme une forteresse ceinte d'une muraille crénelée haute de huit mètres, flanquée de tourelles et percée d'une seule porte. Gardée par des chevaliers en armes, c'est un lieu idéal pour abriter le Trésor royal et même le roi, puisqu'il viendra s'y réfugier en 1306 lors des émeutes parisiennes dues à l'impopularité de ses opérations sur les monnaies.

Le miroir d'une société

On comprend mieux, avec de tels centres d'intérêt, que Paris ait constitué dès le XIIIe siècle un pôle d'attraction considérable. Qu'ils soient barons, prélats, juristes, artisans ou même... mendiants, voleurs, prostituées, tous ont intérêt à venir s'installer à Paris.

« La présence royale, écrit Colette Beaune, dope l'activité économique. Paris nécessite un approvisionnement abondant et de bonne qualité. La Cour où les officiers royaux peuvent payer et l'argent de l'impôt, qui se concentre dans la capitale, le leur permettent. Le marché du luxe y est très ouvert : orfèvrerie, livres de parchemin ou draps de Flandre y ont des acheteurs nombreux. Le commerce et la banque se développent. Du banquier lombard au mendiant à l'affût des distributions, tous tirent parti de la royauté. Et celle-ci a besoin de fournisseurs comme de public [3]. »

Les grands l'ont très vite compris qui n'ont pas tardé à affluer vers la capitale et à se faire bâtir ou à embellir des hôtels particuliers. Au début du XIVe siècle, chacun cherche le sien dans le périmètre le plus proche du Louvre.

Les princes d'abord. Charles de Valois est à l'hôtel de Nesle de la rue Coquillière ; Louis d'Evreux a le sien rue d'Autriche ; Robert de Clermont, le dernier fils survivant de Saint Louis, y loge également dans un hôtel dont héritera son fils, le duc de Bourbon, et qui portera désormais son nom. Le comte Robert d'Artois – le grand-père de notre « homme vêtu de rouge des pieds à la tête » si apprécié de Maurice Druon – possède le sien sur la rive droite, à proximité des remparts, vers les rues Pavée et Mauconseil qui l'a acheté pour 200 livres en 1270. Sa fille Mahaut l'agrandira et devra même le reconstruire en partie en 1317 à cause d'un incendie. Il passera ensuite à sa propre fille et à son gendre, Eudes de Bourgogne. Sur la rive droite encore, le comte de Flandre Gui de Dampierre possède une véritable forteresse, vaste ensemble comprenant un donjon, deux grosses tours, des galeries et deux chapelles.

Attirés par le calme de la campagne environnante, Robert de Clermont, les fils de Philippe le Bel, Mahaut d'Artois, se font également construire des résidences situées à deux pas de Paris, près du manoir royal de Vincennes.

Vincennes !... L'autre résidence de Philippe le Bel. Elle apparaît à plusieurs reprises dans le roman de Maurice Druon. Philippe le Bel aime à y résider, surtout depuis que les travaux du palais rendent sa demeure parisienne d'un séjour inconfortable. Vincennes est plus tranquille que le Louvre, l'air y est meilleur, le calme plus reposant et propice à la méditation autant qu'à la chasse. Sous Philippe le Bel, le manoir comprend seize pièces, à quoi il faut ajouter les dépendances. Louis X y mourra en 1316, Charles IV en 1328. Des Conseils s'y tiendront, d'importantes décisions y seront prises, des traités y seront signés. Plus tard, sous Philippe VI de Valois, des assemblées du clergé trouveront là un endroit idéal pour se réunir loin du tumulte de la capitale.

Vincennes attire, mais Paris fascine.

Les conseillers du roi les plus en vue, et d'autres qui le sont moins, cherchent à imiter les grands. Le tout-puissant Enguerrand de Marigny a racheté plusieurs maisons afin de s'offrir un hôtel digne de lui dans le quartier Saint-Germain-l'Auxerrois, entre la rue d'Autriche et la rue des Poulies. Guy Chevrier et Guillaume Courteheuse, tous deux conseillers du roi de Fer, possèdent également le leur – plus petit –, le premier sur la montagne Sainte-Geneviève, le second aux Bernardins.

Les autres serviteurs du roi – gens de la Chambre, de la Cuisine, de l'Ecurie – font de même, chacun selon ses moyens.

Les palais comme les grands hôtels, les églises comme les couvents, sont généralement construits en pierre de taille. Mais les maisons bourgeoises doivent se contenter de bois entrelardé de petites pierres ou même de plâtre.

Chacun veut son domicile parisien.

Car c'est aussi à Paris que va dorénavant s'écrire la grande histoire.

C'est à Paris que l'on commence de signer des traités, celui de 1303 par exemple, qui met fin aux hostilités entre le roi de Fer et Edouard Ier d'Angleterre. C'est là que, pour la première fois, une poignée d'émeutiers met le pouvoir en difficulté au sujet de la réforme monétaire de 1306, obligeant Philippe le Bel à se réfugier dans l'enceinte du Temple. C'est là que le 10 avril 1302, puis le 13 juin 1303, le roi réunit prélats, barons, conseillers, bourgeois pour entendre et faire approuver sa politique de lutte contre le Saint-Siège. C'est là qu'on ramène les dignitaires templiers pour les interroger et finalement les brûler sur l'île aux Juifs. C'est de là que part la charrette emmenant Marigny au gibet de Montfaucon. C'est là qu'on apprend le scandale de la Tour de Nesle.

Quand Paris n'est pas immédiatement au cœur de l'histoire, la ville est déjà au cœur de l'information qui, le lendemain, fera l'histoire.

Vivre à Paris n'est pourtant pas toujours une sinécure. Cela se mérite ou, si l'on préfère, cela a un prix.

Les embarras de circulation sont épouvantables, le bruit permanent, l'odeur parfois pestilentielle malgré le soin que l'on prend à évacuer régulièrement les ordures ménagères en dehors de la ville. L'animation des rues, la profusion des petits métiers, les parfums d'oublies, de graisse cuite, d'épices et de cuir, que nous décrit l'auteur des *Rois maudits*, toutes ces images qui évoquent un souk oriental sont authentiques. Mais rien ne dit que cet exotisme-là ait toujours séduit les Parisiens.

Et puis, il n'y a pas que les beaux quartiers de Paris qui attirent une population toujours plus nombreuse.

Il y a également un Paris de la pauvreté, de la mendicité, de la prostitution, un Paris marginal, que ne dévoilent guère les romans de Maurice Druon.

Comme l'a montré Bronislaw Geremek, cette ville-là est plus difficile à cerner pour la simple raison qu'elle apparaît diluée dans l'ensemble de la géographie parisienne. Difficile donc de tracer une toponymie précise d'un Paris de la misère. On peut la découvrir un peu partout cependant, aux abords des Halles ou de la rue de la Grande-Truanderie, mais également dans la cité même, près des églises, de la cathédrale, ou dans les quartiers d'artisans et de petits bourgeois. Geremek note que c'est « dans le petit réduit compris entre les rues de Saint-Martin, du Grenier-du-Saint-Ladre, le cimetière et la rue Trace-Putain (qui perdra son nom insultant avec le temps) que se concentre la population misérable [4] ». Un peu plus loin, elle est visible rue des Jongleurs, du Beaubourg, de Simon-le-Franc, des Etuves, de la Plastrière. La rumeur publique fait encore de la seigneurie des Templiers sur la rive droite un repaire de miséreux. Et puis, il y a les cabanes et les baraques qui, en lisière de la ville, abritent les plus pauvres d'entre ces pauvres.

Pas de « cour des miracles » donc, telle que celle qu'assiégera au XVIIe siècle le lieutenant de police de Louis XIV, La Reynie. Mais des abcès de fixation ici ou là : des ruelles, des impasses, des cours fermées, des cimetières.

Se promener dans Paris sous les derniers Capétiens, c'est prendre le risque de buter sur la misère à chaque coin de rue. Certes, on la rencontre moins visiblement aux abords des hôtels des princes ou des grands barons, mais elle n'est pas encore concentrée dans des quartiers-ghettos, ni repoussée aux frontières de la ville comme elle le sera plus tard.

La prostitution elle-même – ces ribaudes dont semble très friand Robert d'Artois chez Druon – sévit un peu partout. Saint Louis avait essayé d'en limiter l'étendue. Sans grand résultat. Présente jusqu'aux environs de Notre-Dame, elle se révèle cependant particulièrement active « en la boucherie », sur la rive gauche, aux limites des paroisses Saint-André-des-Arts et Saint-Séverin ; rue du Froit-Mantel, près de l'université ; rue de Glatigny, dans l'île de la Cité, au point que le terme « fillette de Glatigny » deviendra synonyme de fille de joie. D'autres encore : la rue Troussevache, la rue Pute-et-Muce, la rue Tiron où se tient alors l'un des bordels les plus célèbres de Paris. Rue Sablon, près de l'Hôtel-Dieu, le nombre des ribaudes est si important qu'un arrêt de 1326 interdit de leur louer des maisons où elles pourraient exercer leur commerce.

D'autres rues sont également reconnues pour offrir des services bien différents. Béatrice d'Hirson, dame de compagnie de Mahaut d'Artois, se rend un matin dans le quartier Saint-Eustache, rue des Bourdonnais. « Au fond de certaines maisons, on cédait à prix d'or, écrit Maurice Druon avec des précautions extrêmes, les ingrédients nécessaires à toutes sorcelleries : poudre de serpent, crapauds pilés, cervelles de chats, poils de ribaudes, ainsi que les plantes cueillies juste au temps de la Lune, avec lesquelles on fabriquait les philtres d'amour ou les poisons destinés à enherber un ennemi. Et l'on appelait souvent " la rue aux sorcières " cette voie étroite où le Diable tenait marché autour de la cire d'abeille, matière première des envoûtements [5]. »

La réputation de la rue ne devait pas être usurpée, en effet – malgré la présence de l'hôtel Sanguin, l'un des plus beaux de Paris –, puisqu'on y brûlera trois sorcières en 1319.

Paris est pourtant l'une des villes les plus surveillées de France. Et pas seulement du point de vue strictement policier. Paris se doit de montrer l'exemple. Comme le fait observer Colette Beaune, il est plus grave que partout ailleurs d'y jurer, d'y blasphémer, d'y insulter le roi ou de pratiquer la magie, sorcellerie et autres arts divinatoires.

Ne dit-on pas que le poisson pourrit par la tête ?

Or, Paris est manifestement devenu la tête directrice du royaume. Là où Maurice Druon voit juste dans son évidente volonté de décrire une France forte, centralisée, rassemblée autour du Capétien, lui-même rassembleur de terres et premier monarque digne d'être appelé un « homme d'Etat », c'est que Paris est devenu le cœur rayonnant du royaume.

2

La famille

« Au début du XIVe siècle, Philippe IV, roi d'une beauté légendaire, régnait sur la France en maître absolu [1]. »

Ainsi commence la saga des *Rois maudits* de Maurice Druon. A la manière des contes de fées.

D'une beauté légendaire ? A vrai dire, les témoignages objectifs nous manquent, et ce n'est pas la statue de Mainneville – censée représenter Saint Louis – qui pourrait nous renseigner avec précision.

Qui est-il ? Né en 1268, il est le fils de Philippe III le Hardi et d'Isabelle d'Aragon, le petit-fils du roi Saint Louis, la figure emblématique des Capétiens, la référence absolue en matière de gouvernement royal comme en matière de sainteté.

Difficile de succéder à un saint ! Bon administrateur par nature, guerrier par nécessité, Philippe III, au contraire de son père et de son successeur, n'a guère laissé de traces dans l'histoire. Lorsqu'il meurt du paludisme en 1285 à Perpignan, dans le château du roi de Majorque, le futur « roi de Fer » n'a que dix-sept ans. Il a épousé Jeanne de Navarre, devenant ainsi le premier « roi de France et de Navarre » longtemps avant Henri IV. Et déjà on le surnomme le « biau roi ».

De haute taille, de forte carrure, le visage aux traits réguliers encadré de longs cheveux blonds, les yeux bleus, d'un maintien d'une effrayante dignité, Philippe IV se signale surtout, s'il faut en croire ses contemporains, par un abord glacial.

Distance plus que froideur véritable sans doute ; pudeur plus que rigidité ; dignité plus qu'orgueil. Conscience au plus haut degré de sa fonction, non seulement d'homme d'Etat mais de roi très chrétien, miroir fidèle d'un idéal chevaleresque que les sables de l'Orient n'ont pas complètement enseveli.

Peu loquace, impénétrable, il déroute souvent ses interlocuteurs. « Ce n'est pas un homme ni une bête, mais une statue, dira de lui Bernard Saisset, évêque de Pamiers, l'un de ses adversaires les plus farouches [...] Notre roi ressemble au grand duc, le plus beau des oiseaux, mais qui ne vaut rien. Il ne sait que regarder fixement les gens sans parler. »

Bien souvent en effet, il se tait, ne pose guère de questions ou ne manifeste aucune réaction à celles qu'on lui adresse de manière trop directe. En 1308, rencontrant le pape Clément V à Poitiers pour évoquer l'affaire des Templiers, il desserre à peine les lèvres.

— On n'en a parlé que le temps de traverser la salle ! se serait plaint Clément V.

Agacé, il aurait pressé le roi de s'expliquer.

— N'en est-il pas ainsi ? aurait-il alors insisté, voulant rallier Philippe à ses vues.

Et Philippe le Bel de lâcher du bout des lèvres :

— Oui...

D'où vient cette prudence qui n'est pas seulement de l'adresse politique mais forme aussi le fond de son caractère ?

De l'enfance sans doute. Philippe avait trois ans à peine lorsqu'il a perdu sa mère, Isabelle d'Aragon, morte des suites d'une mauvaise chute de cheval. Il a grandi au Louvre au sein d'une cour où, en l'absence de son père, régnaient sa belle-mère, Marie de Brabant, ainsi que le principal conseiller de Philippe le Hardi, Pierre de la

Brosse, ancien chambellan du roi Saint Louis. Une cour déchirée par les intrigues entre le clan des Brabançons et celui du favori royal, où le seul appui constant et l'affection qu'il ait jamais trouvés ont été ceux de son frère, Charles.

Lorsque son frère aîné, Louis, est mort à son tour en 1276, le laissant héritier du trône, il avait huit ans. Pierre de la Brosse l'avait-il fait empoisonner, ou était-ce Marie de Brabant ? La rumeur est venue jusqu'à Philippe. Sans lui apporter d'autre réponse que le corps du favori pendu au gibet de Montfaucon un soir de juin 1278.

Simple « roi de circonstances », donc. Du moins a-t-il pu le penser. A seize ans, on l'a marié à Jeanne de Navarre qui n'en avait que treize. A dix-huit ans à peine, il était roi.

Assurément, c'est de ces années-là que « l'enfant du Louvre » a gardé son goût du secret. Courtois mais distant, attentif et indifférent, maladivement prudent mais accordant parfois sa confiance sans discernement : tel est le portrait qui se dessine à travers les chroniques du temps. Beaucoup plus que celui d'un prince absolument maître de lui, « calme et cruel » ainsi que le qualifie Maurice Druon.

En conclure à une forme de misanthropie serait sans doute hasardeux. Le mot de « réserve » lui conviendrait mieux. Cette réserve qui tient, selon lui, à l'exercice même du pouvoir.

Car, chez Philippe le Bel, la fonction écrase l'homme. D'emblée, il s'est senti roi. Bien que pétri de romans de chevalerie, il ne vise ni à l'héroïsme des croisés ni vraiment à la sainteté de son aïeul qu'il vénère. Gouverner est sa tâche primordiale, tenir son royaume, assumer l'héritage de ses pères. Comme le dit le juriste normand Pierre Dubois dont les écrits reflètent l'esprit du temps : « Se reposer, faire des enfants, veiller à leur éducation et à leur instruction politique, rendre la justice dans les grandes affaires et faire juger les autres par d'autres, confier la conduite des guerres à des chefs pris parmi ses plus proches et plus fidèles, procurer des soldats et tout ce qui est nécessaire pour le combat, c'est ce que dit le Philosophe dans sa *Politique* : *Les hommes d'intelligence sont naturellement les chefs et les maîtres des autres*. »

Toujours en retrait, peu désireux de s'engager dans de folles aventures guerrières – les précédentes ont coûté la vie à Saint Louis et à son père sans qu'il en résulte de grands bénéfices pour le royaume –, il laisse à d'autres le soin de mener le combat sur les champs de bataille.

Est-ce à dire qu'il manque de courage ? Certes, non. En août 1304, à Mons-en-Pévèle, il s'est admirablement battu contre les Flamands. Tête nue – il avait perdu son heaume – et la hache à la main. Ceux qui ne voyaient en lui qu'un homme d'Etat peu désireux de s'exposer, un homme de décisions énergiques mais feutrées prises à l'ombre des Conseils, ont découvert alors un chevalier, un chef de guerre capable non seulement de courir sus à l'ennemi mais aussi d'entraîner ses hommes et de batailler rudement. Un chroniqueur ne nous affirme-t-il pas que le roi était capable de « faire plier deux chevaliers en appuyant ses mains sur leurs épaules » ?

Personnalité double, donc, complexe, insaisissable, mais sans doute plus fragile qu'on l'a dit.

Se voudrait-il chaleureux qu'il déroute par ses silences, cette façon bien à lui d'écouter avec attention son interlocuteur tout en le regardant fixement. Au Conseil, il entend les avis des uns et des autres, observe, diffère souvent ses réponses avant de prendre une décision. Sa patience ne semble jamais à bout. Qui peut se vanter d'avoir vu Philippe le Bel en colère ? S'impose l'image d'un animal à sang froid.

Un animal...

Bon chevalier, grand chasseur, amateur de chiens, il semble parfois préférer la compagnie des bêtes à celle des hommes. Les lévriers que Maurice Druon lui fait offrir par le banquier lombard Spinello Tolomei ne font qu'illustrer ce goût très vif éprouvé par le roi pour les animaux de compagnie.

Dans les premières années du règne surtout, il court le cerf ou le sanglier à perdre haleine. En forêt de Saint-Germain, de Montmorency, de Bondy, de Sénart, de Fontainebleau. Son terrain favori : la forêt de Lyons en Normandie. Chasser est plus qu'un défoulement, une véritable passion. Au point que, lors de la naissance du futur Charles IV, il ne rentrera que quelques jours après l'événement pour voir son fils.

En 1307, son service de la vénerie rassemble une quarantaine de personnes – fauconniers, veneurs, archers, valets de fauconnerie –, sans compter les valets des chevaux de chasse et les sergents des forêts.

Geoffroy de Paris s'en plaint dans sa chronique :

Et vous ne fetes que chacier !

Loin de Paris, des affaires de l'Etat, le roi oublie tout, dilapide ses forces, et retrouve sa sérénité dans le silence des espaces vierges. Entouré par les gens de sa maison, mais résolument solitaire.

La mort de la reine Jeanne de Navarre en 1305 a-t-elle précipité une sorte d'exil intérieur dans lequel il se serait dès lors complu ? Il l'aimait profondément et ne se remariera pas. D'où l'attitude intransigeante et brutale qui sera la sienne lorsqu'il apprendra la trahison conjugale de ses brus.

Car Philippe le Bel, depuis cette fatale année 1305 qui est celle de la mort de la reine, a changé.

Jeanne de Navarre disparue, le roi de Fer semble renoncer à ses plaisirs. Il chasse moins, cesse de courir par monts et par vaux, demeure à Paris plus fréquemment. Il était pieux, il devient mystique. Il s'abîme dans la prière, communie avec ferveur, s'inquiète du salut de son âme.

Aux longues courses en forêt succèdent ainsi les pèlerinages et les séjours prolongés dans les abbayes. Les privilèges pleuvent littéralement sur les fondations d'églises ou d'autels dédiés au bon roi Saint Louis. Saint Louis dont il fait transférer le chef à la Sainte-Chapelle et une côte à Notre-Dame en 1306.

A dater de 1303, le roi fonde lui-même monastères, prieurés et abbayes : le monastère de Saint-Louis de Poissy, celui des clarisses de Montcel, la chartreuse de Mont-Saint-Louis près de Noyon, les Carmes de Paris, d'autres encore. Ses donations augmentent chaque année : 4 en 1306, 21 en 1308, 43 en 1309. De même, ses dons aux Hôtels-Dieu et aux léproseries se multiplient.

Désir d'imiter le grand aïeul, Saint Louis ?

Obsession d'un « roi fou de pureté [2] » ?

A la fin de sa vie, s'il faut en croire le moine de Saint-Denis, « il pratiquait le jeûne, portait un cilice, se faisait administrer par son confesseur la discipline avec une petite chaîne de fer ».

A sa mort, Philippe le Bel ne sera pourtant pas regretté par ses sujets. Quelle qu'ait été sa piété, de plus en plus ostentatoire, il laissera une image mitigée dans l'opinion. Mais ceux qui contribueront le plus à forger cette image le connaissaient-ils vraiment ?

La personnalité de Philippe le Bel tient autant à l'époque qu'au rôle qui lui a été dévolu par la naissance. Sa rigueur n'est pas le fruit d'une discipline, elle est inhérente à sa fonction. « Le prince du XIIIe siècle qu'est ce roi né en 1268, écrit Jean Favier, demeure un baron pétri d'esprit féodal. Supérieur à la culture moyenne des chevaliers de son temps, sa culture est celle d'un laïc lettré, étranger aux nouveautés du siècle [...] Sa morale repose sur les bases traditionnelles de la morale féodo-vassalique : la fidélité, la réciprocité des devoirs, le serment [3]. »

Eduqué par Gilles de Rome qui a été son précepteur, il a puisé dans le *Traité du gouvernement des princes*, rédigé à son intention, l'essentiel de sa conception du pouvoir : une politique du juste milieu. Philippe le Bel n'est ni un va-t-en-guerre ni un despote timoré, encore moins un homme d'Etat au sens moderne du mot, mais un pragmatique qui observe, jauge les hommes comme les événements, et décide. S'il paraît hésitant parfois, c'est parce qu'il sait prendre le temps de la réflexion. Une fois prises – seul ou le plus souvent sur l'avis de ses conseillers –, ses décisions sont irrévocables. Ni le compromis ni le pardon ne tiennent une grande place dans son esprit.

Car conformément à ce qu'écrit Beaumanoir vers 1280, le roi est le souverain *fieffeux* du royaume, il est le suprême suzerain, et surtout il est *sevreins par-dessus tout.* Il incarne à lui seul l'autorité de l'Etat, sa volonté est la loi, toute justice dérive de lui.

Ce roi très chrétien – nous reviendrons sur cette notion capitale – n'a de comptes à rendre qu'à Dieu, mais soyons sûr qu'il ne s'agit pas d'une vaine formule dans l'esprit d'un « baron » du XIIIe siècle. Le rite du sacre a fait de Philippe le Bel un autre homme, « l'oint du Seigneur », conférant à son pouvoir un caractère surnaturel, presque sacerdotal et même thaumaturgique.

Il n'est pas innocent que Philippe IV ait ainsi encouragé la traduction en français de la fameuse *Consolation* de Boèce. Tout comme lui, le roi de Fer vit et agit sous le regard de la Providence. Or, « la Providence, écrit Boèce, est cette divine intelligence qui, placée au fait de toutes choses, les règle toutes. Le destin n'est qu'une certaine disposition nécessaire des choses variables, et le moyen dont se sert la Providence pour assigner à chaque chose la place qui lui convient ».

La Providence commande au destin, et le destin n'est rien d'autre que le dessein de Dieu accompli dans la durée. « Toutes nos actions s'accomplissent sous les yeux d'un juge à qui rien n'échappe », dit encore Boèce. Philippe ne le sait que trop qui, heurtant la papauté de front lors de son conflit avec Boniface VIII, reprochera à celui-ci d'avoir failli à sa mission.

L'ignorer serait méconnaître les mentalités du temps, particulièrement celle du roi de France. Philippe le Bel, s'il ne craint pas d'affronter le pouvoir de l'Eglise, est avant tout un homme qui se tient sous le regard de Dieu, pétri d'orgueil et d'humilité à la fois. Sans être un nouveau Marc Aurèle, il trouve dans le stoïcisme de Boèce autant que dans sa foi en Christ l'énergie nécessaire à l'accomplissement de sa mission : gouverner la France.

Au Conseil du roi

Le roi gouverne en son Conseil. C'est là, au sein de cette assemblée restreinte et mouvante, que se situe le cœur du pouvoir.

Restreinte parce que ne réunissant jamais qu'un petit nombre d'hommes. Mouvante parce que composée en fonction des nécessités du moment.

Le Conseil se réunit autour du roi, incarnation de l'Etat et source de tout pouvoir. Ceux qui siègent à ses côtés y ont été « appelés », on dit parfois « retenus ». Mais en aucun cas ils n'y participent de leur propre autorité. Là encore, Philippe IV est souverain.

Glissons-nous donc au palais de la Cité lors d'un Conseil du roi. Les princes y sont en première ligne. D'abord Charles de Valois, le frère du roi ; Louis d'Evreux, son demi-frère. Les fils de Philippe le bel ? Louis, roi de Navarre à la mort de sa mère – le futur Louis X dit le Hutin –, a vingt cinq ans en 1314 lorsqu'on brûle les Templiers sur l'îlot aux Juifs ; Philippe, comte de Poitiers – le futur Philippe V le long –, a vingt et un ans ; Charles, comte de la Marche – le futur Charles IV le bel –, a vingt ans. On y voit également le duc Robert de Bourgogne, grand chambrier de France, ou Louis de Bourbon, petit-fils de Saint Louis comme Philippe le Bel.

A leurs côtés, quelques grands feudataires se voient parfois conviés : Robert d'Artois, neveu de Saint Louis, et qui mourra à la bataille de Courtrai en 1302 ; sa fille,

Mahaut d'Artois ; son petit-fils, Robert, le « géant écarlate » campé si brillamment par Maurice Druon.

On y aperçoit également de grands officiers tels le chambellan Hugues de Bouville, Guy de Châtillon, comte de Saint-Pol, qui remplit les fonctions – symboliques – de bouteiller de France, Gaucher de Châtillon – son cousin – qui sera grand connétable de France dès 1302.

L'Administration, elle, est dévolue à des serviteurs qui n'appartiennent pas à la haute aristocratie. Ce sont eux qui constituent les rouages essentiels de l'Etat. Mais leur participation au Conseil est affaire de circonstances ou de nécessité. Juristes, financiers, « légistes », simples conseillers ou gardes des Sceaux, les plus connus ont pour noms Pierre Flote, Guillaume de Nogaret, Pierre de Latilly, Enguerrand de Marigny, Raoul de Presles – l'avocat du roi –, Philippe le Convers – le maître des eaux et forêts –, Guillaume de Plaisians ou Gilles Aycelin.

Ceux-là sont des serviteurs. S'ils ont pu avoir de l'influence sur l'esprit du roi ou sur ses décisions, ils n'en demeurent pas moins au second rang derrière les grands.

Car les grands dominent le Conseil du roi.

A tout seigneur tout honneur ! Voici Charles de Valois, le frère du roi [4]. Le visage large, le front bas, les traits grossiers, selon Jean de Paris. Une stature imposante, un corps taillé pour la guerre et les tournois. Mais surtout hâbleur, brouillon, fort en gueule, brassant beaucoup d'air autour de lui, prince chimérique, toujours sur la brèche, toujours prêt à partir en croisade ou du moins à ferrailler contre l'ennemi.

Tel il apparaît dans le roman de Druon, tel il semble bien avoir été en réalité.

Rusé et avide plus que fin politique, ambitieux en diable, toujours pressé d'argent, il est comte de Valois, d'Alençon, de Chartres et, par son mariage, du Maine et d'Anjou. Courageux chef de guerre, il a commandé en Flandre en 1297 et, contrairement à Philippe le Bel, entretient le rêve d'une nouvelle croisade pour y satisfaire son goût du panache.

Ce n'est pas son seul rêve. Depuis toujours, ce gros frelon toujours prêt à butiner quelque nouvelle conquête voudrait ceindre une couronne. Par son second mariage avec Catherine de Courtenay, petite-fille et héritière de Baudouin II, dernier empereur latin de Constantinople, il l'a un temps espérée. En vain. Ne pouvant tenir en place, et avec la bénédiction du pape – qui lui a promis son appui dans son rêve impérial –, il s'est alors jeté à corps perdu dans l'aventure italienne, volant au secours de son ancien beau-père Charles d'Anjou, en difficulté avec les Aragonais dans son royaume de Naples et de Sicile. Il s'y est surtout signalé par sa brutalité et l'étendue de ses pillages. Ce seigneur « de dépense grande et désordonnée », souligne le chroniqueur Dino Gambini, a chassé les gibelins de Florence, brûlé leurs maisons et confisqué leurs biens. Avant de s'en revenir à la nouvelle de la défaite de Courtrai contre les Flamands sans avoir tiré Charles d'Anjou de son mauvais pas.

Meilleur soldat que diplomate, il continuera cependant de croire en son étoile, aspirant à la régence dès la mort de son neveu Louis X. Philippe V, à ce jeu, se montrera plus rapide et surtout plus habile.

Il n'empêche. Philippe le Bel qui, enfant, a mal vécu le remariage de son père avec Marie de Brabant, lui pardonne tout. Surestimant ses capacités et ignorant délibérément ses rêves confus de gloire orientale, il tient à conserver auprès de lui ce frère agité au caractère versatile.

Il n'a d'ailleurs eu de cesse de le combler de faveurs. Charles de Valois a siégé aux états généraux et à la Chambre des comptes. Il est pair du royaume. Il a obtenu que le droit de battre monnaie lui soit accordé en 1313. Pour se préparer à la croisade, Philippe lui a donné dix mille livres tournois en 1312 et 1313. Il lui a remis ses dettes envers la Couronne et a veillé à ce que lui soit versée une rente de deux mille livres octroyée lors de son troisième mariage avec Mahaut de Châtillon Saint-Pol.

Il est riche. À Paris, il ne possède pas moins de trois hôtels. Il est également propriétaire d'un domaine à Saint-Ouen, de châteaux à Crépy-en-Valois, à Villers-Cotterêts, à La Ferté-Milon, à Chartres, à Angers. Mais ses goûts dispendieux, l'entretien de son armée et ses chimères, exigent toujours plus d'argent.

Il continuera malgré tout de jouir de la faveur royale, et cette faveur se poursuivra sous Philippe V et Charles IV. Selon certaines chroniques, Philippe le Bel aurait réuni en effet ses trois fils autour de son lit de mort et exigé d'eux qu'ils écoutent les conseils de leur oncle Charles. Celui-ci sera également au nombre des exécuteurs testamentaires du roi de Fer. Ultime hommage de « l'enfant du Louvre » à ce frère qui était son seul recours en des temps difficiles.

Tout autre apparaît Louis d'Evreux, le demi-frère du roi. Autant Valois se vautre avec bonheur dans son orgueil et son goût du luxe, autant Louis d'Evreux préfère l'ombre et la modestie. Autant le premier parle haut et fort, autant le second formule ses conseils avec tact et mesure.

Les deux hommes ne s'apprécient guère. Bien qu'ils aient fait partie tous deux du tribunal qui jugeait pour adultère les princesses Marguerite, Jeanne et Blanche de Bourgogne, il leur arrivera fréquemment de se heurter. Evreux fera notamment tout ce qui était en son pouvoir pour empêcher Charles d'accéder à la régence en cas de mort prématurée de Philippe V.

Fils du second mariage de Philippe III avec Marie de Brabant, Louis d'Evreux a marié son fils avec Jeanne, la fille de Louis X, et sa fille Jeanne avec le futur Charles IV le Bel.

Discret mais de juste conseil, il est apprécié du roi pour sa finesse diplomatique. S'il parle peu, s'il s'incline souvent devant l'avis du roi, il n'en demeure pas moins un homme de bon sens auquel Philippe a recours dans les situations délicates.

En dépit de cette confiance, Philippe le Bel lui préférera toujours le sémillant Charles de Valois, le frère puîné.

Les fils de Philippe le Bel se tiennent à leurs côtés. S'ils ont naturellement leur place au Conseil, ils n'y siègent pas non plus de droit. Tout comme les autres princes de sang royal, ils y sont appelés. Sous l'œil impassible de leur père, ils prennent moins part aux délibérations qu'ils n'écoutent avec respect et attention les interventions des uns et des autres. Jeunes, ils sont là pour apprendre bien plus que pour donner un avis. A l'exception peut-être de Louis, l'héritier de la Couronne.

Le futur Louis X est-il d'ailleurs ce personnage falot que se plaît à décrire Maurice Druon ? Difficile de rien affirmer. La personnalité de celui qu'on appellera bientôt le Hutin – le querelleur ! – nous est mal connue. La brièveté de son règne – deux ans – ne permet pas de la cerner aisément. Philippe le Bel, comme le suggère Maurice Druon, ne répondait à ses observations que par un sévère : « Taisez-vous, Louis ! »... La personnalité de Philippe IV devait être assez impressionnante pour clore les lèvres de quiconque cherchait à contrarier sa volonté. Mais la chronique ne nous renseigne guère sur le véritable rôle tenu par Louis au Conseil du roi. Etant l'héritier de la Couronne, il est cependant probable que sa place au sein du gouvernement n'ait pas été si négligeable qu'on a pu le penser.

Né en 1289, il a hérité de la Navarre à la mort de sa mère, et il a épousé en 1305 à Vernon Marguerite de Bourgogne, fille du duc Robert II et d'Agnès, fille de Saint Louis. Marguerite qui lui a donné une fille, Jeanne, dont – après l'avoir reconnue pour légitime – il se demandera à partir de 1314, sans jamais pouvoir apaiser son tourment, s'il s'agit ou non d'une bâtarde.

Cette réputation de « royal cocu » qu'il traînera derrière lui à dater de cette période – malgré son remariage avec Clémence de Hongrie – n'a sans doute pas médiocrement contribué à sa mauvaise image aux yeux d'une France portée par nature à la grivoiserie [5].

Devenu roi à la mort de Philippe le Bel, il se laissera influencer par les grands féodaux, notamment par son oncle Valois à qui il accordera la tête de Marigny.

Le comte de Poitiers, futur Philippe V, apparaît sous un jour nettement plus positif dans cette saga des « rois maudits ». Mince, presque maigre, de santé délicate, il dissimule déjà une volonté affirmée sous des apparences chétives. Plus intelligent que son aîné, plus roué aussi, il a très tôt fait savoir qu'il faudrait compter avec lui.

Né en 1293, il a épousé Jeanne de Bourgogne en 1307, devenant de ce fait comte palatin de Bourgogne. A cette femme qui a fermé les yeux sur l'adultère de sa sœur, Blanche de Bourgogne, et de Marguerite, il pardonnera d'ailleurs avec une relative mansuétude. L'eût-il fait cependant s'il n'avait pas risqué, en la perdant, de perdre la Franche-Comté ?

Se trouvant alors à Lyon où s'éternisait le conclave chargé d'élire le successeur de Clément V, et soupçonnant à juste titre son oncle Valois de vouloir s'emparer du pouvoir à la mort de Louis X, en 1316, il se fera reconnaître comme régent par les barons de la région. Après quoi, ayant pris soin de faire fermer les portes de la ville et d'emmurer les cardinaux qui, de guerre lasse, finiront par élire Jacques Duèze sous le nom de Jean XXII, il montera à Paris pour se faire reconnaître comme régent par les barons du royaume. Valois, pris de vitesse, devra s'incliner.

La mort de Jean Ier, l'enfant de Clémence de Hongrie – empoisonné, dira-t-on –, lui permettra de ceindre la couronne sans qu'il soit fait encore mention de cette fameuse « loi salique » qu'on invoquera plus tard.

Un visage avenant, les lèvres minces, les pommettes saillantes, les joues creuses, il est tout en os, les bras et les jambes trop longs pour le reste du corps. D'où son surnom de : « le Long ».

Philippe V se montrera d'une redoutable intelligence politique, aussi vif et entreprenant que pieux et discret. Les chroniqueurs en tracent généralement un portrait sympathique. Généreux, il sait pardonner et s'intéresse aux humbles. Clément, il gracie volontiers les condamnés et affranchit les serfs. « Il fut sage et en même temps généreux, nous dit une chronique latine, jeune par son âge mais vieillard par la raison et l'éloquence. »

Nulle faiblesse cependant chez lui. Ces belles qualités ne doivent pas faire oublier que Philippe V est, comme son père, un pur produit du XIIIe siècle. C'est d'une poigne énergique qu'il dirige le Conseil et le gouvernement. Pas de favori tel que Marigny dans son entourage, mais des hommes de confiance à qui il refuse de laisser la bride sur le cou. Homme de bonnes mœurs, il est également superstitieux et fanatique dès lors qu'il s'agit de religion. Obsédé par les maléfices et le envoûtements, il consulte fréquemment les astrologues, et il entretiendra plus tard, dit-on, d'étranges dialogues avec l'âme de son père défunt.

Pas plus que Philippe le Bel, il ne sera regretté par le peuple.

Le futur Charles IV, jeune encore, ne semble pas avoir la stature de son aîné. Du moins est-ce ce qu'il donne alors à penser, mais la personnalité de Charles IV ne semble guère avoir retenu l'attention des historiens. La chronique laisse cependant entendre que sa mère, Jeanne de Navarre, le tenait en piètre estime. Ne l'appelait-elle pas « l'oison » ?

Physiquement avantagé par la nature, surnommé « le Bel » comme son père, il est né en 1294. Il a donc vingt ans à peine lorsque meurt le roi de Fer. Il a épousé Blanche de Bourgogne, la sœur de Jeanne, compromise avec Marguerite dans l'affaire de la Tour de Nesle. Blanche qu'il a reniée pour épouser Marie de Luxembourg, morte en couches deux ans plus tard, et se remarier ensuite avec Jeanne d'Evreux.

En 1316, à la mort du « Hutin », il a soutenu les droits de sa nièce Jeanne contre son propre frère. Incident sans gravité. Lui-même se verra confier la Couronne dans des conditions identiques à la mort de Philippe, et il ne fera guère de manières pour l'accepter. Tout comme Louis X et Philippe V, il poursuivra la politique d'abaissement des grands féodaux et consolidera l'administration monarchique. Mais habité par de grands desseins politiques, il mènera également une politique extérieure ambitieuse, soutenant les chrétiens d'Orient et conquérant – grâce au bouillonnant Charles de Valois – la quasi-totalité de la Guyenne anglaise.

C'est avec lui que s'éteindra la dynastie capétienne.

Les grands feudataires sont là, eux aussi : Mahaut d'Artois et son neveu, Robert. La première est la nièce de Saint Louis, la petite-fille du premier comte d'Artois, Robert, la fille de Robert II. Belle-mère de deux rois – Philippe V et Charles IV –, grand-mère d'un comte de Flandre et d'un duc de Bourgogne, pair de France, sa naissance et son état la placent au plus haut degré de la hiérarchie féodale.

Fière et entêtée – nous le verrons dans ses rapports avec son neveu –, c'est une femme de cœur, à la fois entière et généreuse, rude baronne mais également protectrice des arts et des lettres. Une femme « qui inspire aux grands le respect, aux petits la confiance, à tous l'attention [6] ».

Robert, lui, « l'homme aux bottes rouges » que Maurice Druon, à la manière de Dumas, se plaît à mêler à toutes les intrigues, est le fils de Philippe d'Artois, le frère de Mahaut, tué à la bataille de Furnes en 1298, et de Blanche de Bretagne.

Hâbleur et toujours prêt à guerroyer à la manière de Charles de Valois, il est seigneur de Conches et comte de Beaumont-le-Roger. Il a vingt-sept ans en 1314, et cela fait déjà cinq ans qu'il conteste à Mahaut ses droits sur le comté d'Artois. Entre la tante et le neveu, c'est une lutte à mort qui s'est engagée. Une querelle de famille comme il en existe peu, nourrie de rancœurs et de haines.

Marié en 1318 à Jeanne de Valois – la sœur du futur Philippe VI –, il n'en est pas moins influent au Conseil du roi. A l'heure où brûlent les Templiers sur l'île de la Cité, il ignore encore qu'il sera un jour banni du royaume et qu'il devra s'exiler en Angleterre.

Mahaut et Robert d'Artois, deux destins indissolublement liés... Nous les retrouverons plus tard aux prises l'un avec l'autre.

D'autres personnages, de moindre importance, sont également présents au Conseil du roi. Tel Guy de Châtillon, comte de Saint-Pol, qui a donné sa fille Mahaut en troisièmes noces à Charles de Valois. Bouteiller de France, il est l'un des diplomates préférés de Philippe le Bel.

Gaucher de Châtillon – son cousin –, ancien conseiller de la reine Jeanne de Navarre, est connétable de France dès 1302. Lui aussi joue un rôle éminent à Mons-en-Pévèle. Riche en terres et en rentes sur le Trésor, il se mêle également avec succès de diplomatie, rendant des arbitrages au nom du roi. C'est lui qui, en 1307, a fait couronner le futur Louis X roi de Navarre à Pampelune. En 1328, ayant conservé le confiance des successeurs de Philippe le Bel, il commandera encore un corps d'armée à Cassel pour Philippe VI de Valois.

Hugues de Bouville, chambellan, qu'on voit jouer un grand rôle dans le roman de Maurice Druon, n'a quant à lui été qu'un serviteur dévoué mais secondaire.

Enfin viennent les légistes...

Un fantasme au XIVe siècle

Un fantasme ! Telle apparaît trop souvent l'image des légistes de Philippe le Bel. Une armée de l'ombre, des conseillers de basse naissance, avides, trop vite enrichis, et désireux de prendre leur revanche sur l'Eglise et la haute noblesse turbulente. Une sorte de puissance occulte naissante qui préfigurerait, cinq siècles avant la grande révolution de 1789, la revanche de la bourgeoisie sur les « privilégiés ».

La réalité est bien différente de cette image d'Epinal.

Qu'est-ce qu'un légiste ? Un gradué, en droit romain. La plupart d'entre eux ne siègent d'ailleurs pas au Conseil, voire s'en trouvent géographiquement fort éloignés. Mais force est de constater qu'on les retrouve dans tous les rouages de l'administration royale. Sortis des universités d'Orléans, de Toulouse, de Montpellier, ils se distinguent de leurs collègues de Paris. La France du Nord – celle des langues d'oïl –, plus que celle du Midi – celle des langues d'oc –, obéit encore à un droit féodal et coutumier. La France du Sud, elle, a été le terreau où a fleuri l'étude du droit civil.

Ces légistes étaient déjà présents dans l'entourage du bon roi Saint Louis, ils seront désormais des collaborateurs assidus de la monarchie jusque sous Charles V, dans le dernier tiers du XIVe siècle. Baillis, sénéchaux, avocats, juges ou procureurs, clercs chargés de rédiger les divers actes exprimant l'autorité royale, enquêteurs ou commissaires, ils exercent tantôt des fonctions précises et stables, tantôt temporaires lorsqu'il s'agit de missions limitées quant à leurs objectifs.

Qu'ils viennent du nord ou du midi, qu'ils soient présents au Conseil et jouissent de la faveur royale ou plus obscurs et accomplissant modestement leur tâche au fond de quelque province, les légistes sont simplement des spécialistes du droit au service de la Couronne.

Jean Favier en distingue trois sortes.

La première : les légistes « politiques » qui siègent au Conseil du roi, et dont les noms nous sont connus : Pierre Flote, Guillaume de Plaisians, Raoul de Presles, Guillaume de Nogaret, Gilles Aycelin, Pierre de Latilly.

La deuxième : un certain nombre de juges et de jurisconsultes appelés épisodiquement au Conseil pour exposer un dossier relevant de leurs compétences ou se prononcer sur une question précise à l'ordre du jour. On les trouve généralement dans les rangs du Parlement.

La troisième : les légistes de l'Administration, tel Philippe le Convers, maître des eaux et forêts de Philippe le Bel, ou encore Pons d'Aumelas.

Si siéger au Conseil du roi peut être l'aboutissement d'une ambition, cet objectif ne sera donc atteint que par une poignée d'hommes. La plupart se contentent de servir loyalement et non de faire carrière ou d'intriguer. « La plupart des Français qui ont étudié le droit romain dans les dernières décennies du XIIIe siècle n'ont pas obtenu de position dans le gouvernement central. En fait, on est porté à croire qu'ils ne recherchaient pas de telles positions. Ceux qui, par contre, ont accepté des postes importants ont souvent été engagés dans des occupations qui n'avaient guère de rapports avec leur formation juridique [...] Au sein du gouvernement, les hommes de loi experts en droit romain étaient toujours dépassés en nombre par des hommes qui n'avaient pas étudié le droit [7]. »

Ainsi, les frères Albizzo et Musciatto Guidi dei Franzesi – Biche et Mouche –, deux hommes d'affaires florentins sans statut particulier, sauront mettre à la disposition de Philippe le Bel non seulement leurs deniers mais aussi leur connaissance profonde des mécanismes financiers internationaux comme celle des subtilités de la politique italienne.

Ce droit romain, on en retrouve la trace dans tous les actes et toutes les pratiques des chancelleries. Nul doute qu'il ne favorise l'extension d'une administration de plus en plus efficace à imposer l'autorité du pouvoir royal. En déniant à une quelconque puissance religieuse le droit de soumettre celle du prince, il affirme en outre un principe directeur : « Ce qui plaît au prince vaut loi. »

Naturellement, ce droit romain ne supplante pas du jour au lendemain les coutumes féodales. Le Conseil du roi demeure, quoi qu'on en ait dit, largement dominé par les barons et princes du sang qui entendent bien ne pas s'en laisser imposer par les légistes.

Geoffroi de Paris s'en fait d'ailleurs l'écho, teinté d'amertume :

Ainsi se perd la chevalerie
Et demeure hoqueterie
En France a tout plein d'avocats.

Sont-ils d'ailleurs vraiment les premiers représentants du futur tiers état, ces gens de basse naissance tant décriés qui seraient parvenus à prendre peu à peu l'ascendant sur l'aristocratie, ces bourgeois ?...

Rien n'est plus faux. Pierre Flote, qui jouera un rôle politique de premier plan jusqu'à sa mort en 1302 et sera garde des Sceaux, est un chevalier du Dauphiné. Gilles Aycelin est noble. Guillaume de Nogaret, principal artisan de la lutte contre le pape Boniface VIII, sera anobli. Marigny est de bonne noblesse du Vexin normand.

La réalité est donc plus diverse qu'on ne l'a prétendu. En fait, ce sont les compétences plus que les origines qui rapprochent ces hommes.

Raoul de Presles est le fils d'une serve de Saint-Denis. Affranchi, il est passé par l'Eglise avant de revenir à la vie laïque. Docteur en droit, c'est un avocat, spécialiste des procédures.

Guillaume de Nogaret, bourgeois, professeur de droit à Montpellier, juge-mage de la sénéchaussée de Beaucaire et de Nîmes, a été le second de Pierre Flote avant de devenir l'un des conseillers les plus influents de Philippe le Bel. Garde des Sceaux dès 1307, doctrinaire fanatique, il lui incombera de mener la lutte contre le pape Boniface VIII, puis d'organiser le procès des Templiers.

Guillaume de Plaisians, juge au tribunal de Montpellier et excellent orateur, viendra le seconder dans cette tâche. C'est lui qui plaidera également devant Clément V en 1308 contre l'ordre du Temple.

Gilles Aycelin, fils de juriste et docteur en droit civil, très tôt venu au service du roi de Fer, sera archevêque de Narbonne, puis de Rouen. Conseiller écouté pendant toute la durée du règne, il sera, aux côtés de Flote, l'un des principaux protagonistes de la lutte contre la papauté, mais sans jamais sombrer dans le même fanatisme que Nogaret.

Quant à Enguerrand de Marigny, sa faveur – nous le verrons – en fera plus qu'un simple conseiller très influent.

Ces hommes forment-ils des clans ? On a parfois essayé d'en apporter la preuve. Il y aurait eu le clan des Méridionaux et celui des hommes du Nord, celui des nobles et celui des roturiers, des clans fondés sur des communautés régionales, linguistiques, intellectuelles, etc. En vérité, on ne trouve rien de tout cela. S'il existe bien des solidarités, elles n'impliquent pas l'existence de groupes de pression nettement constitués. Ce sont les hommes qui comptent, leur habileté, leur action. Marigny pousse bien son fils au service du futur Louis X, favorise en effet l'ascension de son frère Philippe, évêque de Cambrai, ainsi que celle de son autre frère Jean, évêque de Senlis, mais ce sont là des initiatives individuelles.

Aucune unité politique donc, aucune doctrine commune. Avant tout, ces « légistes » sont des techniciens. La plupart d'entre eux, parvenus au faîte de leur carrière, conservent d'ailleurs une clientèle privée, servent les intérêts de tel ou tel baron contre rémunération en même temps qu'ils se dévouent aux intérêts de la Couronne.

Seul point commun sans doute : ceux qui appartiennent à cette minorité d'élus ont tous fait fortune. Certains étaient déjà riches avant d'accéder au pouvoir, les autres se verront généreusement attribuer rentes et terres par Philippe le Bel ou ses successeurs, à quoi s'ajouteront les fruits de leurs activités privées et de spéculations plus ou moins heureuses.

La fortune étonnante de Marigny – si étonnante qu'elle finira par lui coûter la vie – en offre un exemple parfait.

Reste l'éternelle question toujours en suspens : Philippe le Bel a-t-il été un roi sous influence ou a-t-il gouverné ? En résumé : qui a pris les décisions ?

« Il est entouré de vilains insolents à qui il obéit servilement », dit une diatribe de l'époque.

Et le moine de Saint-Denis : « Trop confiant, ses conseillers en abusent. »

Ou encore Geoffroi de Paris : « Le conseil le roy prent et part, et le roy a la mendre part. »

Le débat n'est toujours pas tranché. Mais qu'il ait laissé faire parfois tel ou tel conseiller ne signifie pas que Philippe le Bel ait été un fantoche manipulé par son entourage. Cette attitude irait à l'encontre de ce que l'on sait du personnage. Qu'il ait été plus fragile psychologiquement qu'on ne l'a dit et qu'il ait trouvé chez Enguerrand de Marigny une sorte de complicité – compensation à un manque affectif ancien – ne veut pas dire non plus qu'il ait été un « suiveur ». Ce serait s'aventurer là sur un terrain où les hypothèses psychologiques l'emporteraient de manière hasardeuse sur la stricte connaissance historique.

Non, l'honnêteté conseille plutôt de suivre le jugement tempéré de Robert Fawtier : « Philippe le Bel a bien été servi par des hommes de son choix. On peut laisser à Philippe le Bel la responsabilité des événements de son règne. Il est vraisemblable qu'il n'a pas eu l'initiative de toutes les mesures qui ont été prises en son Conseil, mais ces mesures ont été prises par des hommes qu'il avait choisis. Il ne leur a fait aucune opposition ; rien n'autorise à croire qu'il n'en a pas compris l'esprit et la portée [8]. »

Marigny, le favori

Contrairement à ce que laisse entendre Maurice Druon qui fait de lui à juste titre un personnage de premier plan,

Marigny, pas plus que d'autres légistes, n'est de médiocre naissance.

S'il est de petite noblesse, en effet, ce n'est pas un bourgeois. Son bisaïeul, Hugues le Portier, avait hérité la garde d'une des quatre portes du château de Lyons. Son mariage avec une certaine Mahaut de Marigny – du nom d'un petit fief situé près de Gournay – avait fait passer le nom à ses enfants. Un certain Jean, sire de Marigny, scelle un acte en 1241 « d'un écu portant un sautoir cantonné de quatre merlettes, au lambel de cinq pendants[9] ». Le père d'Enguerrand de Marigny sera sire d'Ecouis, chevalier et officier royal dans la prévôté des Andelys.

Le premier mariage d'Enguerrand avec Jeanne de Saint-Martin, filleule de la reine Jeanne de Navarre, le rapproche déjà de Philippe le Bel. Quant au second, il le voit nouer alliance avec Alips de Mons, une cousine d'un maréchal de France, Jean de Grès, et de Pierre de Grès, l'évêque d'Auxerre.

Les chroniqueurs qui se moquent volontiers de sa naissance exagèrent donc la médiocrité de ses origines.

Le statut intellectuel de Marigny, en revanche, apparaît plus modeste que celui d'autres légistes. Ce n'est pas un juriste, encore moins un théologien, il sait peu de latin, mais ses lettres révèlent une culture solide et ses dons d'orateur sont attestés pas ses ennemis eux-mêmes. Un « beau parleur », voilà ce qu'il est à leurs yeux. Un homme habile dont l'expérience et la prudence compensent les rares faiblesses.

En quelques années, Marigny va ainsi se hisser au premier plan en devenant le principal conseiller du roi, faisant même figure de « favori ».

Chambellan, châtelain du Louvre, comte de Longueville, l'histoire d'Enguerrand de Marigny est celle d'une ascension rapide et d'une chute non moins spectaculaire.

D'abord, il y a l'homme : ambitieux, avide, déterminé. De trop petite noblesse pour séduire les grands, mais ayant eu assez d'intelligence et d'ascendant pour plaire au roi et se rendre indispensable. Sa réussite déplaît aux barons, à Charles de Valois notamment qui deviendra son pire ennemi et obtiendra sa tête de Louis le Hutin. Son rôle décisif dans l'altération des monnaies le fait haïr du peuple. L'étalage de sa fortune indispose tout le monde. Ayant obtenu la haute main sur les finances du royaume, ne détestant pas diviser pour régner, il réunit sur sa tête toutes les haines, toutes les rancœurs, tous les mépris.

Et pourtant, jusqu'au bout, Philippe le Bel lui conservera sa confiance.

Outre le pouvoir obtenu au Conseil du roi, il y a la richesse, autre facteur de détestation. L'hôtel situé à quelques pas du Louvre, en un lieu-dit les « fossés Saint-Germain », construit en rachetant un groupe de maisons. Ailleurs, une douzaine de châteaux et manoirs, ainsi que les revenus afférents. L'étude détaillée de sa fortune montre des ressources considérables pour l'époque. En 1313, Marigny s'était rendu maître d'une grande partie du pays de Caux et du Vexin. A cela, il faut ajouter de nombreuses opérations financières et prêts lucratifs – tel celui de 15 000 livres consenti au roi d'Angleterre Edouard II en 1313 –, les revenus de foires et marchés d'Ecouis, de Beaumetz et de Longchamp. Au bas mot, 15 000 livres de rentes annuelles, probablement davantage tant on se perd un peu dans le dédale de ses finances.

Rien ne permet cependant d'affirmer que cette fortune ait été « mal acquise ». Tout, au contraire, autorise d'y voir l'une des causes de la haine suscitée chez certains de ses contemporains.

Riche, un peu trop sûr de lui, on le dit physiquement de petite taille, la tête trop forte par rapport au reste du corps, mais de visage agréable. De quoi offrir un contraste évident avec la haute taille, la carrure de chevalier et la figure rugueuse d'un Charles de Valois. Le petit légiste rusé et fielleux contre le grand baron truculent, rempli de panache et follement aventureux ? La caricature n'est pas loin. Mais en faut-il davantage parfois pour créer entre certains hommes une inimitié singulière ?

Le pouvoir bien réel conquis par Marigny au sein du gouvernement royal demeure toutefois la principale raison de sa disgrâce. Enguerrand de Marigny est monté trop haut et trop vite aux yeux de l'entourage de Philippe le Bel.

D'emblée, Marigny a su séduire. D'abord Jeanne de Navarre, l'épouse du roi de Fer dont il a été le modeste panetier avant d'acquérir sur elle une influence qui fera de lui l'un de ses exécuteurs testamentaires. Dès 1302, en compagnie de deux autres chevaliers, il remplit sa première mission pour le roi contre les Flamands révoltés. Simple écuyer, agent diplomatique à ses heures, il a déjà la confiance de Philippe le Bel parce qu'il a celle de la reine.

Deux ans plus tard, cependant, tout change, Marigny est chambellan et fait son entrée dans l'Hôtel du roi.

Une faveur aussi rapide ne peut s'expliquer par les seuls talents de Marigny. L'influente protection d'un parent, le dominicain Nicolas de Fréauville – futur cardinal –, semble avoir été déterminante.

Dès lors, le pouvoir de Marigny ne va cesser de s'affirmer. « Amé et féal chevalier et chambellain » de Philippe le Bel, il va peu à peu étendre son influence sur le gouvernement, se distinguant résolument des autres conseillers du roi.

On retrouve ainsi la main d'Enguerrand de Marigny un peu partout. Dans les affaires de Flandres qui empoisonnent l'histoire du royaume depuis des décennies, les riches communes flamandes refusant la tutelle des Capétiens. En 1311, lors des conférences de Tournai, il préside la délégation expédiée par Philippe le Bel afin d'arbitrer deux conflits : le premier entre la Flandre et le Hainaut, le second entre la France et le comte de Flandre, Robert de Béthune. Pour l'occasion, Marigny a même déployé, dans son ambassade, un faste inhabituel, s'attirant les foudres de Charles de Valois venu régler à Tournai des affaires privées. Il saura pourtant jouer là encore un rôle décisif.

Dans les affaires pontificales, contrairement à Nogaret avec le malheureux Boniface VIII, il fait également preuve envers le pape Clément V de plus de subtilité diplomatique, lors de l'affaire des Templiers comme dans la lutte qui oppose suprématie romaine et absolutisme royal.

Par un habile jeu de concessions – qui n'exclut pas la fermeté du négociateur –, Marigny a ainsi gagné en puissance sur Nogaret et Plaisians, sachant d'une part rabaisser les prétentions du comte de Flandre et, de l'autre, retrouver l'appui du pape.

Cette double victoire le hisse au sommet à partir de 1313. Dès lors, Marigny semble avoir la haute main sur la politique extérieure comme sur la politique intérieure de la France.

Il importe, toutefois, de relativiser ce pouvoir supposé « absolu ».

Certes, en 1313, il apparaît comme le conseiller principal du roi. Certes, il dirige les finances royales. Lors des réformes financières intervenues sur la fin du règne, Marigny se trouve en position de délivrer des mandats de paiement sur le Trésor sans avoir à en référer au chancelier ni même au roi.

Mais cela a-t-il pu se faire sans l'accord de Philippe le Bel ?

En 1313 aussi, alors que le Conseil vient d'accéder à la prière du pape réclamant des galères pour la croisade, c'est Marigny qui, en présence d'un Philippe le Bel muet, s'oppose à cette demande et charge le secrétaire Pierre Barrier d'en informer Clément V.

Mais peut-on croire sérieusement qu'il ait procédé ainsi sans avoir l'aval du roi, fût-il simplement tacite ?

Marigny a également manifesté son influence à travers certains liens privés qui ont eu une incidence politique.

Ainsi a-t-il entretenu des relations suivies et personnelles avec Mahaut d'Artois. Relations ambiguës faites d'estime, d'hypocrisie mais aussi de rancœurs. Il l'a conseillée et soutenue dans sa querelle d'héritage contre son neveu Robert. Mais Mahaut ne lui a guère pardonné l'arrestation de sa fille, Jeanne de Bourgogne – épouse du futur Philippe V –, dans l'affaire de l'adultère des brus du roi, ni le soutien qu'il a apporté aux marchands flamands d'Ypres qui refusaient de lui payer certaines taxes sur les marchandises. Et puis la comtesse d'Artois était de trop haut lignage pour accepter longtemps les insolences d'un Marigny devenu, sur la fin du règne, quasi intouchable.

Marigny a également rempli plusieurs missions auprès du roi Edouard II d'Angleterre, dispensant des avis qui tenaient autant du conseil personnel que de la diplomatie officielle.

De là à en faire un « second roi en France », comme le dira en 1315 le chroniqueur aragonais Juan Lopez...

En réalité, Enguerrand de Marigny ne tient ce pouvoir que du roi envers qui il s'est toujours montré loyal. Parvenu au sommet de l'Etat, il ne pouvait donc que soulever la haine des grands qui redoutaient sa mainmise sur le Conseil, et celle des humbles qui le jugeaient sévèrement pour son luxe et son rôle dans la politique de manipulation des monnaies.

Le rôle de « favori » ou de « ministre principal » ou encore de « conseiller privilégié », on le sait, est ingrat. Marigny n'échappe pas à la règle. Philippe le Bel, mourant, lui donne pourtant *quitus* de sa gestion après avoir ordonné lui-même une enquête sur les comptes du Trésor. Ce n'est qu'après sa disparition que la meute se déchaîne.

Car la faveur de Marigny disparaît au dernier soupir du roi. Dès lors, la fortune l'abandonne. Louis X le Hutin a beau confirmer le *quitus* de sa gestion financière le 24 janvier 1315 et le maintenir dans toutes ses fonctions – y compris celle qui lui confie la garde du Trésor du Louvre ! –, le mot de « disgrâce » est sur toutes les lèvres. Le temps de sa faveur est révolu. Ecarté peu à peu du pouvoir, honni par les grands, impopulaire dans l'opinion, la vie d'Enguerrand de Marigny bascule.

Au mois de mars 1315 – la scène est superbement

racontée par Maurice Druon –, une violente querelle éclate au Conseil de Vincennes entre le chambellan et Charles de Valois. Le frère de Philippe le Bel s'étonne que les caisses soient vides. Où sont passés les bénéfices des mutations monétaires et des impôts ? Et avec quel argent Marigny mène-t-il si grand train en un si pauvre royaume ?

Celui-ci, indigné, répond alors que les dépenses engagées l'ont toutes été sur l'ordre de Philippe le Bel, qu'elles ont servi à apurer les comptes, à régler les dettes du roi, et même celles de Charles de Valois !

— Certes, « de ce, mentez-vous » ! hurle le bouillonnant Valois, hors de lui.

Et Marigny de rétorquer :

— Par Dieu, sire, mais vous mentez !

Les deux hommes, depuis longtemps ennemis, s'empoignent alors avec vigueur. Valois accuse Marigny d'être responsable de la mort de son frère. Marigny s'insurge. Va-t-on en venir aux mains ? Très vite, on les sépare.

Le jour même à Vincennes, Marigny est arrêté et incarcéré au Louvre. A-t-il refusé de s'évader, persuadé de faire la preuve de son honnêteté lors d'un procès qu'il espérait équitable ?

Le 13 mars, il est transféré au Temple sur les instances de Charles de Valois et sous les huées du peuple. Deux jours plus tard commence son procès. Mais, au vu des accusations multiples portées contre lui au sujet de son enrichissement personnel aux dépens de l'Etat, le chambellan de Philippe le Bel demande à réfléchir afin de préparer sa défense.

Face à un Louis X enclin à la clémence, Charles de Valois répond par l'acharnement. En réalité, les accusations portées contre Enguerrand de Marigny ne résistent pas à l'examen. Elles relèvent davantage de fautes morales ou d'imprudences que de réelles erreurs de gestion et moins encore de malversations. Seule la haine de Valois et la mauvaise réputation du serviteur de Philippe le Bel

– trop ambitieux, trop riche, trop en faveur à la Cour – expliquent son procès.

Il faudra d'ailleurs, faute de mieux, sortir de l'ombre un modeleur, une boiteuse et leur fils qui, après une visite de l'archevêque Philippe de Marigny à son frère emprisonné au Temple, auraient confectionné – à la demande d'Alips de Mons, la seconde épouse d'Enguerrand – des figurines de cire afin d'envoûter le roi et les princes. Marigny convaincu de sorcellerie, la cause était entendue.

Le rôle de Charles de Valois dans cette mascarade est indéniable. Elle réussira pleinement.

Le 30 avril, Enguerrand de Marigny est pendu au gibet de Montfaucon où son corps se balancera sinistrement durant deux longues années !... Deux ans avant que Philippe V le fasse dépendre une nuit pour l'enterrer dignement.

Entre-temps, Louis X, sa femme Clémence de Hongrie, les frères du Hutin, Louis d'Evreux, et, bien sûr, Charles de Valois, s'étaient partagé les biens de celui que Maurice Druon nomme « l'un des plus grands ministres que la France ait jamais eus ». Ils témoigneront en revanche de mansuétude et même de générosité envers les enfants du chambellan déchu. Pour se racheter ?

Haï, Marigny disparaissait ainsi au terme d'un procès inique. Sa statue qu'il avait lui-même fait élever à l'entrée du palais de la Cité précédant la galerie mercière de Saint-Louis fut enlevée en 1315. Certains prétendirent qu'elle avait été détruite par la foule lors d'une émeute. Elle ne représentait pourtant Marigny qu'humblement agenouillé à la droite du roi. Mais ce geste d'humilité dut sembler encore beaucoup trop vaniteux à quelques grands qui l'étaient plus encore que lui [10].

3

Rois maudits, France bénie ?

Le règne de Philippe le Bel s'achève réellement à la mort de son chambellan, pendu au bout d'une corde au gibet de Montfaucon. Les deux hommes semblent liés par leurs destins comme par leurs réputations. Tous deux sont morts détestés, comme le seront les fils du roi de Fer.

« Tout, nous dit Maurice Druon, devait s'incliner, plier ou rompre devant l'autorité royale [...] L'idée nationale logeait dans la tête de ce prince calme et cruel pour qui la raison d'Etat dominait toutes les autres. Sous son règne, la France était grande et les Français malheureux [1]. »

Or, cette France du début du XIVe siècle, on la cherche en vain dans cette saga des *Rois maudits*. Quelques bourgeois dans les rues de Paris, mais pas un artisan, pas un paysan. Elle est tout entière concentrée dans les lieux de pouvoir et autour des hommes de pouvoir. Du roman, le peuple est singulièrement absent.

Le parti pris de Maurice Druon relève de son entière liberté de romancier, et nul ne la lui contestera. Mais cette vision partielle ne permet évidemment pas au lecteur de prendre la mesure d'une France très diverse. Celle de Druon se concentre autour de Paris, Vincennes, Maubuisson, s'étend au nord jusqu'à Château-Gaillard, Neauphle et l'Artois. Lyon n'y apparaît que parce que s'y déroule un conclave décisif, la Flandre parce que l'ost du roi s'y embourbe. Quant à la partie anglaise de l'histoire, elle se concentre elle aussi dans les lieux de pouvoir : Westminster, Windsor...

Jetons donc un bref coup d'œil sur cette France que Maurice Druon dit « puissante », mais peuplée de « Français malheureux ».

Le raccourci, à l'évidence, est un peu rapide. Si l'unité du pays se fait bien autour du roi, incarnation et représentation d'une autorité devenue incontestable, la diversité la plus grande règne dans cette France qui ne recouvre pas encore géographiquement la nôtre. Limitée aux quatre fleuves que sont l'Escaut, la Meuse, la Saône et le Rhône, elle se trouve amputée de la Bretagne, de la Bourgogne, de la Guyenne anglaise et des Flandres.

Diversité des hommes, des langues, des coutumes, des cultures, des modes de pensée.

Et richesse : quinze millions d'hommes au bas mot, peut-être plus, soit le pays le plus peuplé d'Occident. Un Européen sur trois est français dans une France de plus en plus urbanisée. Au siècle précédent, les villes n'ont cessé de croître, en nombre, en étendue, en puissance. Sans évoquer Paris qui fait figure d'exception presque monstrueuse avec ses deux cent mille âmes, plusieurs d'entre elles – Rouen, Toulouse, Bordeaux – dépassent les trente mille habitants, d'autres – Reims, Limoges, Béziers – atteignent allègrement les dix ou même les vingt mille.

Rurale à 90 pour cent, la France connaît ce qu'il faut bien appeler un début d'exode rural, exode dû non à la misère des campagnes mais à son surpeuplement.

Car les Français vivent un peu mieux en réalité que ne le laisse entendre Druon. La production agricole a augmenté, l'alimentation a progressé en qualité. On mange mieux et davantage, de la viande par exemple, phénomène attesté par l'état du marché et la fortune des bouchers au début du XIVe siècle. La famine et la disette reculent, de même que la maladie. Et la peste de 1348 n'a pas encore obscurci les consciences ni la mémoire des Français.

Naturellement, là encore la diversité joue à plein. Entre les plaines céréalières du Nord et les vignes du Midi, entre la Picardie, l'Artois et le Languedoc ou la Guyenne, les différences et les contrastes sont immenses.

Partout, hélas, il faut bien avouer qu'on observe l'amorce d'un reflux. Les beaux temps de Saint Louis sont terminés, et le paysan de Louis X le Hutin commence à regretter l'époque bénie où vivait son grand-père. Il ignore encore que le pire est à venir.

Le climat s'est modifié. Des hivers plus froids et des étés plus humides changent la donne. Les années 1315 à 1317 voient revenir des étés « pourris », présages de disette. L'agriculture peine à trouver un second souffle tandis que la croissance démographique multiplie les besoins.

Le système seigneurial aussi est entré en crise. La principale redevance, le cens, est payable en argent, or le denier se dévalue depuis le XIIIe siècle, appauvrissant le revenu de la seigneurie. Et ce n'est pas l'exploitation de la réserve (vente de grains, coupe de bois, élevage, droits de pêche) qui compense ce manque à gagner. Dès lors, vendre par lots sa réserve devient pour certains une question de survie. Mais jusqu'à quand ?

Les circuits commerciaux eux-mêmes sont en train de changer. Autrefois plaque tournante du commerce international, la France ne l'est plus guère qu'à travers les fameuses foires de Champagne dont le déclin est amorcé depuis la fin du siècle précédent. Bien sûr, on y trouve encore de tout en abondance : des draps de Flandre, des épices, des armes, des vins mais aussi de l'argent et donc du crédit grâce aux marchands « lombards ». Mais nul ne peut ignorer que le commerce s'est déplacé. Qu'on emprunte les nouveaux cols alpins – le Saint-Gothard, le Simplon et le Brenner – au lieu du Cenis et du Grand-Saint-Bernard, ou qu'on relie désormais plus facilement et en relative sécurité Gênes à Londres ou Bruges par la mer en transportant des marchandises à moindre prix et en évitant les nombreux et coûteux péages terrestres, le constat est identique : un coup sensible porté à l'économie du pays. En un mot, la France n'est plus le carrefour obligé qu'elle a été au siècle précédent, elle n'est plus un pôle d'attraction incontournable, ce lien de communication privilégié entre le monde méditerranéen et le nord de l'Europe. Seul Paris, place financière montante, tire son épingle du jeu.

La France de Philippe le Bel est déjà bien différente de celle de Philippe Auguste.

N'oublions pas en effet que le capitalisme naît et se développe lors même que se maintient le système féodal. Or, le capitalisme signifie vendre et acheter, et donc consommer. Une partie de la population consacre ainsi une part de plus en plus sensible de son budget à l'achat d'objets qui ne sont pas tous de première nécessité. Les goûts changent, se diversifient. En matière vestimentaire, d'ustensiles ménagers, on recherche de nouvelles formes, de nouvelles esthétiques, même de moindre qualité, surtout à moindre prix. Mieux encore : d'où qu'elles proviennent !

Une forme de « mode » est née. S'adapter aux goûts nouveaux, produire en plus grande quantité, diversifier la production, spécialiser les métiers, autant d'évolutions qui vont faire éclater le cadre jugé trop rigide des vieilles corporations. Deux chiffres permettent de mesurer le phénomène : cent trente métiers à Paris sous Saint Louis, près de trois cents sous Philippe le Bel, cinquante ans plus tard.

La suite n'est guère difficile à deviner. Les clivages sociaux et économiques à l'origine d'inévitables tensions sociales se multiplient. Certaines solidarités s'effritent. Entre une bourgeoisie d'affaires qui peut investir, spéculer, engranger de gros bénéfices et peser sur le marché, et la grande majorité des artisans, les rapports deviennent plus conflictuels. La première peut désormais – du moins dans les grandes villes industrielles – régner sur le monde du travail, jouer sur la baisse ou la hausse des salaires, sur la menace du chômage ou, mieux encore, asservir par le moyen du crédit. On imagine sans peine les conséquences sociales d'une telle évolution.

Philippe le Bel devinera le processus enclenché de même que ses dangers pour la société chrétienne idéale dont il est le garant. Dès 1294, il formule un édit pour interdire ce luxe ostentatoire qui fascine tant certains de ses sujets. La France allait-elle, par mercantilisme et luxure, devenir une nouvelle Babylone ? Le roi ne pouvait s'y résoudre.

Ses interdictions sur le droit des clercs à porter « vair, ni gris et hermine, fors en son chaperon seulement », ou ses prescriptions alimentaires – « nul ne donnera au grand manger que deux mets et un potage au lard sans fraude » – ne seront guère entendues. Elles avaient pour but, outre l'interdiction du luxe, de favoriser les aumônes plus que le gaspillage, et de rendre visibles les hiérarchies. Mais le mouvement qui allait donner plus tard naissance au capitalisme, et à une société tout entière tournée vers la terre au lieu de regarder d'abord vers le ciel, était devenu inexorable. La France elle-même avait mis le doigt dans un engrenage fatal.

Cette France-là n'est pas celle que nous montre Maurice Druon, sinon à travers l'hystérie d'une foule assistant au supplice des frères d'Aunay ou la morale pointilleuse et déjà surannée des frères désargentés de Marie de Cressay. Les grands barons encore pétris d'esprit féodal que sont Charles de Valois ou Robert d'Artois, prêts à s'étriper sous les yeux d'une monarchie capétienne soucieuse de les remettre à leur juste place, servent bien mieux sa démonstration en faveur d'une affirmation précoce de l'Etat et de l'unité nationale.

Ces quelques observations avaient cependant pour but de rappeler que de tels affrontements – spectaculaires et fatalement plus romanesques – ne pouvaient s'être déroulés qu'au sein d'une population « réelle » et percevant à son niveau les profondes mutations du siècle. C'est elle aussi, pendant que nos héros des *Rois maudits* dévorés d'orgueil et d'ambition ourdissent leurs intrigues, qui vit et fait l'histoire.

Un pays en guerre ?

La légende, le roman, l'historiographie se conjuguent parfois allègrement pour composer de ces rois maudits l'image la plus sombre lorsqu'elle n'est pas caricaturale. Tel semble être le cas de Philippe le Bel.

Du roi faux-monnayeur aux Templiers assassinés pour leur or, au noir Marigny s'enrichissant aux dépens du Trésor tout en régnant sur l'esprit du roi mais aussi sur le royaume à travers une armée de légistes implacables, en passant par la gifle d'Anagni au pape Boniface VIII, les palinodies de Clément V, la bêtise du Hutin ou les intrigues de Mahaut et Robert d'Artois, les images demeurent fortement ancrées dans les esprits.

Nous en examinerons certaines plus en détail. Mais cette France de Philippe le Bel, c'est aussi quelques grands axes politiques qu'il faut s'efforcer de dégager en évoquant leurs conséquences sur le règne des derniers Capétiens : le problème de la guerre, celui des finances, le conflit avec la papauté.

D'abord la guerre. Celle qu'on mène à l'extérieur, contre ses ennemis, par appétit de conquêtes ou par visées hégémoniques. En ce domaine, la politique du roi de Fer apparaît plus sage – certains diraient plus timorée – que celle de ses prédécesseurs. Le roi gouverne en son royaume et refuse l'idée de l'abandonner pour quelque aventure lointaine. L'idée de croisade a beau être presque constamment évoquée, agiter la fumeuse cervelle de Charles de Valois ou encombrer l'esprit de Clément V, le temps en est passé. Depuis la chute de Saint-Jean-d'Acre en 1291, les regards se tournent de moins en moins vers l'Orient. Ceux du roi comme les autres. Avant tout, celui-ci se préoccupe de la « Nation France », même s'il ne perd jamais de vue les rêves de ses pères. N'a-t-il pas encore fait vœu de se croiser en 1313 ?

Prudence seulement ou vision politique résolument « nationale » ?

Certains Français n'ont pas ces scrupules. Le polygraphe Pierre Dubois verrait bien la France régner sur la rive gauche du Rhin et en Italie, se rattacher par mariage à l'empire d'Orient, à la Castille et même à la Hongrie.

Philippe le Bel – si tant est qu'il ait lu Pierre Dubois – n'entretient pas ces visées hautement hégémoniques. Bien qu'il administre la Navarre au nom de sa femme, la reine Jeanne, il n'intervient pas dans les conflits dynastiques castillans. Il préfère se livrer à une politique d'acquisition patiente mais sûre : une partie du Barrois – sur la rive gauche de la Meuse –, le comté de Chartres, la mouvance de Montpellier, la seigneurie de Beaugency, le comté de Bigorre, ou encore la châtellenie de Tournai, confisquée en 1313.

D'ailleurs, lorsque Philippe le Bel laisse Charles de Valois se rendre en Italie pour soutenir les Angevins de Naples contre les Aragonais de Sicile, il n'a pas lieu de s'en féliciter. L'échec est patent, contraignant les Angevins à renoncer à la Sicile. D'où le persiflage du chroniqueur florentin Villani : « Charles [de Valois] vint faire la paix en Toscane et laissa le pays en guerre ; il alla faire la guerre en Sicile et laissa le pays en paix à sa honte. »

Avec la Guyenne, la question est plus délicate et ne prendra toute son ampleur qu'à la fin de la lignée capétienne puisque les Anglais possèdent l'Aquitaine en fief du roi de France depuis le mariage de la reine Aliénor et d'Henri Plantagenêt.

Dès 1286, le roi d'Angleterre Edouard Ier a pourtant prêté hommage au nouveau roi de France pour ses possessions en Aquitaine. Mais, quelques années plus tard, des conflits dégénérant en véritables batailles navales éclatent entre marins normands ou charentais et gascons et anglais. Pour des questions de pêche.

Cité à comparaître devant lui par Philippe le Bel en 1293, Edouard Ier se dérobe, plus préoccupé par ses problèmes avec l'Ecosse que par ceux du roi de Fer, et expédie son frère à sa place. Il est vrai qu'il a lui aussi quelques raisons d'être agacé, notamment par les interventions trop fréquentes des agents du roi dans les sénéchaussées voisines de son duché.

La deuxième citation à comparaître n'ayant pas eu plus de succès, la guerre ne tarde pas à éclater. Philippe le Bel envahit la Guyenne, et pendant deux ans, les deux monarques livrent combat par chefs de guerre interposés. D'abord mis en difficulté, les Français finissent, entraînés par Charles de Valois, par conquérir l'essentiel du duché. Menacé alors d'une invasion dans son île – il ne s'agit en réalité que d'une manœuvre d'intimidation –, Edouard Ier capitule.

Un accord est rapidement trouvé par l'entremise du pape Boniface VIII : le roi d'Angleterre retrouvera une partie de son duché contre l'hommage au roi de France, épousera la sœur de ce dernier, Marguerite – il était veuf –, et unira son fils à la fille de Philippe le Bel, Isabelle.

Cet accord, dit de Montreuil, sera définitivement scellé en 1303. Edouard Ier récupérera alors la totalité de ses fiefs à l'exception de Bordeaux, et hormis les mariages princiers célébrés respectivement en 1299 et 1308, on reviendra au statu quo antérieur, mais avec la certitude d'une paix enfin retrouvée. Pour quelques décennies du moins...

La guerre des Flandres apparaît quant à elle comme l'épine dans la sandale de Philippe le Bel. Dans le roman de Maurice Druon, le nom de Flamands revient d'ailleurs à plusieurs reprises dans la bouche de ses personnages. Lorsque l'ost de Louis X le Hutin est embourbé par la pluie non loin des Flandres, Charles de Valois parle même de charger cette « piétaille de tisserands ».

Cette piétaille pose bien des problèmes aux Capétiens.

En réalité, la question de succession de Flandre n'a jamais vraiment été réglée et revient épisodiquement au premier plan des préoccupations politiques depuis Philippe Auguste. Soucieux d'étendre son influence au nord-est, Philippe le Bel a, lui, fait alliance avec le patriciat urbain des villes flamandes contre leur comte Gui de Dampierre, allié du roi Edouard Ier. L'activité textile de la Flandre et la laine d'Angleterre resserrent en effet les liens entre les deux pays, excepté que les drapiers flamands chercheraient plutôt leur allié du côté des lys de France. La rupture par Gui de Dampierre de ses liens vassaliques avec le roi de Fer au moment du conflit avec la Guyenne, de même que les brimades de ce dernier – il a interdit le mariage de la fille du comte avec l'héritier de la couronne d'Angleterre et proposé de faire lever un impôt sur les villes de Flandre qui voudraient se mettre sous sa protection – vont envenimer le conflit et déclencher les hostilités.

Le 20 août 1297, l'armée française écrase la « piétaille flamande » à Furnes et s'empare de Bruges. La Flandre est désormais occupée et administrée au nom du roi de France. Notamment par son représentant Gui de Châtillon.

Durant cinq ans, Bruges va ainsi accepter sa soumission.

En apparence seulement. Dans la nuit du 18 mai 1302 éclatent les fameuses « matines de Bruges », soulèvement populaire guidé par les tisserands. La garnison française est massacrée. Dès lors, l'insurrection gagne tout le pays.

Philippe le Bel, ne pouvant tolérer cette rébellion contre son autorité, envoie alors une armée qui entre au contact des milices flamandes le 11 juillet. D'un côté cette « piétaille » dont voudra se venger Charles de Valois en 1315, de l'autre dix mille chevaliers et écuyers français suivis d'autant de fantassins. Par malheur, la chevalerie française se laisse attirer dans des fossés remplis d'eau creusés avec soin par l'ennemi et s'y fait tailler en pièces.

Ce « désastre de Courtrai » restera dans toutes les mémoires. La victoire de Mons-en-Pévèle, deux ans plus tard, Philippe le Bel étant à la tête de l'armée, ne l'effacera que partiellement.

La guerre n'en continue pas moins.

En 1305, on finit tout de même par traiter à Athis-sur-Orge : le roi rendait son fief au comte de Flandre Robert de Bethune – le fils de Gui de Dampierre mort en prison entre-temps – mais exigeait la destruction des murs de Lille, Ypres, Douai, Bruges et Gand. En outre, Philippe le Bel réclamait une forte indemnité de guerre ainsi que les châtellenies de Lille, Douai et Bethune en gage de bonne foi.

Les conditions étaient impossibles à respecter. Dès 1309, et d'un commun accord, elles sont révisées. Mais, il faudra attendre 1312 et le traité de Pontoise – autrement appelé « transport de Flandre » – pour régler, du moins provisoirement, la situation.

La victoire du roi à Mons-en-Pévèle en 1304 avait ainsi rétabli l'honneur de la chevalerie française, mais les conditions imposées aux Flamands avaient semé bien des haines derrière elles. « Haine lourde qui impose chaque année la levée d'un ost », haine d'un « pays qui associa désormais sa haine du Français à celui du comte et de la noblesse, jusqu'à la révolte paysanne et urbaine de 1328, écrasée par le nouveau roi de France Philippe VI à Cassel [2] ».

Manipulation des monnaies : un sacrilège

A toutes époques – ou presque – l'argent a été le nerf de la guerre. Or, l'Etat, en ce début du XIVe siècle, vit largement au-dessus de ses moyens.

D'abord parce qu'il est en pleine croissance. Les services de l'hôtel du roi rassemblent environ trois cents personnes qui se répartissent entre la Chambre du souverain, la Chambre aux deniers (le trésor privé du roi), le Sceau (chargé de la correspondance secrète), la Chapelle ainsi que d'autres services tels que la cuisine, la vénerie, ou l'échansonnerie. Plus d'une centaine de serviteurs chez la reine, et autant chez les princes. Soit pour Philippe le Bel un coût de plus de cent mille livres par an !

Et puis, il y a l'Administration : le Parlement qui n'est encore qu'une cour de justice d'appel des baillis ou de première instance pour le roi et la haute noblesse ; la Chambre des comptes que commencent à prendre en main de véritables techniciens des finances ; la Chancellerie où se mettent par écrit les actes royaux ; le Trésor qui, tantôt au Louvre tantôt au Temple, sera à la fin du règne partagé en deux caisses distinctes : celle du Temple finançant les dépenses des hôtels et de l'Administration, et celle du Louvre réglant les dépenses de la guerre et des grands travaux. On imagine donc, au palais de la Cité regroupant tous ces services, le nombre d'avocats, de procureurs, de notaires, d'huissiers ou de clercs constituant les rouages d'une machine administrative sans cesse plus complexe.

La politique étrangère et la guerre coûtent beaucoup plus cher encore. Que ce soit pour acheter des alliances, des fidélités, verser des « pots-de-vin » ou lever des armées, les sommes nécessaires sont considérables. La guerre de Guyenne entre 1293 et 1297 aura coûté à elle seule plus de trois millions de livres ! Celle de Flandre, en 1298-1299, près de cinq cent mille. Pour s'acheter l'appui fidèle d'un baron, d'un prélat, d'un allié à l'étranger, c'est entre mille et cent mille livres qu'il faut compter. Une garnison d'une vingtaine d'hommes à un poste frontalier, c'est cinq cents livres.

La croissance des charges de l'Etat est constante. Or, de quels revenus dispose le roi ? Le domaine ? Quatre, cinq, voire six cent mille livres les bonnes années... Quand l'hôtel coûte déjà cent mille livres par an !

La solution qui s'impose : recourir aux expédients. Lesquels ? Des décimes sur les biens de l'Eglise, des taxes sur les Juifs et les Lombards, des emprunts – plus ou moins forcés – à certains serviteurs de l'État ou à de riches bourgeois trop heureux de servir la Couronne pour envisager d'être remboursés un jour. Le personnage de Spinello Tolomei dans la saga de Maurice Druon, banquier lombard retors et sans cesse sollicité par les grands incarne bien ce type de « recours » indispensable à la monarchie. Dans le deuxième volume de la saga des *Rois maudits*, *La Reine étranglée*, Tolomei rappelle d'ailleurs à Robert d'Artois que les compagnies lombardes ont dû consentir un gros prêt pour solder le coût ruineux de la guerre de Flandre [3].

Tout cela peut rapporter assez d'argent pour faire face à des dépenses extraordinaires. Une taille sur les Juifs peut aisément faire rentrer deux cent mille livres dans les caisses du Trésor. Mais ce régime d'expédients demeure voué à l'échec. Qu'une guerre longue s'annonce et, tôt ou tard, l'argent fera défaut.

Restent deux possibilités : l'impôt direct et la monnaie.

Dans le premier cas, le roi, en cas de guerre, a par exemple la possibilité de demander à ses vassaux une compensation financière à défaut d'une aide militaire. Tous les sujets sont alors astreints au paiement d'une part de leur revenu, centième ou cinquantième. Mais cette astreinte se négocie avec chaque vassal, et pour chaque région. D'où une disparité très grande des ressources obtenues. Procédure lourde par ailleurs, objet de marchandages sans fin qui continue de relever de l'exception et suscite bien des rancœurs chez les sujets du Capétien.

Dans le second cas, plus délicat encore, il est possible d'opérer des mutations sur les monnaies, mutations qui ont le mérite d'offrir une alternative à l'impôt.

Mais on ne touche pas à la monnaie impunément au XIVe siècle. La monnaie possède alors une valeur symbolique qui n'est pas liée à sa seule fonction d'échange.

D'abord, elle est chose du roi depuis Charlemagne. Mais le droit de frapper monnaie n'a pas tardé à être usurpé par de nombreux seigneurs, des églises, ou des villes. Au XIIIe et au XIVe siècles, les monarques s'efforcent donc de contrôler plus étroitement le phénomène. Peu à peu, la monnaie royale s'impose face à celle des barons. Seuls subsistent les ateliers des grandes principautés telles que la Bretagne ou l'Aquitaine. De minces seigneurs essaient bien de se livrer au faux-monnayage, mais le risque encouru – une immersion généralement définitive dans l'eau bouillante – en vaut-il la chandelle ?

Le problème essentiel, pourtant, n'est pas là. La croissance économique, des biens, des échanges, des services, ne signifie nullement celle de la masse métallique monétaire. Les mines d'argent – même celles du Poitou – s'épuisent. Quant à l'or, il doit fatalement être importé. D'où une inflation inévitable. Si le denier de Charlemagne pèse 1,68 gramme d'argent fin, celui de Saint Louis ne pèse déjà plus que 1,12 gramme d'alliage comportant 3,75 douzièmes du même argent.

Cette pénurie de métaux précieux entraîne une réglementation contraignante, voire même des mesures arbitraires telles que l'obligation pour les particuliers de porter un dixième de leur vaisselle aux ateliers monétaires royaux.

Puisque l'argent manque, l'or va donc faire son retour. Déjà esquissé sous Saint Louis avec la création d'un écu d'or en 1266, il prend encore de l'ampleur sous Philippe le Bel. Sous le règne du roi de Fer, le ratio or-argent a doublé par rapport à l'époque du bon roi Saint Louis. Mais cet afflux de l'or provoque aussi une fuite de l'argent malgré la législation tendant à enrayer cette hémorragie. Des réajustements sont donc nécessaires dans un système qui devient bimétallique.

C'est ce qu'il est convenu d'appeler des mutations monétaires.

Le système, comme l'ont montré la plupart des historiens, se prête admirablement à ce type d'opérations. Système double du fait de l'existence d'une monnaie de compte abstraite (livres, sous, deniers) parallèlement à la monnaie réelle (gros tournois d'argent, écu d'or ou royal d'or en 1290), les rapports entre les deux n'étant pas fixes. De même, le montant nominal n'est pas gravé sur chaque pièce. On le fixe par « cri public ». Dès lors, il n'est pas très difficile d'annoncer arbitrairement une modification de ces valeurs. En 1303 sera ainsi décrété que des pièces d'or valant jusque-là 21 sols et 6 deniers vaudraient désormais 62 sols et 6 deniers.

L'autre moyen est évidemment de jouer sur le poids et la teneur en argent ou en or des monnaies. On se contente alors de refondre en préservant la valeur antérieure de la monnaie refondue. Opération d'autant plus rentable pour l'Etat que le seigneuriage – on appelait ainsi le profit de la frappe – peut atteindre 2,5 pour cent de la valeur du métal.

Pourquoi le roi – puisque la monnaie était « sa chose » – se serait-il privé d'une telle aubaine ?

Ce type de dévaluation n'est pourtant pas nouveau. Mais on en attribue généralement toute la responsabilité à Philippe le Bel. En réalité, c'est l'ampleur et la fréquence de ces mutations dues à des facteurs conjoncturels qui expliquent cette réputation de « faux-monnayeur ». L'opinion elle-même s'y perd qui accuse inévitablement le gouvernement et les milieux d'affaires de spéculer au détriment des plus faibles.

Cette méthode qui s'apparente davantage à des soins palliatifs qu'à une doctrine économique n'était pourtant pas sans danger. Comme l'a expliqué Jean Derens : « Cette manière de jouer sur la valeur des espèces monétaires ayant cours introduisit, dans le royaume de France, un désordre catastrophique. Les opérations se commandent l'une l'autre dans un cycle infernal. “ La mauvaise monnaie chasse la bonne ”, c'est-à-dire que seules les espèces surévaluées (et par là même affaiblies) ont cours, car les bonnes monnaies valent plus que leur cours officiel : on les retire donc de la circulation, on les thésaurise, on les exporte ou on les refond. S'il s'agit donc de temps en temps de " renforcements ", la tendance la plus générale est à " l'affaiblissement ". Les espèces monétaires contiennent de moins en moins de métal précieux, ou, si la quantité est constante, la valeur d'estimation ne cesse d'augmenter [4]. »

De telles pratiques favorisent les locataires de maisons ou de terres, mais désavantagent les propriétaires ou même les barons.

Un rapide calcul permet ainsi de constater que la livre tournois sous Louis XVI représentera en or 3,4 pour cent du poids du métal qui sous Saint Louis avait correspondu à une valeur identique.

Les années 1295-1305 sont marquées par un tel affaiblissement, entraînant un désordre dans la plupart des transactions commerciales et une hausse du coût de la vie.

Nul doute, en revanche, que l'Etat de Philippe le Bel n'ait tiré parti de ces altérations de la monnaie. En 1299, sur une recette de 802 000 livres, le profit du seigneuriage s'élève à 416 000 livres !

On comprend que l'idée de « revenir à la bonne monnaie du roi Saint Louis » soit devenue une obsession dans les esprits. Une tentative a lieu en 1306. Un édit royal annonce que la totalité du numéraire en circulation se trouve dépréciée en valeur nominale des deux tiers. Une mesure qui provoque des éruptions sociales immédiates.

L'hiver 1306-1307, à Paris, les propriétaires exigent le paiement des loyers en monnaie forte. Le 30 décembre, le peuple aussitôt se soulève, met la maison de plusieurs bourgeois et même celle d'Etienne Barbette – le maître de la monnaie – au pillage. Le roi s'étant réfugié dans le donjon du Temple, il est contraint par la foule d'y demeurer pendant deux jours.

Vingt-huit émeutiers seront pendus. Mais rien n'y fera.

En 1311, l'agnel d'or créé par Philippe le Bel au cours de 15 sols tournois en vaudra plus de 20 l'année suivante.

Ces mutations monétaires, on l'a dit, sont incomprises et honnies de la majorité des Français. Car si elles en enrichissent certains – dont l'Etat, trop pauvre pour faire face à ses besoins –, elles en appauvrissent beaucoup d'autres.

Mais sans doute y a-t-il d'autres raisons plus profondes à ce comportement, plus difficiles à saisir aussi pour un homme du XXe siècle. C'est que la monnaie n'est pas seulement un moyen d'échange comme elle l'est aujourd'hui, un simple instrument de transaction, un signe purement quantitatif. D'ailleurs, aucune valeur nominale n'est imprimée sur son métal. Pour quelle raison ? Parce qu'elle comporte aussi une valeur symbolique. Puisque la monnaie est chose du roi, les effigies qui figurent et figureront sur leur avers témoignent également de valeurs non marchandes : l'écu, le roi sur un trône (la chaise), le roi avec son sceptre (la masse), un combattant à cheval (le franc), le roi en majesté (royal), une salutation angélique (le salut), etc.

Dans une société profondément chrétienne et rassemblée autour du principe monarchique incarnant la permanence du sacré au sein de la société civile, l'instabilité de la monnaie paraît choquante à bien des Français, qu'ils soient prélats, barons, bourgeois ou hommes du peuple.

Il y a une dernière raison enfin à la légende d'un « roi faux-monnayeur » : l'impopularité de Philippe le Bel telle qu'elle existait de son vivant et telle qu'elle se prolongera à travers nombre de récits pour le moins partisans, sinon fantaisistes. Dante traitait déjà Philippe le Bel de faux-monnayeur, et c'est à lui, bien plus tard, que pense Nicolas Oresme en écrivant dans son traité, *De moneta* : « Des mutations de la monnaie provoquent de nombreux et graves inconvénients, dont certains touchent le prince, d'autres toute la communauté, et d'autres enfin la plus grande partie de celle-ci... Il est d'abord trop détestable et trop honteux pour le prince de commettre une fraude, de falsifier la monnaie, d'appeler or ce qui n'est pas or, livre ce qui n'est pas livre... C'est un grand scandale avilissant pour le prince, que la monnaie de son royaume ne reste jamais dans le même état et varie de jour en jour et que, le même jour, elle vaille plus en un lieu qu'en un autre.... Il est absurde et totalement contraire à la noblesse royale d'interdire l'usage de la vraie et bonne monnaie du royaume et d'ordonner à ses sujets, par pure cupidité, de se servir d'une monnaie moins bonne, comme s'il voulait dire que la bonne monnaie est mauvaise et inversement. »

Mutation, altération, dévaluation... Qu'importe le mot employé, Philippe le Bel n'allait pas tarder à passer pour un falsificateur. Et ses ennemis se garderaient bien de contredire cette réputation totalement erronée du fait de la méconnaissance des problèmes monétaires qui se posaient alors à l'Etat.

Autorité spirituelle contre pouvoir temporel

La troisième difficulté majeure à laquelle va se heurter Philippe le Bel tient aux rapports entre le pouvoir capétien et la papauté. Rapports souvent conflictuels jusqu'à ce que la papauté se rapproche du pouvoir royal au point d'abdiquer une part de sa suprématie.

Bien sûr, les heurts entre la monarchie et l'autorité romaine n'ont pas commencé avec l'avènement de Philippe IV. A plusieurs reprises les Capétiens se sont opposés aux représentants de l'Eglise de Rome. Pour des questions de bénéfices ecclésiastiques, d'alliances politiques, ou même de divorce. Mais l'intransigeance manifestée par le roi de Fer demeure incontestable.

L'affrontement, à vrai dire, était inévitable. Comme le souligne Jean Favier : « Dans la mesure où le pape s'accommodait de ne présider qu'au magistère spirituel et à l'administration des sacrements, les deux autorités pouvaient éviter de s'affronter. Dans le système de solidarités contractuelles et de droits enchevêtrés qui avait régi l'Occident jusqu'au XIIe siècle, il y avait place pour des droits parallèles. Dans le nouveau système, issu de la clarification des idées politiques, il ne pouvait y avoir dans le royaume qu'un seul maître [5]. »

Voilà pourquoi le statut du clergé dans la société féodale était à redéfinir, quitte à heurter les susceptibilités du pape Nicolas IV.

Dès 1289, Philippe le Bel avait expédié à Rome une ambassade conduite par le Bouteiller de France Jean de Brienne. Sa mission : présenter au pape une liste de doléances. Mais avant tout lui rappeler que les abbés et les évêques de France étaient liés au roi par serment ou par hommage. Mieux : lui signifier qu'il fallait cesser de prétendre à l'exemption de juridiction – les clercs ne dépendant pas de la justice royale – comme à l'exemption fiscale – les clercs ne payant pas d'impôt. En un mot, l'Eglise de France était liée au roi et seulement à lui, elle devait lui obéir car il était seul maître en son royaume.

Dépendant de Philippe le Bel pour des raisons politiques, Nicolas IV ravala sa salive et usa de diplomatie. On trouva des accommodements.

La boîte de Pandore avait malgré tout été entrouverte.

En 1294, nouvelle dégradation des relations. La décime levée par le roi de Fer fait grincer des dents le nouveau pape, le cardinal Caetani devenu Boniface VIII. D'autant que Philippe le Bel ne compte pas en rester là. Un projet de perception d'une taxe sur les biens du clergé d'un cinquantième est envisagé pour 1296.

Boniface VIII riposte aussitôt par la bulle *Clericis laicos* qui stipule qu'aucune « contribution des clercs aux charges temporelles » ne pourra se faire sans son consentement. Il ajoute en outre que ce type de mesure ne vise qu'à soumettre le clergé au pouvoir et à la domination du roi. Philippe le Bel contre-attaque alors en interdisant toute sortie d'or et d'argent du royaume. Cette mesure qui entre dans le cadre de sa politique monétaire, il le sait, gênera Rome. Qu'à cela ne tienne, il fait également expulser les collecteurs apostoliques.

La guerre est déclarée. Dans l'entourage de Philippe IV, on fourbit ses armes. Tel ce *Dialogue du clerc et du chevalier* publié pour la circonstance et dans lequel l'auteur affirme : « Le Christ n'a exercé aucun pouvoir. Il en a même repoussé l'idée. Il a institué Pierre son vicaire pour les choses qui concernent notre salut, non pour le reste. Il ne l'a ni armé chevalier ni couronné roi. Il l'a consacré prêtre et évêque. »

Le climat finit malgré tout par s'apaiser. En février 1297, la bulle *Romana Mater Ecclesia* annule *Clericis laicos* et autorise le roi de France à lever des taxes sur le clergé en cas de nécessité. Boniface VIII y ajoute un « bonus » : la canonisation de Saint Louis.

Entre Paris et Rome, la tension demeure néanmoins palpable. Lorsque Boniface VIII propose d'intervenir dans le nouveau conflit franco-anglais qui menace, Philippe le Bel lui répond avec hauteur que « le gouvernement du royaume appartient à lui et à lui seul », et qu'il ne se connaît « pas de supérieur ».

Voilà pour la mèche !

La poudre, elle, sera fournie par l'affaire Bernard Saisset.

L'affaire est grave. Saisset, devenu évêque de Pamiers, s'est montré très vite un ennemi acharné de Philippe le Bel qu'il accuse de soutenir le comte de Foix. Ses adversaires vont même jusqu'à prétendre qu'il a injurié le roi, le traitant de bâtard et de faux-monnayeur, qu'il a affirmé que la Cour était corrompue et que les Capétiens couraient à leur perte.

Après enquête, Bernard Saisset est arrêté au mois de juillet 1301. Accusé d'hérésie, de sédition, et de trahison, il comparaît devant le roi et quelques conseillers à Senlis. Là, on lui reproche d'avoir également traité le pape de « diable incarné », pire encore, d'avoir nié la sainteté de Saint Louis et affirmé qu'il croupissait en enfer !

L'accusation sent d'une lieue le travail des agents de Philippe le Bel.

Emprisonné, Saisset a beau clamer son innocence et le pape exiger sa libération, rien ne semble capable de vaincre l'intransigeance du roi de Fer. Las, Boniface VIII convoque à Rome pour la Toussaint 1302 un concile de l'Eglise de France et publie le 5 décembre la bulle *Ausculta filii* dans laquelle il réaffirme la supériorité du Saint-Siège sur tout autre pouvoir. Mieux, il s'adresse à Philippe le Bel pour lui faire grief de ses crimes, évoquant sa « conduite tyrannique », son « mépris de la justice », ses « mains cupides sur les biens et les droits de l'Eglise ». Et il ajoute : « Nous ne dirons rien de la falsification des monnaies et autres exactions dont tu te rends coupable vis-à-vis de tes sujets. Ces sortes de plaintes sont parvenues nombreuses jusqu'à nous, ce sont choses connues du monde entier. »

D'autres critiques encore s'adressent au gouvernement de Philippe IV, à ces fameux légistes tant décriés.

La semonce était sévère et le roi de Fer dut sentir vaciller sous ses pieds le sol du palais.

Sûr de son bon droit, il refuse cependant de désarmer. Secondé par Pierre Flote, il durcit même sa position. Outre l'interdiction de correspondre ou d'entretenir la moindre relation avec le Saint-Siège, il réunit pour la première fois les états le 10 avril 1302 à Notre-Dame. Près de mille personnes se pressent ce jour-là – barons, prélats, représentants des villes et des chapîtres – à l'intérieur de la cathédrale. Philippe le Bel y réaffirme la supériorité de son pouvoir temporel et exige des prélats français qu'ils boudent le concile de Rome.

Nombreux sont ceux qui s'y rendront en dépit de cette interdiction.

Cette attitude place Philippe le Bel dans une situation étrange d'« excommunié de fait » sans qu'il soit besoin au pape de prononcer une sentence.

On en est là lorsque survient la défaite de Courtrai. Boniface VIII se sent alors pousser des ailes et parle ni plus ni moins de déposer le roi !

A l'occasion du concile, le 18 novembre, il promulgue la bulle *Unam Sanctam* dans laquelle il rappelle que « nous devons reconnaître une seule Eglise, sainte, catholique et apostolique. Hors de cette Eglise, il n'y a pas de salut, ni de pardon pour les fautes ». Boniface VIII brandit même cette fois de manière plus explicite l'arme suprême des pontifes : l'excommunication.

Voilà une menace avec laquelle on ne plaisante guère au XIVe siècle. Mais on est allé trop loin désormais pour reculer. Dans l'entourage du roi, on trempe sa plume dans le vitriol pour dénoncer les « clercs empiffrés, engraissés et enflés par la vanité des princes », réclamer l'abolition de la papauté et la sécularisation des biens de l'Eglise !

Nogaret succédant à Pierre Flote, le conflit se transforme en règlement de comptes où l'on rivalise de bassesse dans l'attaque. Lors d'une assemblée réunie au Louvre en présence de Philippe, de Louis d'Evreux, de conseillers et de prélats, Guillaume de Plaisians, second de Nogaret, n'y va pas de main morte :

— Le pape n'a pas honte de déclarer qu'il aimerait mieux être chien ou âne plutôt que français !

Boniface VIII est accusé de tous les maux. C'est un impie, un simoniaque, un hérétique, un sodomite. Il consulte devins et sorciers. Il pratique lui-même la sorcellerie, il ne croit pas à l'immortalité de l'âme. En réalité, il ne croit à rien de ce qu'il prêche ! Qu'il veille sur l'Eglise, qu'il s'amende, qu'il laisse le roi gouverner !

Boniface VIII a sans doute quelques erreurs à se reprocher, il est vrai. Il a fait multiplier les statues à son effigie dans les églises de Rome, distribué généreusement aux siens des biens relevant du patrimoine de Saint-Pierre et pratiqué un népotisme un peu trop voyant. Mais, surtout, son trône n'est guère solide. Victime de l'incessante guerre des clans qui règne à Rome – notamment avec les Colonna –, il est accusé d'avoir précipité la mort de son prédécesseur, le malheureux Célestin V, en le tenant pratiquement incarcéré en son château de Fumone.

Au discours guerrier de Plaisians une bonne partie de l'Eglise de France semble adhérer, et c'est fort de cette adhésion que Nogaret décide de se rendre en Italie pour y rencontrer Boniface VIII. La législation ecclésiastique prévoyant qu'en cas d'hérésie le pape doive être jugé par un concile œcuménique, il envisage ni plus ni moins de se saisir du souverain pontife.

Nous sommes au mois de septembre 1303. Le pape se trouve alors à Anagni, non loin de Rome, où il a fui les chaleurs de l'été. Nogaret, fort également de l'appui des Colonna – des nobles romains qui ont depuis les débuts de son pontificat juré la perte de Boniface VIII et du clan Caetani –, entend donc bien, à ce moment, traduire le pape devant le concile et lui demander d'y répondre de ses « crimes ».

Mais l'aventure tourne à l'expédition militaire. Dans la nuit du 6 au 7 septembre, une petite troupe mercenaire investit la demeure de Boniface VIII. Nogaret, sans doute débordé par les événements, voit le palais du pape pillé sous ses yeux impuissants tandis que Boniface VIII et Colonna règlent leurs comptes en privé.

Nogaret a-t-il vraiment asséné une gifle au Saint-Père ? Il semble bien qu'il faille ranger cette anecdote parmi les légendes de l'histoire. L'irruption d'enragés dans la demeure du pape était une gifle suffisante pour qu'il soit inutile d'en rajouter.

La population d'Anagni, alertée, intervint d'ailleurs rapidement et chassa les agresseurs hors de la ville.

Le dénouement de cette histoire ?

Nogaret quittera l'Italie et regagnera la France.

Philippe le Bel échappera à l'excommunication de justesse.

Et Boniface VIII aura l'élégance de mourir un mois plus tard.

L'affaire, pour cocasse qu'elle puisse paraître avec le temps, était néanmoins d'une extrême gravité. Qu'une querelle – déjà houleuse, puis violente – sur un chapitre aussi grave que les rapports entre pouvoirs spirituel et temporel ait pu déboucher sur une agression physique du représentant de l'autorité romaine avait de quoi faire réfléchir.

La brusque disparition du pape, « loin de soulager Philippe le Bel, le mettait en position difficile. Si la culpabilité de son ennemi défunt n'était pas reconnue, ce serait inévitablement le souverain français qui apparaîtrait aux yeux du monde chrétien coupable d'un attentat sacrilège. L'objectif tout désigné de la politique royale était, dans ces conditions, la condamnation posthume de celui qu'on n'avait pas pu vouer de son vivant à la réprobation. L'attitude adoptée par Benoît XI ne put que confirmer Philippe le Bel dans ce propos. Le successeur de Boniface leva les censures qui frappaient le maître, mais aggrava celles qu'avaient encourues ses serviteurs ».

Nogaret fut ainsi excommunié. Philippe le Bel ne pouvait se satisfaire d'une demi-mesure. Il voulait être entièrement blanchi de l'affaire d'Anagni. Surtout, il tenait à ce que la culpabilité de Boniface VIII fût officiellement reconnue, justifiant ainsi ses attaques contre la papauté.

Si Philippe le Bel était absous de ses fautes, une ère nouvelle s'ouvrait donc, dans laquelle l'Etat allait peu à peu s'engager : celle d'une progressive désolidarisation du pouvoir royal d'avec l'autorité suprême de la chrétienté.

4

Un royaume entre ciel et terre

S'il est un sujet avec lequel Maurice Druon se sent visiblement mal à l'aise, c'est bien tout ce qui, de près ou de loin, concerne la spiritualité médiévale. D'ailleurs, celle-ci n'apparaît jamais dans ses romans en tant que telle, seulement à travers la vision d'une Eglise qui incarne une autre forme de pouvoir temporel. Jean de Marigny – le frère d'Enguerrand – trafique des biens dérobés aux Templiers avec le banquier Tolomei. Quant au cardinal Duèze – le futur Jean XXII –, s'il se livre de bon matin à des réflexions théologiques, c'est pour envisager que « le paradis soit vide », l'enfer inexistant, après s'être penché gravement sur des recettes permettant d'« expurger l'urine d'enfant ».

Emporté par sa passion de l'action politique, Maurice Druon en oublie que l'époque des « rois maudits » est avant tout résolument tournée vers le ciel et l'au-delà plutôt que vers le monde terrestre.

Voilà pourquoi les Capétiens, avant d'être des hommes d'Etat, sont d'abord des rois très chrétiens.

La titulature, à l'origine, était attribuée à de nombreux princes dans les actes de la chancellerie pontificale. Mais c'est à partir de la fin du XIe siècle que l'idée d'une spécificité des *Franci* apparaît. D'abord, en ce qui concerne le peuple. La *gens Francorum*, dit-on, est un peuple saint. Depuis ses origines, elle a soutenu la foi en Christ, est demeurée fidèle à la papauté, elle a fourni de nombreux saints, martyrs et croisés, abrité de nombreuses reliques et construit bien des églises. Nul doute qu'un statut spécial ne lui ait été réservé dans le plan de Dieu. Car elle « est élue par Dieu et séparée de toutes les autres nations tant pour l'agrément de son site que pour la ferveur de sa foi et sa dévotion à l'Eglise ».

Le roi lui-même, en revanche, semble être tenu à l'écart de ces louanges. Il est seulement qualifié de « très dévot ». Pourtant, il possède déjà une chapelle. Il vit entouré de clercs. Plusieurs fois par jour, il récite des prières dont certaines sont composées spécialement pour lui. Chaque fois qu'une épreuve s'impose, il prie saint Denis, patron des rois de France. A ces manifestations de piété quotidienne, il faut encore ajouter les messes dominicales ou solennelles, celles qui sont dites avant d'entrer en bataille ou pour prier les âmes des morts après la fin des combats, l'observance stricte des fêtes religieuses, du carême, les processions multiples.

C'est au XIIIe siècle que s'opère la jonction entre la France très chrétienne et le roi très chrétien. Le monarque se voit qualifié de « plus chrétien de tous les rois », ou encore de « roi de tous les rois terrestres selon le plan de Dieu ». Saint Louis est désigné comme « prince très chrétien, chef d'un peuple très dévot ». L'Anglais Mathieu Paris n'hésite pas à affirmer que c'est en France que « la foi est la plus vive et la plus pure ».

Si Philippe IV se heurte à la papauté et tient pour l'indépendance du royaume comme de l'Eglise de France, il n'hésite pas à se qualifier lui-même de « roi très chrétien ». En 1312, le roi de Fer prend la peine de le rappeler en des termes dénués de toute ambiguïté : « Le Très-Haut Seigneur Jésus, trouvant dans ce royaume plus que dans toute autre partie du monde une base stable pour la sainte foi et la religion chrétienne, et considérant qu'il y avait là la plus grande dévotion envers lui, son vicaire et ses ministres, décida de l'honorer au-dessus de tous les royaumes et principautés de quelques prérogatives et grâces singulières. »

Affirmer cette élection ne suffit pas. Encore faut-il en apporter les preuves.

Dès 1300, outre l'abondance des églises, des reliques et des saints, on ajoute d'autres signes particuliers de cette bénédiction accordée par Dieu au royaume : la sainte ampoule servant à oindre les rois lors du sacre, les lys, l'oriflamme. Comparé très souvent à celui d'Israël, le peuple de France est présenté lui aussi comme un « peuple élu ».

Quant à la lignée des rois de France, une théorie nouvelle se fait jour : ces qualités chrétiennes qui font la grandeur de nos souverains, c'est par le sang qu'elles se transmettent héréditairement. Sous Philippe le Bel, on affirme même que le « sang sacré des rois de génération en génération [n'a connu] depuis Priam sur quarante-huit rois aucun bâtard ». D'où la violence des attaques lancées contre le roi de Fer, accusé de descendre par son père d'un bâtard nommé Hugues Capet et d'une mère, Isabelle d'Aragon, dont la famille était connue pour le nombre de ses adultères. D'où aussi le scandale causé par le comportement des brus du roi en 1314.

Royaume voué à Dieu et gouverné par un « roi très chrétien », la France sera donc bientôt la « fille aînée de l'Eglise », et la lente élaboration qui, au Moyen Age, lui avait permis d'obtenir ce statut particulier ne sera plus qu'un souvenir. Désormais, le qualificatif de « très chrétien » sera devenu partie intégrante des droits fondamentaux de la monarchie.

« La nation française, écrit Colette Beaune, fut donc très chrétienne pour l'éternité. Elaborée très tôt, elle fut portée à chercher plus que les autres nations son mérite dans la foi et la conformité à la volonté divine. Le nom de très chrétien, appliqué indifféremment au roi, au peuple ou au territoire français, devint peu à peu un objet de gloire et d'orgueil, une justification d'être. Il apportait en outre l'apaisante certitude d'être un élément important du plan de Dieu dans l'ordre du monde au cours des temps [1]. »

L'oint du Seigneur

La cérémonie du sacre est le symbole de l'élection divine du roi de France. Elle le place au-dessus des laïcs. Elle l'investit d'un pouvoir surnaturel et thaumaturgique qui le distingue radicalement des grands barons ou de quiconque voudrait s'emparer du pouvoir sur la seule prétention de ses capacités à gouverner.

Là encore, Maurice Druon ne voit guère dans le sacre qu'une banale cérémonie d'investiture. Lorsqu'il évoque celui de Philippe V, c'est en outre en mélangeant divers rituels, dont certains sont postérieurs à l'époque qui nous concerne.

Mais, pour le comprendre, remontons dans le passé de quelques siècles. Les premiers rois sacrés, nous les découvrons dans l'Ancien Testament. Dans la Bible, David comme Salomon reçoivent l'onction de l'huile sainte qui leur confère la force et la grâce divine nécessaires à l'accomplissement de leur mission. Cette onction les met en outre à l'abri de toute contestation possible sur la nature de leur autorité et rend celle-ci inviolable par son essence même.

Inconnu à Rome comme dans l'Empire byzantin, le sacre n'existe pas davantage chez les rois germaniques puisque leur sang est censé provenir d'une lignée divine. Quelques insignes de leur royauté – lance, couronne, vêtements – suffisent à symboliser leur légitimité. Les Mérovingiens, eux, se contentent des effets du baptême et de leurs talents personnels.

Réapparu dans l'Espagne wisigothique au VIIe siècle, le sacre n'est conféré à un roi franc qu'en 751, Pépin le Bref.

Dès lors, le sacre fera du roi ou de l'empereur un élu de Dieu et un protecteur naturel de l'Eglise.

La réforme grégorienne du XIe siècle change la donne. Le sacre des rois est en quelque sorte désacralisé par la papauté, désireuse de retrouver ses prérogatives. Le rite n'est pas compté au nombre des sacrements et ne confère plus au roi le statut d'un quasi-évêque comme autrefois. Le roi peut même être excommunié et donc défait par celui-là même qui l'a sacré. Les Capétiens se montrant de fidèles alliés de l'Eglise, et se faisant sacrer par l'un de leurs évêques, ce risque apparaît faible. Il existe cependant en théorie.

Le roi capétien est donc normalement sacré à Reims. Mais il faudra trois siècles pour que la ville s'impose devant l'archevêque de Sens et Saint-Denis, cette dernière n'obtenant finalement que la garde des *regalia*, les insignes de la royauté. Les derniers Carolingiens, en effet, avaient reçu l'investiture en des lieux divers : Louis III et Carloman à Ferrières-en-Gâtinais, Louis IV à Laon, Louis V à Compiègne. Charles le Chauve, en 869, et Louis le Bègue en 877, en revanche, ont été sacrés à Reims.

L'archevêque Hincmar s'est battu dès le IXe siècle pour imposer Reims. Mais, Hugues Capet en 987, premier de la lignée, est sacré à Noyon par l'évêque Adalbéron, son fils Robert le Pieux à Orléans, son petit-fils Hugues à Compiègne. Louis VI lui-même, en 1135, le sera encore à Orléans.

Il faut attendre le XIIe siècle pour que Reims devienne la ville des sacres. Privilège d'ailleurs confirmé par le pape Urbain II dès 1089. L'archevêque de Reims est alors le plus puissant des prélats français. En outre, l'idée s'est imposée que le baptême de Clovis par l'évêque Remi – dans le baptistère de la cathédrale – aurait été le premier sacre. Au moment de l'onction, le chrême manquant, une colombe serait descendue du ciel pour apporter un baume miraculeux d'origine céleste, baume qui, enfermé dans la sainte ampoule et depuis lors précieusement conservé à Reims, devait désormais servir à oindre les rois.

Il faudra presque autant de temps pour fixer le rituel

du sacre proprement dit. Un premier *ordo* [2] écrit à la fin du IXe siècle institue le serment comme un préalable aux deux rites que sont l'onction et le couronnement. Un siècle plus tard, l'*ordo* dit de Fulrad – en réalité composé à Saint-Vaast d'Arras vers le milieu du XIe siècle – intègre ces trois temps forts de la cérémonie à une grand-messe.

Mais le plus utilisé est l'*ordo* dit de Saint Louis, probablement composé vers 1220-1230 et qui, aux autres rites, ajoute celui de la remise d'une épée et des éperons. De même qu'on y trouve pour la première fois mentionnée la présence de douze pairs, six laïcs, six ecclésiastiques – symbole peut-être des douze compagnons de l'empereur Charlemagne – qui doivent soutenir la couronne au moment du sacre.

Philippe le Bel et ses fils ont donc été couronnés selon l'*ordo* utilisé pour les derniers capétiens, et non selon les rituels postérieurs, notamment celui de Charles V.

Le roi sacré

A son arrivée à Reims, le roi est déjà roi. Et cela, pour deux raisons. La première est qu'il a été choisi par Dieu, la seconde parce qu'il a été désigné par une succession de droit héréditaire désormais solidement établie.

Accueilli par l'archevêque, les chanoines de la cathédrale, les cinq évêques suffragants de Reims – ceux de Soissons, Laon, Beauvais, Chalons, Noyons – et celui de Langres, par les abbés de Saint-Remi – gardien de la sainte ampoule – et de Saint-Denis – gardien des *regalia* –, il retrouve à ses côtés les six pairs laïcs qui soutiendront la couronne [3]. Ce sont de puissants seigneurs – la liste en sera fixée au début du XIIIe siècle – tels que les ducs de Normandie, de Bourgogne, de Guyenne, les comtes de Champagne, de Flandre ou de Toulouse. De grands officiers royaux jouent également un rôle lors de la cérémonie. Ce sont le chambrier, le sénéchal ou le connétable.

Enfin, vient le peuple. Présent à la cérémonie en tant que troisième ordre de la société médiévale, il se tiendra au fond de la cathédrale et sur le parvis. Sa présence, en revanche, est indispensable. En vertu de l'harmonie des trois états, reflet de l'ordre du monde, le peuple se doit d'être témoin de l'onction du nouveau roi. Lui aussi participe à sa légitimation.

La veille de la cérémonie, après que la cathédrale a été soigneusement fouillée, le roi vient s'y recueillir à la nuit tombée et prier seul.

Le lendemain – toujours un dimanche, voire lors d'une fête plus solennelle encore telle que la Pentecôte ou l'Assomption –, le monarque est encore en son palais quand deux évêques viennent le chercher pour le conduire en procession à la cathédrale [4].

L'aube s'est à peine levée que le rite commence sur le parvis de la cathédrale. Après quoi, le roi et les différents protagonistes du sacre prennent place dans le chœur de l'église, le roi se situant sur un siège surélevé par une estrade au centre de la nef.

Alors le sacre proprement dit peut commencer. D'abord, on apporte solennellement la sainte ampoule, puis le monarque doit se livrer à une série de serments. Après avoir récité le credo, la main gauche posée sur l'Evangile, il jure de protéger l'Eglise, dans ses biens comme dans ses personnes. Puis il promet à tous la paix et la justice ainsi que la miséricorde. D'autres serments concernant la défense de la foi catholique, de l'Eglise et du royaume, accueillis aux cris de *fiat !* lancés par le clergé et le peuple, scellent ainsi le pacte passé entre le roi et le *populus*.

Le roi ôte alors ses habits et reçoit du chambrier des souliers à fleurs de lys, des éperons d'or, et de l'archevêque l'épée que tiendra le connétable et qui symbolise les responsabilités spirituelles et temporelles du monarque. Le roi change ensuite symboliquement d'habits pour endosser une chemise fendue, une dalmatique de couleur jacinthe – couleur de la tunique du grand prêtre d'Israël –

ainsi qu'une sorte de chape relevée sur le bras gauche à la manière des chasubles sacerdotales.

Vient alors le rite majeur de l'onction. L'archevêque de Reims prélève avec une aiguille d'or un peu d'huile de la sainte ampoule et la mélange avec le chrême. Puis, solennellement, il en oint la tête du roi et d'autres sièges des forces vitales : la poitrine, entre les épaules, sur les épaules, à la jointure des bras et enfin sur les mains.

Désormais, selon les textes, le roi est devenu semblable aux rois et aux prophètes de l'Ancien Testament. Il tient par ailleurs de la sainte ampoule un privilège unique : être oint avec une huile céleste réservée à lui seul.

La remise des insignes de la royauté vient ensuite. L'archevêque remet alors au monarque l'anneau, signe de la dignité royale et de la foi catholique, puis le sceptre dans la main droite, symbole de son pouvoir, et dans sa main gauche la « main de justice » – anciennement une verge – en référence à l'une des fonctions les plus sacrées qu'il doit exercer pour le bien de tous.

Enfin, l'archevêque de Reims bénit la couronne et la pose sur la tête du roi tandis que les douze pairs la soutiennent symboliquement [5]. Après quoi, conduit au trône, le monarque y reçoit le baiser de paix et de fidélité de l'archevêque, puis des grands.

La cérémonie s'achève par une messe solennelle durant laquelle le roi communie, à l'instar des clercs, sous les deux espèces. S'il est déjà marié, le sacre de la reine suit le sien. Philippe Auguste, couronné à Reims en 1179, fait sacrer à Saint-Denis, l'année suivante, Isabelle de Hainaut. Jeanne de Navarre, en revanche, sera couronnée en même temps que Philippe le Bel, de même que Clémence de Hongrie le sera avec Louis X le Hutin en 1315.

Voici le roi devenu enfin sacré et inviolable. Bien que l'*ordo* soit muet sur ce point, la cérémonie du sacre est clôturée par un banquet et suivie de réjouissances populaires.

Reconduit au palais archiépiscopal, on imagine aisément que le monarque devait se sentir investi d'une dignité et d'un pouvoir accrus.

Et c'était bien le cas, en effet. L'onction de Reims ne lui conférait pas un simple prestige qui l'aurait rendu politiquement supérieur aux grands féodaux. Elle l'élevait au-dessus des autres hommes et lui imprimait la marque indélébile du surnaturel.

Le sacre est par ailleurs autant un privilège qu'un engagement solennel à respecter certains devoirs. Cet engagement – Maurice Druon l'oublie un peu – est d'abord passé sous le regard de Dieu. Or, au XIVe siècle, c'est là l'essentiel. Ensuite, devant l'ensemble du royaume symboliquement représenté par la présence des trois ordres au sein de la cathédrale. Le sacre est une alliance à la fois divine et terrestre, le roi remplissant la fonction de médiateur, et pas seulement un contrat politique ou juridique.

C'est faire bon marché de la foi des hommes du XIVe siècle que de ne voir là qu'une sorte de parodie destinée à épater un peuple superstitieux et ignorant tout des enjeux d'un tel rite utilisé à des seules fins politiques. Car le rite est avant tout ce qui est accompli conformément à l'ordre, et cet ordre est celui dont la société médiévale a la certitude profonde qu'il imprègne le cosmos tout entier. Le rite porte son efficacité en lui-même à condition qu'on en respecte le bon déroulement. Il n'est pas, contrairement à ce que l'on a tendance à croire, une simple formalité mais un acte saint et accompli conformément aux lois reproduisant l'ordre divin.

Le roi lui-même n'est pas seulement le chef d'Etat obsédé par l'unité nationale cher à Maurice Druon, mais le garant de cet ordre, un ordre qui dépasse infiniment celui du monde de la temporalité.

Il n'en reste pas moins que, techniquement, « au milieu du XIIIe siècle, le sacre de Reims a atteint un triple objectif : manifester un équilibre entre le pouvoir royal et le pouvoir ecclésiastique, réunir en un système rituel et faire collaborer les trois pouvoirs religieux qui, historiquement, ont conquis le droit de consacrer le roi, exprimer l'indépendance de la monarchie française et sa supériorité sur les autres rois chrétiens [6] ».

A l'heure où meurt Philippe le Bel, cette situation paraît désormais solidement établie. Ni la querelle avec Boniface VIII ni les soucis divers de la monarchie française avec l'Eglise de Rome ne la remettront en cause. Charles X, se faisant sacrer à Reims en 1825, a toujours conscience d'être autre chose qu'un simple chef de gouvernement, même si son couronnement paraît anachronique. Celui de Napoléon, en revanche, frisait vingt ans plus tôt la caricature.

Le roi guérisseur

A cette cérémonie du sacre s'en ajoute une autre à partir du XIVe siècle : le « toucher royal » des écrouelles.

On ignore à partir de quelle époque ce rite a été pratiqué par les rois de France de manière régulière. Peut-être sous Saint Louis. Ce qui est certain, c'est que le sacre est censé conférer au monarque capétien le pouvoir de guérir ces *écrouelles* ou *scrofules*.

De quoi s'agit-il ? D'une maladie chronique à rémission, l'adénite tuberculeuse, qui affecte les ganglions lymphatiques du cou.

Dès le XIIe siècle, rois de France et d'Angleterre touchent et guérissent, les premiers les écrouelles, les seconds l'épilepsie. Mais c'est sous Saint Louis que semble s'organiser un rituel particulier, notamment à travers la formule « Le roi te touche, Dieu te guérit », et la distribution d'aumônes. Au temps des « rois maudits », le toucher des écrouelles a lieu le lendemain du sacre, à Saint-Marcoul-de-Corbeny, près de Reims. Il se poursuivra en France jusque sous Charles X qui, en 1825, touchera encore cent vingt et un scrofuleux, dont cinq guériront.

Mais auparavant ?

Des textes anciens, la seule certitude que l'on puisse retirer est que certains rois ont eu la réputation d'être des guérisseurs. Grégoire de Tours rapporte ainsi que le roi mérovingien Gontran, fils de Clotaire Ier, détenait ce pouvoir. Une femme, afin de guérir son fils, lui aurait arraché « quelques franges de son manteau royal ; elle les mit dans l'eau et fit boire cette eau à son fils ; aussitôt la fièvre tomba ; le malade guérit ». Aux alentours de l'an mil, c'est à Robert le Pieux qu'il est fait allusion lorsque le moine Helgaud écrit : « La vertu divine accorda à cet homme parfait une très grande grâce : celle de guérir les corps ; de sa très pieuse main touchant les plaies des malades et les marquant du signe de la sainte croix, il les délivrait de la douleur et de la maladie. »

Il faut cependant attendre Louis VI le Gros et le début du XIIe siècle pour que le pouvoir de « faire des miracles » – ordinairement réservé à Dieu et aux saints – soit clairement attribué à un roi de France. Mais ce don a d'ores et déjà trait aux écrouelles et à elles seules. « J'ai vu de mes propres yeux, raconte l'abbé Guibert de Nogent, des malades souffrant d'écrouelles au cou, ou en d'autres parties du corps, accourir en foule pour se faire toucher par lui, toucher auquel il ajoutait un signe de croix. J'étais là, tout près de lui, et même je le défendais contre leur importunité. Le roi cependant montrait envers eux sa générosité innée ; les attirant de sa main sereine, il faisait humblement sur eux le signe de croix. Son père Philippe avait exercé aussi avec ardeur ce pouvoir miraculeux et glorieux ; je ne sais quelles fautes commises par lui le lui firent perdre. »

Certes, on objectera qu'à cette époque se mêlent beaucoup de superstitions ou de croyances magiques à la religion proprement dite. Ainsi, tout ce qui participe d'une consécration quelconque possède un pouvoir guérisseur : le signe de croix et la prière d'abord, mais également l'hostie, le vin de la communion, l'eau du baptême, celle où le prêtre – après avoir touché les saintes espèces – a trempé ses mains. Jacques de Vitry raconte même qu'au XIIIe siècle, lors d'une épidémie, des villageois ne trouvèrent rien de mieux que d'enterrer vivant leur curé à côté d'un cadavre dans l'espoir de stopper le fléau.

Les excès d'une foi trop émotionnelle ne suffisent toutefois pas à expliquer ce pouvoir thaumaturgique, ni ses origines exactes. Philippe le Bel lui-même, au plus fort de sa querelle avec Boniface VIII, continue de toucher et de guérir. Dans un mémoire rédigé par Plaisians et Nogaret, on peut lire que « Dieu, par ses mains, opère en faveur des malades d'évidents miracles ». Or, il ne s'agit pas là d'arguments juridiques destinés à impressionner la papauté en faveur du Capétien. En 1308, soit cinq ans après l'affaire d'Anagni, les villes de Pérouse et d'Urbino adressent toujours leurs scrofuleux à Philippe IV.

Seul Dieu guérit, mais Dieu peut agir par l'entremise des saints ou des rois. N'oublions pas que le sacre sanctifie celui à qui il est accordé. Or, l'usage de l'huile sainte est exclusivement réservé au roi et à aucun autre de ses feudataires. A compter de ce moment, le roi n'est plus seulement un homme mais le détenteur d'un dépôt sacré. Lorsque Samuel, dans *Le Livre des rois*, renverse la fiole d'huile sur la tête de Saül, il prend bien soin de préciser :

— Tu seras changé en un autre homme !

La phrase est explicite. Une fois accompli le rite du sacre, le roi n'est plus ni tout à fait le même ni tout à fait un autre. Il a subi une sorte de *métanoïa*.

Robert Grossetête ne s'exprime pas autrement en affirmant que le roi oint reçoit « le don septiforme du Saint Esprit ».

Ajoutons à cela que le sang qui coule dans ses veines est considéré comme porteur de bénédictions. D'où une transmission héréditaire de certaines qualités propres à sa lignée.

Oint d'une huile venue du ciel, investi d'un pouvoir surnaturel et quasi sacerdotal par le sacre de Reims, le roi de France n'avait donc guère de mal à être qualifié de thaumaturge et à en exercer les fonctions. Que ce pouvoir ait été réel ou non ne relève plus de l'histoire mais de la certitude intérieure de chacun.

5

Des Templiers trop puissants

Lorsque l'on découvre les Templiers au début de la saga de Maurice Druon, ils sont incarcérés dans leur propre forteresse en plein cœur de Paris : le Temple. Nous sommes au mois de mars 1314, et le Grand Maître Jacques de Molay ainsi que plusieurs de ses compagnons, Geoffroy de Charnay, Geoffroi de Gonneville et Hugues de Pairaud, attendent la sentence qui va être prononcée contre eux.

Seul dans sa cellule aux murailles couvertes de salpêtre, Jacques de Molay songe avec amertume à son destin et à celui de l'Ordre.

Le Grand Maître s'interroge, rêve, cauchemarde, tourmenté par les accusations dont ses compagnons et lui font l'objet, par leurs aveux arrachés sous la torture. Il sait qu'ils vont être condamnés et conduits au bûcher.

Bientôt, la porte s'ouvre. Paraît un geôlier, suivi de quatre hommes d'armes. On sort dans la cour. Une brume tenace emplit l'enclos du Temple. Devant eux, messire Alain de Pareilles, capitaine des archers du roi...

Cette fois, Jacques de Molay sait que son heure est venue et que l'aventure si singulière de l'ordre du Temple est terminée.

1314... Alors que cette aventure a commencé deux siècles plus tôt.

Du passé de l'Ordre, des raisons de sa chute, en revanche, Druon ne dit quasiment rien puisque le roman commence précisément avec le bûcher de l'île aux Juifs.

Or, qui sont-ils vraiment, ces Templiers que l'on s'apprête à brûler ?

Leur histoire, aujourd'hui largement connue, est liée à celle des croisades et a fait l'objet d'une littérature surabondante où le meilleur côtoie le pire.

L'Orient a toujours attiré les chrétiens d'Occident pour des raisons religieuses évidentes. Depuis la fin du Xe siècle, à la faveur de la paix relative régnant dans le Bassin méditerranéen, un vaste mouvement de pèlerinages aux Lieux saints n'a cessé de s'amplifier.

Cet élan mystique s'accompagne d'un certain nombre de facteurs économiques non négligeables : surcharge démographique, croissance de l'économie monétaire et des échanges, raréfaction des terres cultivables, tout cela contribue à pousser en masse les pèlerins vers l'Orient.

Au XIe siècle, l'Europe se sent surtout assez puissante pour reprendre aux musulmans les territoires conquis par ceux-ci autour de la Méditerranée depuis le VIIIe siècle. Le musulman, c'est-à-dire l'infidèle contre lequel il convient de mener une « guerre juste ». En Espagne, avec la disparition du califat de Cordoue, la *reconquista* a déjà commencé.

L'idée – excessive – d'un Occident chrétien cerné de toutes parts par l'infidèle encourage encore ce mouvement et le désir de reconquérir le tombeau du Christ, de porter aussi la guerre en Orient pour contrer les prétentions d'un Islam conquérant.

L'autre avantage enfin de cette idée de croisade en vue de la réappropriation des Lieux saints est de canaliser les ardeurs guerrières de la chrétienté vers un but commun et géographiquement éloigné, et donc d'assurer la paix en Europe.

Les difficultés éprouvées par les chrétiens d'Orient, et

les massacres de pèlerins attribués aux Turcs seldjoukides vont servir de déclencheur.

En 1095, le pape Urbain II clôture le concile de Clermont en exhortant dans son sermon les chrétiens d'Occident à cesser leurs luttes intestines et à se porter au secours de leurs frères d'Orient. La foule répond avec un enthousiasme inattendu. De nombreux volontaires décident bientôt de « prendre la croix » et de gagner Jérusalem. En signe de ce vœu pieux, ils se feront coudre entre les épaules une croix en tissu qui les fera appeler *cruce signati*, marqués du signe de la croix. D'où le nom de « croisés » qui sera plus tard attribué à tous ceux qui prendront le chemin des Lieux saints.

Quatre ans plus tard, Jérusalem est tombée. Les croisés campent devant le Saint-Sépulcre. Mise à sac, la ville a été « expurgée » de sa population musulmane avec une violence telle que l'événement deviendra pour l'Islam le symbole de l'intolérance chrétienne. Un royaume latin de Jérusalem est fondé que dirige bientôt Baudouin Ier, le frère de Godefroy de Bouillon, héros emblématique de cette première croisade.

L'aventure des croisades ne fait pourtant que commencer. L'établissement des chevaliers francs en Orient est chose précaire. Le rêve de reconquête des Lieux saints peut très bien tourner demain au cauchemar. Prendre pied sur la terre du Christ est une chose, s'y maintenir en est une autre.

C'est alors qu'intervient un chevalier champenois, Hugues de Payns. A-t-il participé à cette première croisade ? Rien n'est moins sûr. A-t-il fait partie du flot de pèlerins qui, Jérusalem aux mains des croisés, se sont mis à affluer en Terre sainte ? Toujours est-il que, conscient des risques encourus par ces pèlerins – régulièrement détroussés ou même assassinés par des bandes de pillards –, il décide de fonder un ordre qui assurera leur protection de même que la sûreté des routes et la garde du Saint-Sépulcre.

Baudouin Ier qui, faute d'effectifs suffisants, ne peut assumer ces tâches, voit d'un bon œil la naissance de l'ordre des « Pauvres chevaliers du Christ ». Décidant de suivre la règle de saint Augustin, ceux-ci se voient même encouragés par le patriarche de Jérusalem qui leur impose le triple vœu monastique : obéissance, pauvreté, chasteté.

L'ordre du Temple est né. Nous sommes en 1118. Les chevaliers du Christ, s'il faut en croire la légende, ne sont encore que neuf. Mais, très vite, leur nombre va croître.

Ne portant aucune tenue distinctive, ne possédant que leurs armes et leurs chevaux, vivant de la charité, mais faisant preuve d'un comportement exemplaire, ces chevaliers ne tardent pas à faire des adeptes. Les dons en leur faveur se multiplient. En 1120, Hugues, comte de Champagne, séduit par leur idéal de pauvreté et d'humilité, abandonne même ses titres et ses biens pour se joindre à eux.

Signe de leur nouvelle faveur, Baudouin II leur assigne pour résidence une aile de son palais, dans la mosquée d'El Aqsa, peut-être érigée sur les ruines de l'ancien Temple de Salomon. Désormais, les « Pauvres chevaliers du Christ » seront désignés sous le nom de Templiers.

Le statut de ces Templiers demeure toutefois ambigu. Ni tout à fait moines ni tout à fait soldats ni mercenaires, ils dérangent et même inquiètent. Aussi Hugues de Payns se persuade-t-il que sa mission sera facilitée s'il obtient pour son ordre une règle en bonne et due forme.

Muni d'une lettre de recommandation du roi de Jérusalem pour Bernard de Clairvaux, et accompagné de quelques chevaliers, Hugues de Payns regagne donc la France et, négociateur habile, persuade le fondateur de Cîteaux d'œuvrer pour sa cause. Très vite, Bernard s'enflamme et convainc le pape Honorius de réunir à Troyes un concile destiné à régler le sort des « Pauvres chevaliers du Christ ».

Nous sommes au début de l'année 1128. Hugues de Payns a déjà élaboré un texte préparatoire à Jérusalem. Ce texte va être modifié et adapté sous l'impulsion de Bernard de Clairvaux.

Adoptée au terme de longs travaux, la règle est à la fois simple et austère. Composée de soixante-douze articles, tout y est prévu ou presque : obéissance au maître, rapports hiérarchiques, comportement entre les frères, devoirs religieux, vêtements, nourriture, armement, aumônes, etc.

Ainsi, il est précisé que les chevaliers doivent porter des robes d'une seule couleur – blanche, noire ou grise. On y ajoutera plus tard une croix rouge. Leurs armes ne devront pas se signaler par un luxe quelconque, ils n'auront ni or ni argent sur leurs étriers. Ils seront en outre assistés d'écuyers, de sergents – qui combattront à pied –, mais aussi de chapelains et de domestiques.

Le maître aura tout pouvoir sur les membres de l'Ordre qui lui devront obéissance et soumission. Néanmoins, il sera tenu de réunir le chapître pour recevoir les conseils de ses frères.

Ceux-ci devront prendre leurs repas en commun, manger à deux dans la même écuelle et en silence comme dans les ordres monastiques. Ils éviteront les jeûnes trop prolongés pour demeurer en état de combattre, mangeront de la viande trois fois par semaine. Surtout, ils entendront la messe chaque jour, prieront en commun et en particulier.

Enfin, chaque manquement à la règle pourra être lourdement sanctionné, allant même jusqu'à l'exclusion définitive de l'Ordre. Parmi ces fautes qui pourraient être imputées aux Templiers, on trouve la simonie [1], le vol, la « cabale contre un autre frère », le meurtre d'un chrétien ou d'une chrétienne, la fuite sur le champ de bataille tant que se maintient l'étendard du Temple. D'autres péchés sont encore mentionnés : « quand un frère est convaincu d'être un mécréant » ; « quand un frère laisse la maison et va aux Sarrasins » ; et plus explicite encore, « quand un frère est entaché du sale et puant péché de sodomie, si sale et si puant et si horrible qu'il ne doit pas être nommé ».

La règle, on le voit, est stricte. Dans l'immense majorité des cas, elle sera, semble-t-il, respectée.

Hugues de Payns a gagné. Il a obtenu un statut officiel pour l'Ordre. Il peut désormais revenir en Terre sainte la tête haute.

Mais, auparavant, il lui reste une mission essentielle à accomplir. Le concile de Troyes terminé, les chevaliers se dispersent et partent à travers l'Europe pour recruter de futurs chevaliers du Christ.

Le succès est immédiat. En Poitou, en Normandie, en Flandre, en Espagne, au Portugal, en Angleterre, en Ecosse, l'ordre du Temple connaît une extension rapide. Les dons commencent d'affluer. Lorsque meurt Hugues de Payns en 1136, les Templiers se trouvent à la tête d'une puissance considérable. Hormis la « maison chèvetaine » de Jérusalem, il y a désormais les « provinces d'Europe » où se multiplient les commanderies et les domaines fonciers appartenant à l'Ordre. La reine Teresa du Portugal leur donne la forteresse et le fief de Soure. Raymond-Roger de Barcelone leur cède le château de Granera. Le roi Alphonse d'Aragon, sans héritier, leur lègue une partie de son royaume.

Ce succès est tel que Bernard de Clairvaux l'encourage encore en vantant les chevaliers du Christ dans ses traités. Jetant un regard réprobateur et même ironique sur la chevalerie du temps, il la compare volontiers à celle du Temple. Il critique ces soldats qui « affublent leurs chevaux de soieries », « incrustent leurs mors et leurs étriers d'or, d'argent et de pierres précieuses ».

— Vous vous parez somptueusement pour la mort, leur lance-t-il, et vous courez à votre perte avec une furie sans vergogne et une insolence effrontée. Les oripeaux sont-ils le harnais d'un chevalier ou les atours d'une femme ?

Alors que les frères du Temple « vont et viennent sur un signe de leur commandeur ; ils portent les vêtements qu'il leur donne, ne recherchant ni d'autres habits ni d'autres nourritures. Ils se méfient de tout excès en vivres et en vêtements, ne désirant que le nécessaire. Ils vivent tous ensemble, sans femme ni enfants. Et pour que rien ne leur manque de la perfection angélique, ils demeurent tous sous un même toit, sans rien qui leur soit propre, unis par leur Règle dans le respect de Dieu ! ».

La suite de ce traité est encore plus laudatrice et un rien outrancière, il faut bien l'avouer.

En 1139, le second Grand Maître Robert de Craon obtient du pape la bulle *Omne datum optimum* qui confère à l'ordre du Temple des privilèges exorbitants. D'abord elle le place sous l'autorité exclusive du pape, le soustrayant donc à toute tutelle du patriarche de Jérusalem ou des évêques. Ensuite, elle autorise le Grand Maître de l'Ordre à modifier la règle sans l'assistance du patriarche, avec la seule approbation du chapître. Mieux : l'Ordre est exempté de dîmes. Il pourra, en revanche, en percevoir avec l'autorisation des évêques. Ses membres eux-mêmes sont exemptés de tout serment ou hommage. Ils pourront enfin conserver les butins pris aux Sarrasins.

En 1145, la bulle *Militia Dei* leur permet également de bâtir leurs propres chapelles afin qu'ils puissent y prier sans être mêlés à « la tourbe des pécheurs et fréquentateurs de femmes ».

Peu à peu, l'Ordre grandit, se hiérarchise, prospère. Sa réputation suit cette pente ascendante. Partout, le nom de Templier évoque l'héroïsme et l'abnégation. Comme lors du siège de Damiette en 1219.

Désormais, leur histoire se confond avec celle du royaume de Jérusalem. De nouveaux chevaliers affluent en Terre sainte. Partout, des forteresses s'élèvent comme Safed, Toran ou Tortose. Le Krak des chevaliers, le Chastel-Pèlerin, la forteresse de Safed, celle de Tibériade, d'autres encore, gardent les grands axes et les points stratégiques du royaume de Jérusalem. En Occident aussi, les commanderies templières se multiplient le long des routes commerciales qui sillonnent une partie de l'Europe. A Paris, le Temple est devenu une ville à l'intérieur de la ville. Dans certaines régions de France, il ne faut pas plus d'une journée de marche pour aller d'une « maison » à une autre. Au XIIIe siècle, la France compte cinq mille commanderies auxquelles il faut adjoindre d'importantes dépendances.

Une telle puissance ne pouvait que susciter des jalousies et des haines à la hauteur du succès de l'Ordre.

Bientôt, les dons se raréfient. Les Templiers sont victimes de leur succès. Qu'un frère commette une erreur, et c'est l'ensemble de l'Ordre qui est montré du doigt, jugé, condamné. Leur ombre est partout. Ils forment une caste. Ils se considèrent à part de la chevalerie. Ils se voient comme des hommes purs, sans reproches, seuls habilités à défendre le tombeau du Christ. Et puis, où est passé leur idéal de pauvreté ? L'Ordre s'est étendu, est devenu riche, influent, trop influent.

On reproche aux Templiers de préférer la négociation avec l'ennemi plutôt que la guerre, de traiter avec les Sarrasins plutôt que de les exterminer. Ainsi lorsqu'ils ont refusé de soutenir Amaury Ier, successeur de Baudouin III, dans sa tentative de soumission de l'Egypte. Ils s'estimaient garants d'un traité d'alliance qu'ils avaient contribué à négocier avec le sultan du Caire. Entrer en guerre contre ce dernier, c'était non seulement violer un traité, mais également manquer à la parole et à l'honneur. On les a rendus responsables de la défaite

Mais plus que tout autre grief, ce qu'on commence surtout de leur reprocher, en Orient comme en Occident, c'est leur puissance financière. On ne peut servir deux maîtres à la fois, Dieu et l'argent, s'il faut en croire l'Evangile. Or, l'argent corrompt, et les Templiers représentent désormais une puissance financière qui menace bien des intérêts.

Un Ordre trop riche

Entretenir des forteresses, des commanderies, des soldats, des chapelains, des écuyers, des domestiques, faire la guerre, tout cela coûte cher.

Qu'on en juge ! La forteresse de Safed à elle seule a coûté une fortune. Mais l'entretenir est un gouffre financier. Chaque jour y vivent près de deux mille personnes, un peu plus en temps de guerre. Chaque année, il faut y acheminer douze mille mulets chargés d'orge et de froment, sans oublier les autres victuailles nécessaires à l'existence quotidienne de ses défenseurs. Or, tout ou presque vient d'Occident !

Partout ailleurs, ce sont des milliers de chevaliers, d'écuyers, de sergents, de chapelains, de domestiques, de frères convers chargés de l'approvisionnement, d'ouvriers chargés de la construction et de l'entretien des forteresses ou des commanderies qu'il faut vêtir, nourrir, soigner.

Rapidement, on s'en doute, les dons n'ont pas suffi. Tout en s'en remettant à Dieu, il a bien fallu compter avec des réalités temporelles plus concrètes. Les Templiers ont dû se transformer en gestionnaires. Pour chaque commanderie, il a fallu optimiser les rendements des cultures, des vignes, des étangs, des sources, du four, du moulin, récolter rentes et droits, confier des terres en fermage ou en location. En Espagne comme en Terre sainte, il a même fallu faire appel à des musulmans pour cultiver et mettre en valeur les terres de certains domaines.

Ces commanderies sont de véritables entreprises pratiquant la culture de la vigne ou de l'olivier, la polyculture, l'élevage. Elles ont leur cheptel, leurs employés (laboureurs, vignerons, bûcherons), leurs ouvriers (menuisiers, charpentiers, maréchaux-ferrants, forgerons), leur outillage. Elles couvrent des superficies de plusieurs dizaines, voire de centaines d'hectares.

Souvent, leur richesse agricole fait d'elles des puissances économiques et financières à part entière, mais l'argent qui en est retiré ne sert jamais les intérêts de quelques privilégiés, il sert au fonctionnement de l'Ordre et à l'effort de guerre en Terre sainte. Toute cette vaste organisation qui semble drainer des sommes considérables n'est jamais là que pour servir le Temple et ses buts. Et pourtant, ce système a ses limites. Les domaines fonciers que possèdent les Templiers en France, en Angleterre, au Portugal ou sur les bords du Rhin, aussi riches soient-ils, ne peuvent à eux seuls financer les dépenses de l'Ordre.

Les commanderies urbaines ont beau posséder des immeubles entiers, des rues, des boutiques, des ateliers, dont elles tirent des revenus très importants, cela ne suffit pas.

Voilà pourquoi les Templiers, non contents d'être de grands propriétaires terriens, vont devoir se transformer en transporteurs, en commerçants et finalement en banquiers.

En des temps incertains où la banque italienne connaît quelques difficultés, où les routes ne sont pas toujours sécurisées, la puissance du Temple rassure. Son réseau de commanderies solidement implanté en Occident comme en Orient offre un abri idéal pour la fortune des particuliers, des princes et des rois.

Très tôt en effet, les Templiers ont compris que l'argent était devenu la base de leur survie. Quelle qu'ait été leur attitude profonde à cet égard, ils se sont montrés aussi pragmatiques que Philippe le Bel et ses légistes.

L'Orient fournit alors à l'Occident des richesses aussi nouvelles que séduisantes pour le commerce international (épices, étoffes, coton). Il draine aussi tout un ensemble de biens de consommation indispensables aux croisés (céréales, vêtements, armes, chevaux, bois...). A ce jeu, les marchands italiens – en dépit des remontrances papales – sont passés maîtres, n'hésitant pas à commercer avec l'ennemi juré : les Sarrasins !

Les Templiers pouvaient-ils demeurer à l'écart de ce commerce ?

Armateurs, ils auront bientôt leurs navires – une flotte capable de rivaliser avec celle de la république de Venise ! – et leurs ports ou appontements. De Saint-Valéry-en-Caux à Montpellier en passant par le golfe du Morbihan, La Rochelle, Nice, Toulon, Marseille, Monaco, Antibes. De là, ils transportent les pèlerins en Terre sainte et font commerce avec l'Orient.

Assurer le transport de marchandises d'une province à une autre, d'un pays à un autre, nécessite le maniement d'importantes quantités de monnaie. Sécuriser les transferts d'argent, créer de nouveaux outils adaptés à cette économie, ne tarde donc pas à devenir le souci de l'Ordre.

Juifs et Lombards s'entendent déjà à exercer ce type d'activités. Mais le Temple va bientôt rivaliser avec eux. D'abord en transformant ses commanderies en banques de dépôts. En un temps où les routes ne sont pas sûres, où certaines transactions peuvent mettre en jeu d'importantes sommes d'argent, on n'hésite plus à confier aux Templiers son or, son argent, ses bijoux, des objets précieux, des titres de rente ou de propriété. Gestionnaires, ils se font également administrateurs de biens pour des particuliers, tenant les comptes courants ou effectuant des règlements en leur nom. Parmi ces particuliers, on compte bientôt de hauts barons, mais aussi des rois, des reines et, bien sûr... le Saint-Siège pour lequel ils perçoivent un certain nombre de redevances. Le frère Aymard sera ainsi l'un des hommes de confiance de Philippe Auguste. On le verra veiller sur le Trésor royal, présider des séances de l'échiquier de Normandie et figurer parmi les exécuteurs testamentaires du roi.

Il ne sera pas le seul. Saint Louis, avant de partir en croisade, confie la garde du Trésor au Temple de Paris. Philippe le Bel fait de même presque jusqu'à la fin de son règne. Le Temple joue un rôle majeur dans l'administration des finances du roi et siège au Conseil. Il en est de même à Londres ou à Naples.

Pour éviter des transferts de fonds trop importants en liquide, l'Ordre procède par virement de compte à compte. « Lorsque le Temple devait faire un paiement par le débit d'un compte, il exigeait une lettre émanant de son client ou au moins scellée de son sceau. Cet écrit était nécessaire pour éviter les conséquences juridiques d'un paiement fait en dehors de la volonté du titulaire du compte [2]. »

Date d'émission, montant, nom du tireur accompagné de son sceau, nom du bénéficiaire, tous les renseignements figurent sur ces ancêtres de nos « mandats ».

A ces opérations bancaires s'ajoutent des prêts et investissements divers que permettent les énormes revenus gérés par l'Ordre.

Tout cela ne se fait pas sans percevoir naturellement des intérêts substantiels. Pour éviter d'encourir les foudres de l'Eglise – l'usure étant interdite –, il arrive souvent que l'on mentionne dans le contrat une somme à rembourser supérieure à la somme réellement prêtée. Ainsi, l'intérêt se trouve englobé dans la somme à reverser.

Pour éviter les transferts de fonds en espèces sonnantes et trébuchantes, les Templiers pratiquent également sur une grande échelle la compensation de commanderie à commanderie. En Terre sainte, les produits importés d'Occident et revendus sur place rapportent suffisamment d'argent pour qu'ils consentent des prêts aux croisés. Au lieu de se faire rembourser en Orient, les Templiers demandent alors à être remboursés en Occident sur le produit des terres de leurs emprunteurs.

Ces manipulations financières finiront par mettre en jeu des sommes considérables et fatalement... suspectes ! Qu'un ordre religieux manipulât autant d'argent ne pouvait manquer d'éveiller les soupçons et les convoitises.

L'impopularité des Templiers va ainsi grandir à mesure qu'augmenteront leurs bénéfices.

Des Templiers trop contestés

A la fin du XIIIe siècle, l'image de l'ordre du Temple a bien changé. En dépit des donations et des adhésions, ce ne sont plus les « Pauvres chevaliers du Christ » partis défendre les pèlerins de Jérusalem que l'imagination populaire a en tête. Riches mais ladres, usuriers, vivant dans le luxe et peut-être... la débauche – ne dit-on pas dans certains milieux « boire comme un Templier » ou « aller au Temple » comme on va au bordel ! –, ils commencent d'être tenus en suspicion. Si Saint-Jean-d'Acre est tombé, c'est parce que les Templiers ont trahi. Trop orgueilleux pour s'entendre avec leur rival, l'ordre des Hospitaliers, ils ont sans cesse fait preuve d'insubordination. Et puis, leurs rapports avec les Sarrasins ont toujours été empreints d'ambiguïté. Qui sait réellement quel jeu ils ont joué en Terre sainte ?...

Les Hospitaliers, comme le fait observer Alain Demurger, ont-ils meilleure réputation ?

Leur influence inquiète également certains princes. Surtout depuis que leur présence en Orient ne se justifie plus. Loués au-delà de toute mesure un siècle plus tôt, ils sont devenus *persona non grata.*

Car tandis que l'Ordre ne cessait de se développer et de s'enrichir, le royaume franc de Jérusalem s'effondrait sous la pression continue des armées « infidèles ».

En 1291, l'aventure des croisades est terminée. Saint-Jean-d'Acre est tombé. Le Grand Maître Guillaume de Beaujeu a eu beau se faire tuer avec cinq cents de ses chevaliers pour défendre le dernier bastion du royaume de Jérusalem, rien ne pouvait plus être sauvé des rêves de Bernard de Clairvaux et d'Hugues de Payns.

Repliés sur Chypre, les Templiers ne tardent pas à regagner l'Europe. Quinze mille d'entre eux retrouvent ainsi leurs commanderies d'Occident, deux mille pour le seul royaume de France.

Les Templiers, aux yeux de Philippe le Bel, ne sont plus que des financiers armés et, qui plus est, inféodés au pape à l'heure où il combat violemment Boniface VIII. Les Templiers l'embarrassent. Gardiens du Trésor royal, retranchés au cœur de leur forteresse en plein Paris, ils l'encombrent.

Le plus étrange est que le roi de Fer admire les Templiers. En 1304 encore, il ne tarit pas d'éloges à leur égard. « Les œuvres de piété et de miséricorde, écrit-il, la libéralité magnifique exercée dans le monde entier et en tout temps par le saint ordre du Temple, institué divinement depuis de longues années, son courage qui mérite d'être excité à veiller plus attentivement et plus assidûment encore à la défense périlleuse de la Terre sainte nous déterminent justement à répandre notre libéralité royale sur l'Ordre et ses chevaliers, en quelque lieu du royaume qu'ils se trouvent, et à donner des marques d'une faveur spéciale à l'Ordre et aux chevaliers pour lesquels nous avons une sincère prédilection. »

Il est si admiratif, Philippe le Bel, qu'il cherche même, semble-t-il, à se faire recevoir chevalier dans l'Ordre. Est-ce avec l'arrière-pensée d'en devenir tôt ou tard le Grand Maître ?

Toujours est-il que c'est peu après le refus poli et embarrassé du Grand Maître Jacques de Molay que Philippe le Bel suggère au pape de fondre l'ordre du Temple et celui des Hospitaliers en un Ordre unique, celui des « Chevaliers de Jérusalem ».

Le pape Clément V ayant consulté Jacques de Molay, celui-ci refuse l'union une fois encore. Ses arguments ne sont d'ailleurs pas sans intérêt ni intelligence. « Il me semble en premier lieu, écrit-il, qu'il ne serait pas honorable d'unir maintenant des ordres si anciens et qui, soit en Terre sainte, soit ailleurs, ont fait tant de bien, parce qu'il est à craindre que le contraire de ce qu'ils ont fait jusqu'à présent n'arrive, car on n'innove jamais, ou du moins rarement, sans provoquer de grands périls. »

Ailleurs, Jacques de Molay parle de la difficulté morale qu'il y a à quitter un ordre auquel on a voué son existence pour entrer dans un autre. Il redoute également les rivalités qui pourraient naître entre frères et le « péril pour les âmes » qui pourrait en résulter, la disparition de toute forme d'émulation. Et puis, fusionner les ordres aboutirait à une diminution des œuvres de charité puisqu'il n'y aurait plus qu'un ordre et non plus deux en mesure de nourrir les pauvres. Deux ordres, en tout état de cause, feront toujours mieux et plus qu'un seul. D'ailleurs, les rivalités entre Templiers et Hospitaliers ne les ont pas empêchés d'agir de concert lorsque cela était nécessaire.

Bref, à un Philippe le Bel qui estime que le maintien du Temple – créé en des circonstances définies – ne se justifie plus, le Grand Maître oppose une vision à plus long terme.

En ce début du XIVe siècle, un affrontement majeur vient de commencer. Après le conflit avec la papauté qui s'est achevé par la disparition de Boniface VIII, la chute de l'ordre du Temple va marquer une nouvelle victoire du pouvoir temporel du Capétien. D'ailleurs, dans son ombre, un homme s'y emploie. Son nom : Guillaume de Nogaret.

6

Abattez le Temple !

Il y a longtemps que des bruits fâcheux courent sur le compte des Templiers. Pas seulement sur leur prétendue propension à l'orgueil ou à l'avarice. Des bruits plus graves, concernant leur possible hérésie, leur idolâtrie, voire même des pratiques sexuelles « contre nature ».

On sait aujourd'hui que ces rumeurs sont nées dans le midi de la France, très précisément à Agen, où elles ont été complaisamment colportées par un certain Esquieu de Floyran, prieur de Montfaucon. Dès 1305, celui-ci a fait part de ses soupçons au roi d'Aragon Jacques II dans une lettre, lequel Jacques II n'a pas cru devoir ajouter foi à ses accusations. Esquieu de Floyran s'est alors tourné vers le roi de France quelques mois plus tard et a trouvé auprès de lui une oreille beaucoup plus attentive. Guillaume de Nogaret et Plaisians ont donc ouvert une information.

Au fil des mois, le dossier s'est enflé de dénonciations souvent suspectes et de rapports non moins suspects provenant de « taupes » infiltrées par Nogaret dans l'entourage du Temple.

Nogaret a un intérêt évident à constituer ce dossier. Tout autant que son maître Philippe le Bel, par fanatisme et par idéologie, il veut la destruction du Temple. Dans quel but ? Sur ce point, il est permis de s'interroger. Comme le font observer la plupart des historiens, plusieurs raisons s'entremêlent probablement, de la volonté d'accélérer la fusion des Templiers et des Hospitaliers à la destruction et à la spoliation de l'Ordre, en passant par la nécessité d'effacer toute trace de l'affront d'Anagni.

Le Grand Maître Jacques de Molay n'ignore pas les manœuvres des « légistes ». Il en a été informé par les Templiers gravitant dans l'entourage immédiat du pape Clément. Aussi décide-t-il de réclamer lui-même du Saint-Père une enquête pontificale afin de laver l'Ordre de tous soupçons.

Pressé de toutes parts, le pape fait alors savoir à Philippe le Bel qu'il ordonne l'ouverture d'une enquête. Nous sommes le 24 août 1307.

La décision du Saint-Père n'en est pas moins inutile. A ce moment, la conviction du roi de France est déjà solidement établie : les Templiers sont coupables, l'Ordre doit être supprimé, ses biens confisqués. De sa propre initiative, il va mettre Clément V au pied du mur.

Le coup de filet du 13 octobre 1307

L'aube s'est à peine levée sur la ville ce vendredi 13 octobre 1307 que les habitants du quartier du Temple sont réveillés en sursaut. Une troupe de soldats cerne la forteresse.

Jacques de Molay lui-même, le Grand Maître, est tiré de son sommeil par des bruits inhabituels. Des cris dans les couloirs, des hennissements de chevaux, des portes de cellule qu'on ouvre à grand fracas. La sienne bientôt qui livre passage à deux hommes : Raynald de Roye, qui commande la troupe, et un autre qu'il connaît bien : Guillaume de Nogaret, l'un des plus proches conseillers de Philippe le Bel et qui vient tout juste d'être nommé garde des Sceaux.

Au nom du roi de France, ils ont pour mission d'arrêter les Templiers. Quelques instants plus tard, cent quarante chevaliers chargés de chaînes sont réunis dans la cour du Temple.

Jacques de Molay ne comprend pas. La veille encore, il assistait aux obsèques de Catherine de Courtenay, la deuxième épouse de Charles de Valois, et semblait jouir de la faveur royale.

La même scène se répète un peu partout ce jour-là en France. Dans toutes les commanderies, on se saisit des Templiers qui, la plupart du temps, n'offrent pas la moindre résistance. Ici ou là cependant, des violences inutiles sont exercées à leur encontre. A Arras, une bonne moitié des occupants de la commanderie est passée au fil de l'épée ou égorgée.

Dans les rangs des Templiers, c'est la stupeur. Plusieurs centaines sont arrêtés. De cette opération de police, rien n'a filtré, et peu d'entre eux parviendront à s'échapper. On cite le cas de Gérard de Villiers, précepteur de France, qui prendra la fuite avec une quarantaine de chevaliers, ou d'Imbert Blanke, précepteur d'Auvergne, qui s'enfuira en Angleterre avant d'être arrêté en 1309.

Il y a pourtant déjà plusieurs semaines que Philippe le Bel prépare ce gigantesque « coup de filet ». Et deux ans au moins qu'il médite un coup de force contre le Temple. Nous essaierons de voir pourquoi.

Le 14 septembre précédent, une réunion secrète s'est tenue à l'abbaye de Sainte-Marie de Pontoise. Autour du roi, trois conseillers seulement : Gilles Aycelin, garde des Sceaux ; Guillaume de Paris, confesseur du roi et inquisiteur général pour la France ; et Guillaume de Nogaret.

Ce jour-là, Philippe le Bel fait donner lecture d'un texte qu'il a préparé avec l'aide de son secrétaire, Nogaret : « Une chose amère, une chose lamentable, une chose assurément horrible à penser, terrible à entendre, un crime détestable, un forfait exécrable, une action abominable, une infamie détestable, une chose tout à la fois inhumaine, bien plus : étrangère à toute humanité, a retenti à nos oreilles par le récit d'un certain nombre de personnes dignes de foi, non sans nous frapper d'une grande stupeur et nous faire frémir d'une violente horreur ; en pensant à la gravité de ces faits, l'immensité de notre souffrance s'accroît d'autant plus cruellement que, sans aucun doute possible, l'énormité de tels et de si grands crimes déborde jusqu'à être une offense à la divine Majesté, un dommage pour la foi orthodoxe et pour toute la chrétienté, une honte pour l'humanité, un exemple pernicieux du mal et un scandale universel...

« ... Récemment, nous avons appris par le récit de plusieurs personnes dignes de foi que les frères de la milice du Temple, cachant le loup sous l'apparence de l'agneau et sous l'habit religieux, insultant misérablement à notre foi catholique, crucifiant à nouveau Notre-Seigneur Jésus-Christ, déjà crucifié pour la rédemption du genre humain, lui faisaient subir des injures plus graves que celles qu'il endura sur la Croix. En effet, au moment de leur entrée dans cet ordre, et lors de leur profession, on leur présente une image du Christ que, par un malheureux, et je dois dire par un misérable aveuglement, ils renient trois fois avec une cruauté horrible en lui crachant à la face. Ensuite, dépouillés des vêtements qu'ils portaient dans le monde, nus devant le visiteur ou le remplaçant qui les admet à la profession, ils reçoivent de lui, conformément au rite impie de leur ordre et pour l'opprobre de la dignité humaine, trois baisers : le premier au bas de l'épine dorsale, le second sur le nombril, le troisième sur la bouche. Et quand ils ont offensé la loi divine par des entreprises abominables et des actions aussi détestables, ils s'obligent, par un vœu propre à la profession, à se donner l'un à l'autre et sans refus, dès qu'ils y sont requis par un effroyable vice. Voilà pourquoi la colère de Dieu s'abat sur ces fils d'infidélité. Cette race immonde a abandonné la fontaine d'eau vive, elle a transformé sa gloire en statue du veau d'or, elle immole aux idoles. »

Quelques lignes après ce morceau d'éloquence où l'on reconnaît la plume de Nogaret, Philippe le Bel affirme – point capital – s'être « entretenu » avec le Très Saint-Père Clément V de ces faits si graves et devoir, en toute conscience, décréter l'arrestation des membres de l'Ordre.

L'affaire est entendue.

Il n'en est rien. Le roi de Fer a menti. Jamais il n'a eu l'aval de Clément V dans cette affaire.

La *Chronique de Saint-Denis*, tout à la dévotion des Capétiens, va plus loin encore dans les accusations qui auraient été rapportées au roi par des témoins « dignes de foi » : « Les Templiers ont abdiqué la religion du Christ pour adopter celle de Mahomet.

« Ils ont fait alliance avec les Sarrasins et trahissent les princes chrétiens comme ils ont déjà trahi Saint Louis.

« Ils adorent une idole couverte d'une peau d'homme [...] qui a dans les orbites des escarboucles luisantes...

« Ils commettent entre eux des actes contre nature. Ils renient Jésus-Christ et foulent la croix aux pieds...

« Ils brûlent leurs morts et mêlent leurs cendres à leur vin et à leur nourriture pour garder fermement leur croyance et leur idolâtrie.

« Quand ils ont des enfants de leur commerce avec des filles, ils les rôtissent au feu après leur avoir ôté la graisse et c'est avec cette graisse qu'ils oignent leurs idoles. »

Une telle liste de péchés capitaux fait frémir.

Aycelin, Paris et le roi ont écouté Nogaret. En silence. Avec un léger sentiment de malaise peut-être. Ce jour-là pourtant, et le 20 du même mois, des lettres de cachet sont expédiées par des chevaucheurs à tous les baillis, sénéchaux, prélats, barons et chevaliers avec ordre d'arrêter les Templiers et de saisir leurs biens, meubles et immeubles jusqu'à nouvel ordre. L'enquête pontificale devait être dirigée par les évêques, celle du roi le sera par des inquisiteurs.

Une série d'instructions accompagne la lettre du roi. Leur lecture est édifiante. Tout y est déjà mentionné, prévu, répertorié. Il n'y aura pas seulement arrestation et saisie, il y aura enquête et aveux, « par la torture si besoin est ». Car les Templiers sont déjà jugés et condamnés avant d'être arrêtés. Il ne s'agit pas de savoir si les accusations portées contre eux ont la moindre réalité, il s'agit d'extorquer des aveux. Quelques indications supplémentaires précisent même ce qu'ils doivent avouer aux commissaires de l'inquisiteur : le reniement de la croix, les crachats, les baisers, l'idole, la sodomie. S'ils confessent leurs crimes, il leur sera pardonné. Dans le cas contraire, ils seront condamnés à mort.

Le piège est en place, la machine infernale en marche.

Le 20 septembre, nouvelle réunion à l'abbaye de Maubuisson. Ce jour-là, seul Gilles Aycelin proteste mollement. Arrêter tous les Templiers ? Ne va-t-on pas trouver des voix pour s'élever contre un acte si arbitraire ? L'Ordre compte de nombreux admirateurs, des partisans, des appuis dans toute l'Europe. De telles accusations ne vont-elles pas paraître outrancières ? Philippe le Bel le rassure. Comme il l'a indiqué dans sa lettre, il a agi en conscience et en monarque responsable. Il a pris conseil du pape, des prélats de l'Eglise de France, des barons. Le peuple lui-même déteste les Templiers et ne verra là que justice. Gilles Aycelin se renfrogne. Le lendemain, il démissionne de sa charge de garde des Sceaux. Il est aussitôt remplacé par Nogaret.

Et le 13 octobre...

Les frères de l'Ordre à peine arrêtés, Philippe le Bel se transporte au Temple avec le Trésor royal et les archives du royaume. Geste royal aussi révélateur que le ton de sa lettre. Son autorité l'emporte une fois de plus. Cette puissance installée au cœur de Paris et qui jetait une ombre sur le Louvre, il l'a enfin abattue.

De la rumeur aux aveux

Le 14 octobre, une première assemblée se tient dans la salle capitulaire de Notre-Dame de Paris. Nogaret – toujours lui – s'emploie ce jour-là à convaincre chanoines et maîtres de la faculté de théologie du bien-fondé de l'arrestation.

C'est dans les jardins du palais que, le lendemain, d'autres conseillers de Philippe le Bel se chargent d'informer le bon peuple de Paris des abominations pour lesquelles le roi de Fer a jugé bon de mettre fin à l'existence de l'Ordre.

Quel accueil fut réservé à ces discours ?

La plupart des hommes ont la haine du secret, tout secret pouvant dissimuler quelque turpitude inavouable. Le fait que l'on ignorât ce qui se déroulait derrière les murs des commanderies autorisait tous les fantasmes. Sans doute ces discours reçoivent-ils donc un accueil favorable.

Mais sur la foi de quels témoignages accusait-on les Templiers ?

Sur des rumeurs, on l'a vu, et les dénonciations de personnages douteux : d'anciens Templiers peut-être, vrais ou faux, ou d'espions à la solde de Nogaret, c'est-à-dire du roi de France.

En réalité, le dossier est quasiment vide de toute preuve sérieuse avant l'arrestation du 13 octobre.

Seuls les interrogatoires sous la torture vont permettre de l'étoffer.

L'arrestation à elle seule a déjà produit un effet considérable. Clément V, mis devant le fait accompli, est abasourdi et le fait savoir au roi de France : « Votre conduite impulsive est une insulte contre nous et contre l'Eglise romaine. » Les souverains étrangers auxquels Philippe le Bel a pris soin d'écrire dès le 16 octobre refusent de croire à de telles calomnies. Mieux, ils se montrent terriblement méfiants envers la décision du roi qui a déjà prouvé, avec l'affaire d'Anagni, son interventionnisme dans les affaires de l'Eglise. Edouard II d'Angleterre, son gendre, lui répond sèchement : « Les prélats, comtes et barons de mon royaume se sont refusés à ajouter foi aux crimes abominables et exécrables dont vous nous parlez dans vos lettres. » La plupart des princes européens déclarent attendre de plus amples informations et surtout les décisions du Saint-Siège. Seul le duc de Brabant et de Limbourg emboîte immédiatement le pas de Philippe le Bel.

Les décisions du Saint-Siège ? Le malheureux Clément V paraît tellement pris au dépourvu qu'il s'efforce de temporiser et expédie deux légats auprès du roi de France.

Le drame est que les Templiers ont déjà commencé à parler.

Dès octobre et jusqu'à la fin du mois de novembre, à Paris comme dans tous les bailliages et sénéchaussées, on interroge les chevaliers de l'Ordre. Or, ce qu'on veut leur faire avouer a déjà été précisé dans les instructions de Philippe le Bel. En outre, l'usage systématique de la torture fausse l'authenticité des confessions.

Plusieurs dizaines de Templiers – trente-six à Paris – mourront sous les tourments de l'Inquisition. Les autres avoueront tout ce qu'on voulait. Le choix, il est vrai, était simple : les aveux ou la mort. Comment reprocher à des hommes longuement torturés ou expédiés au fond d'une geôle croupissante, les pieds aux fers, au pain sec et à l'eau pendant des semaines, d'avoir cédé aux vœux de leurs tortionnaires ?

Car la torture est alors une méthode rigoureuse et dont on use sans le moindre état d'âme. Pour faire parler, on déshabille l'accusé déjà épuisé par de longues semaines d'emprisonnement. Hagard, il se voit alors livré au supplice de l'étirement. On lui attache aux pieds des poids en fonte puis, les mains liées derrière le dos, on le hisse à l'aide de poulies avant de disloquer lentement ses tendons et articulations. La douleur est atroce.

Régulièrement, on laisse retomber lourdement son corps de façon à provoquer d'autres souffrances. On lui écrase les os des doigts ou ceux des talons dans des étaux de fer. On enduit ses pieds de graisse et on les place au feu. Parfois même, le sadisme des tourmenteurs les pousse à lui arracher des dents ou à suspendre le supplicié par les parties génitales.

Qui, à ce régime, peut affirmer qu'il n'avouerait pas les crimes les plus... inavouables ?

Bon nombre de Templiers – même parmi les dignitaires de l'Ordre –, quoique avec certaines précautions oratoires, reconnaîtront donc tout en vrac : le reniement de la croix à l'admission dans l'Ordre, les crachats, les baisers, certaines relations charnelles entre frères qu'ils évoqueront pour d'autres mais nieront pour eux-mêmes.

Le reniement de la croix du Christ apparaît comme l'un des aveux les plus communs, mais aussi les plus odieux aux inquisiteurs.

Ecoutons pourtant l'un de ces témoignages. Recueilli de la bouche d'un Templier reçu à Chypre à l'époque de la chute de Saint-Jean-d'Acre : « On me montra une croix de bois en me demandant si je croyais que c'était Dieu. Je répondis : “ C'est l'image du crucifié. ” On me dit de n'en rien croire : ce n'était qu'un morceau de bois, Notre-Seigneur étant dans les cieux. On m'ordonna alors de cracher sur la Croix et de la fouler aux pieds ; je crachai mais refusai de fouler la Croix aux pieds, sinon dans sa partie inférieure, ceci par respect pour la Croix.

« Deux frères relevèrent alors le vêtement de celui qui me recevait, et je le baisai sur le dos, entre les braies et la ceinture.

« Puis, ils m'enseignèrent les règlements de l'Ordre, me recommandèrent de réciter cinq Pater Noster chaque matin pour les trépassés et autant pour les vivants, d'en dire soixante pour les heures de la journée, et cinq pour tout frère dont j'apprendrais la mort.

« On me fit aussi jurer que je ne quitterais jamais la clôture que par la bonne porte, faute de quoi je serais jeté en prison.

« On me prescrivit enfin d'observer les jeûnes en usage dans l'Ordre [1]. »

Que déduire d'un tel témoignage ?

Le reniement de la croix n'est pas ici mentionné comme un blasphème, ainsi que dans d'autres aveux, mais plutôt comme une épreuve qui ne se déroulera d'ailleurs jamais qu'une seule fois, lors de l'admission du nouvel impétrant. Or, les épreuves sont communes à tous les ordres initiatiques qui obéissent à la loi du secret. On pourrait donc l'interpréter dans un sens totalement opposé à celui communément admis – les Templiers renient la croix parce qu'ils renient le Christ. Renier « un morceau de bois » en réalité – le contraire de l'idolâtrie – ne signifierait pas, comme il semble précisé ici, renier le Christ lui-même ni son enseignement. Sinon, comment expliquer les longues séances d'adoration de la croix qui se pratiquaient dans les commanderies, les pieds nus en signe d'humilité, chaque vendredi ?

Jacques de Molay lui-même avoue pourtant avoir craché, mais pas sur le crucifix, par terre ! Combien de fois, trois ? Non, une seule ! Et la sodomie ? Sa réponse est catégorique : jamais !

La question de l'idolâtrie elle aussi se retrouve dans la plupart des aveux de Templiers dûment tourmentés. Mais là encore, la plus grande confusion règne. Ils auraient adoré une idole, mais laquelle ? Chacun y va de son couplet où se mêlent sincérité, lassitude, imagination, dégoût peut-être : une tête étrange, d'un homme barbu, d'un démon, en or, en argent, en cuivre, peinte sur du bois. Pour Raymond de Narbonne, c'est une tête noire et hideuse. Pour Raymond Stéphane, elle est « blanche avec une barbe ». Pour Déodat Jafet, c'est une « tête à trois faces ». Pour le précepteur d'Orléans, une « figure terrible ». Pour Hugues de Payraud, cette tête sans tronc ni jambes « avait quatre pieds », deux devant, deux derrière. D'autres rapporteront avoir vu un chat, ou un porc en bronze. D'autres encore diront qu'il s'agissait de la tête du prophète Mahomet ou d'une idole appelée Baphomet et qu'on s'adressait à elle en prononçant le nom d'Allah.

Pourtant, pas une fois, en fouillant les commanderies, on ne retrouvera cette fameuse idole.

Comme le fait d'ailleurs très justement observer Jean Favier : « Pour s'interroger longuement, il faudrait n'avoir jamais vu ces reliquaires en forme de buste dont la piété médiévale faisait si grand cas et dont le regard fixe, fait d'émail, de saphirs ou de lapis-lazuli sertis d'or et d'argent doré, ne laissait pas, au dire des témoins les plus maîtres d'eux-mêmes, d'impressionner profondément les fidèles. »

Alors, cette idole, une reproduction chargée de symboles dont on avait perdu le sens réel et qu'un excès de ferveur devenue naïve avait transformée en objet de superstition ?

On sait ce qu'il faut penser des aveux obtenus d'un homme isolé de son environnement habituel, épuisé, torturé et que l'on menace de nouveaux sévices. Que faut-il donc sérieusement retenir de tout cela ?

D'effarantes contradictions tout d'abord. Tantôt les accusés diffèrent totalement dans leurs aveux, tantôt leur unanimité laisse penser qu'on leur a en quelque sorte « soufflé » les réponses.

L'accusation de sodomie paraît, en revanche, avoir posé d'insolubles problèmes aux enquêteurs. Certains ne reconnaissent avoir pratiqué que les baisers rituels lors de leur admission dans l'Ordre [2]. D'autres « disent avoir ouï dire » que certains frères, las de la continence, ont eu des rapports contre nature, mais que ces pratiques n'ont jamais été encouragées par l'Ordre. D'autres enfin – la majorité – nient farouchement.

Quoi qu'il en soit de la véracité des faits, le scandale des « turpitudes du Temple » est immense. Clément V lui-même, pourtant peu enclin à condamner l'Ordre dans son ensemble, est embarrassé par cet épouvantable « déballage ». Mais qui est réellement dupe ?

Le 22 novembre, le pape enjoint à tous les princes chrétiens de procéder sur leur territoire à l'arrestation des Templiers et de mettre leurs biens sous séquestre en attendant qu'on les leur restitue ou qu'on les affecte à la prochaine croisade.

Philippe le Bel a gagné et peut annoncer aux légats du pape qu'il va mettre à leur disposition les Templiers de Paris. La première phase du processus enclenché le 14 septembre est terminée.

Des condamnés en puissance

La remise des Templiers aux légats du pape a rendu l'espoir aux frères de l'Ordre, en particulier à Jacques de Molay. Ce dernier, au mois de décembre 1307, se rétracte et reconnaît que ses aveux lui ont été arrachés sous la torture. Peut-être d'ailleurs ne dit-il pas toute la vérité, car il n'est pas certain que le Grand Maître ait été soumis à la question. Mais la rétractation de Jacques de Molay entraîne celle d'autres frères de l'Ordre.

Immédiatement, Philippe le Bel et ses conseillers prennent peur. Ce qu'ils visent, ce n'est pas la mise en jugement du Temple, mais sa dissolution. Or les rétractations de nombreux frères encouragent les légats à exiger d'autres interrogatoires. Pire ! Clément V lui-même décide de reprendre l'enquête à son compte. Les Templiers ne dépendent-ils pas exclusivement de la papauté ? Juriste de formation, Clément V invoque là un droit parfaitement légitime.

Commence alors un véritable duel entre le Capétien et le successeur de Pierre. Comme autrefois, lors de la querelle avec Boniface VIII, Philippe le Bel est conscient, s'il veut triompher et imposer ses vues, que l'opinion doit être acquise à sa cause. Cette cause étant d'autant plus fragile qu'il se sait juridiquement en tort : les Templiers sont des clercs et ne peuvent donc être jugés que par des tribunaux d'Eglise. Leurs biens, d'autre part, ne doivent pas être affectés aux caisses de l'Etat capétien, mais remis à la Curie.

Pour en convaincre l'opinion, une armée de « légistes » se met donc au travail. De gros traités en latin, des libelles et propositions en tout genre fleurissent comme par miracle. Sans résultat. A la fin du mois de février 1308, le pape ordonne la suspension de toutes les procédures diocésaines en cours contre les Templiers.

Nogaret et Plaisians, s'estimant désavoués, suggèrent alors à Philippe le Bel de consulter l'Université de Paris. Un questionnaire est donc soumis à quatorze docteurs en théologie, quelques séculiers et à de nombreux réguliers – dominicains, augustins, carmes. Le but : leur faire reconnaître l'indépendance juridictionnelle du roi de France à l'égard de la juridiction papale.

Las ! Le 25 mars 1308, la sentence des docteurs, que Philippe IV croyait acquis à sa cause, tombe comme un couperet. Si un prince séculier peut procéder à l'arrestation d'hérétiques, s'il le doit même pour la sauvegarde du royaume et de l'Eglise, il ne peut les interroger, encore moins les juger et les condamner.

Tous ces hommes qui se reconnaissent « chapelains du roi » admettent donc la culpabilité des Templiers, se gardent de critiquer la politique du Capétien, mais lui rappellent le droit : l'hérésie est affaire d'Eglise.

Philippe le Bel a néanmoins prévu sa riposte depuis plusieurs jours. Il sait qu'il doit rencontrer prochainement Clément V. Il lui faut faire pression sur lui. Ce même jour, de Melun, il convoque une assemblée représentative qui siègera à Tours et sera composée non seulement des barons, du clergé mais également, pour chaque ville, de deux hommes « animés par la ferveur de la foi » afin de l'assister, en conscience, à « tout ce qui pourra être utile aux susdites affaires ».

Dans le même temps, ses conseillers, sous la houlette de Nogaret, organisent une campagne de propagande en faveur du Capétien. Par tous les moyens, ils s'efforcent de démontrer que seul Philippe le Bel a autorité pour juger les Templiers en France. Le but : intimider Clément V.

Assailli de toutes parts, le pape se laisse peu à peu fléchir. Au mois de mai, le roi peut se féliciter : l'assemblée des états généraux de Tours a avalisé sa politique. Sa convocation n'était d'ailleurs que consultative et destinée à approuver sans réserve la procédure engagée avec l'arrestation des chevaliers du Temple. Aussi éprouve-t-il le besoin d'en convaincre Clément V en se rendant auprès de lui à Poitiers où il l'a persuadé de réunir un consistoire.

Accompagné d'une véritable cour de prélats, grands barons et bourgeois, Philippe le Bel cherche de toute évidence à impressionner Clément V pour le contraindre à lui laisser les mains libres dans l'affaire des Templiers.

Le 29 mai 1308, lors de l'ouverture du consistoire, Guillaume de Plaisians, second de Nogaret, n'y va d'ailleurs pas par quatre chemins. Après avoir évoqué la culpabilité du Temple, il s'en prend directement au pape. Deux semaines plus tard, Plaisians s'acharne encore à démontrer que Clément V ne réagit pas assez vigoureusement au scandale. « Là-dessus, affirme-t-il, Votre Sainteté a répondu d'une façon générale sans toutefois rien dire de précis du cas particulier ; vous avez vu que les esprits des auditeurs présents en avaient été considérablement surpris et que cela avait déterminé chez tous un grave scandale. Car les uns vous soupçonnent de vouloir favoriser les Templiers, comme on le dit aussi de quelques-uns de vos frères : on sait que de cela, les Templiers se sont vantés à plusieurs endroits, en paroles et en écrits. D'autres, en revanche, mettent en doute le péché des Templiers, qui est clair et certain, voyant que vous avez répondu comme si vous en doutiez. Au reste, il doit être rapidement pourvu à l'un et l'autre scandale par Votre Sainteté afin que, comme vous avez vraiment une inclinaison pour le juste et pour le bien, vous le prouviez par des actes et qu'ainsi vos œuvres brillent aux yeux des hommes pour glorifier Dieu le Père selon la doctrine de Jésus-Christ... »

Et plus loin, Plaisians tonne : « Veillez donc ! Que ni le sommeil ni la terreur ne s'emparent de vous, mais opposez-vous au voleur, comme un mur pour la défense de la maison de Dieu ; mettez en fuite le voleur, supprimez le scandale de la sainte Eglise de Dieu...

« Que si vous ne le faites promptement, considérez quelle grande confusion s'ensuivra pour Votre Sainteté. Grande assurément, parce que les princes et les peuples, voyant que vous ne le faites pas, le feront eux-mêmes à défaut de vous... »

La menace en l'occurrence est claire : si vous n'agissez pas, vous vous rendez complice des crimes du Temple.

La harangue de Plaisians est un petit chef-d'œuvre de culpabilisation.

Elle manque son but. Clément V tergiverse toujours. Pour forcer sa décision, Philippe le Bel accepte alors que soixante-douze Templiers soigneusement choisis, ainsi que les dignitaires de l'Ordre, soient amenés à Poitiers. Ces derniers, fort opportunément retenus à Chinon, n'y parviendront jamais.

Durant une semaine, le pape et quelques-uns de ses cardinaux entendront ainsi les malheureux répéter les aveux de blasphème, sodomie et idolâtrie qu'on leur avait arrachés sous la torture.

Cette fois, Clément V est ébranlé. De nouveaux aveux de Jacques de Molay et des dignitaires de l'Ordre – survenus en ce même mois de juin 1308 – achèvent de le décider à passer à l'acte. Le 2 juillet, Clément V demande aux Templiers de Poitiers de comparaître devant lui à nouveau et leur fait confirmer leurs aveux en séance publique. Ce qu'ils acceptent en abjurant leurs péchés et en demandant leur pardon.

Le pape capitule. Rétablissant les inquisiteurs et leur demandant de collaborer avec les évêques, il décide que sera menée, dans chaque diocèse, une enquête approfondie sur les agissements des Templiers. Des Templiers, mais non de l'Ordre en tant qu'institution religieuse... Chaque commission, présidée par l'évêque, assisté de chanoines, de franciscains et de dominicains, œuvrera dans ce but. Jugements et condamnations seront prononcés par des conciles ou des synodes provinciaux. Le Temple en tant que tel, en revanche, ne pourra être jugé dans chaque pays que par une commission pontificale. Une double procédure en somme que confirme le 12 août la bulle *Faciens misericordiam*.

Dernier point : un concile général se tiendra en 1310 à Vienne afin de juger le Temple en tant qu'ordre religieux après la clôture des travaux de toutes les commissions pontificales et décidera de son sort. D'ici là, les biens de l'Ordre – dévolus à la croisade – resteront sous la garde du roi, de même que les prisonniers. Enfin, le pape se réserve le jugement des cinq dignitaires de l'Ordre emprisonnés à Paris.

Tout paraît désormais en ordre. Excepté que la faille est évidente. Les enquêtes étant réalisées de façon dispersée dans chaque diocèse, il sera plus facile aux agents du roi de faire pression sur le clergé local. Seconde victoire de Philippe le Bel : il conserve sous séquestre les biens des Templiers, alors que le pape voulait les voir remis à l'ordre de l'Hôpital. Dernier atout : le siège de l'archevêque de Sens étant vacant, et celui-ci devant juger les Templiers de Paris, le roi a obtenu que soit nommé à ce siège Philippe de Marigny, le frère d'Enguerrand !

Revers de la médaille pour Philippe le Bel : l'enquête pontificale traîne en longueur. Si les commissions diocésaines se mettent en place au printemps de 1309, les commissions pontificales ne le sont au plus tôt qu'à la fin de l'année, voire même en 1310 ou 1311. Personne ne semble très pressé de les voir à l'œuvre. Redoute-t-on encore quelques révélations propres à remettre toute la procédure en cause ?

Un vent nouveau semble pourtant souffler sur l'enquête. Au milieu de la litanie de turpitudes – toujours la même – commencent à s'élever des voix discordantes. Hormis les palinodies de Jacques de Molay dont on a parfois peine à comprendre les aveux et rétractations successives, nombre de Templiers crient à présent leur innocence. Le 27 novembre 1309, comparaît ainsi devant la commission pontificale de Paris, tout juste mise en place, Ponsard de Gizy, précepteur du Temple de Payns près de Troyes. A la question « voulez-vous défendre l'Ordre », celui-ci répond sans ambages :

— Les accusations articulées contre l'Ordre, à savoir le reniement du Christ, le crachement sur la croix, la permission donnée aux frères de s'unir charnellement, et les autres énormités qu'on nous oppose sont fausses ! Tout ce que nous avons avoué devant l'évêque de Paris et ailleurs, moi et les autres frères du Temple, était faux !

Lorsqu'on lui demande s'il a été torturé, sa réponse est encore plus explicite :

— Trois mois avant les aveux que je fis devant le seigneur-évêque de Paris, je fus placé dans une fosse, les mains liées derrière le dos si fortement que le sang coulait jusqu'à mes ongles, et j'y restai l'espace d'une heure. Je proteste que, si on me remet encore à la torture, je renierai tout ce qu'on vient de dire et dirai tout ce qu'on voudra. Autant je suis prêt à souffrir, pourvu que le supplice soit court, la décapitation, le feu ou l'ébouillantement, autant je suis incapable de supporter les longs tourments dans lesquels je me suis déjà trouvé en subissant un emprisonnement de deux ans.

D'autres Templiers répètent les mêmes propos, demandent à être mis en présence du pape.

La commission pontificale souhaite en savoir davantage. Au mois de février 1310, elle lance un appel aux Templiers désireux de témoigner en faveur de l'Ordre.

Cinq cent quarante-six d'entre eux se portent ainsi volontaires et sont transférés de province à Paris pour y être entendus. Le 7 avril, une délégation de neuf frères se propose de défendre l'Ordre mais réclame à ce titre le secret des dépositions et la sauvegarde des témoins. Un mois plus tard, ce sont plus de cinq cents Templiers qui se tiennent prêts à clamer leur innocence. Quatre d'entre eux – deux prêtres, deux chevaliers – sont chargés de les représenter.

Du côté du Louvre, c'est la panique. Combien de temps devra-t-on encore attendre pour en finir avec ces Templiers ? Telle est la question qui taraude Philippe le Bel, Nogaret ou encore Philippe de Marigny.

Le prélat, archevêque de Sens – sur lequel la commission pontificale n'a aucun pouvoir et qui, à Paris, se trouve chez son suffragant, l'évêque de Paris, c'est-à-dire chez lui –, va alors user d'un argument de droit. Puisque ces Templiers reviennent sur leurs aveux après avoir reçu leur pardon, l'Eglise est en droit de les déclarer relaps ! Or, la peine requise dans ce cas n'est autre que la mort !

Le 10 mai, les Templiers sont informés que le concile de la province de Sens siègera à Paris. Le 11, cinquante-quatre frères de l'ordre sont condamnés pour le reniement de leurs précédents aveux.

Pris de cours, les commissaires de la commission pontificale ne pourront intervenir. Le 12 mai, les Templiers monteront sur le bûcher.

Cette première condamnation sonnera le glas de la défense de l'Ordre. Les autres frères refuseront désormais de sauver le Temple dans l'espoir de sauver leur vie.

Cette fois, c'en est fini des Templiers. Les grands dignitaires exigeant d'être entendus par le pape et lui seul, la commission pontificale ajourne ses travaux pour les reprendre au mois de novembre. Mais, le 5 juin, Clément V, estimant que la partie est jouée, lui enjoint de se séparer.

Le concile de Vienne en Dauphiné, au mois d'octobre 1311, est censé régler le problème une fois pour toutes.

Trois cents prélats venus de toute la chrétienté s'y réunissent qui doivent se prononcer après quatre ans d'enquête et des milliers de procédures.

Hélas pour Clément V et Philippe le Bel, les pères conciliaires refusent de reconnaître la culpabilité du Temple. Pour le pape comme pour le roi de France, le camouflet est insupportable. Il importe désormais d'aller vite et non de revenir sans cesse sur une affaire entendue. Un condensé des procès-verbaux est alors présenté aux pères pour gagner du temps, mais ceux-ci demandent à entendre non seulement les procès-verbaux des commissions mais les défenseurs de l'Ordre. Seuls quelques prélats refusent de voter cette motion, dont les archevêques de Sens, de Reims, et de Rouen, « estimant que plus de deux mille témoins avaient constaté la corruption de l'Ordre, et qu'il n'était pas nécessaire de fournir les preuves de sa culpabilité ».

En dépit de cette résistance, Clément compte bien ramener ses « pères » dans le droit chemin.

Une fois de plus, c'est Philippe le Bel qui va précipiter les choses. Ayant décidé de tenir une nouvelle assemblée de ses barons, prélats et bourgeois des bonnes villes en la cité de Lyon, il se rend à Vienne au mois de mars 1312 et y fait une entrée remarquée. Accompagné de ses fils, de sa cour, et d'une véritable armée, il entend bien impressionner ces pères récalcitrants par un déploiement de faste et de troupes.

Pendant ce temps, Clément V a décidé de tenir un consistoire secret. A ses cardinaux comme à la commission conciliaire, il pose cette fois la question fatidique : faut-il supprimer l'Ordre ? La réponse, à la grande majorité, ne se fait guère attendre.

Le 22 mars 1312, par la bulle *Vox in excelso*, le pape prononce l'abolition de l'Ordre « non par voie de jugement mais par voie de provision ou de décision apostolique ». L'Ordre n'est donc pas condamné, mais simplement supprimé parce que diffamé et devenu inutile.

Le 3 avril 1312, en séance plénière et en présence du roi de France, Clément V annonce sa décision. « Considérant enfin que, dans d'autres circonstances, déclare-t-il, l'Eglise romaine a supprimé des ordres importants pour des causes incomparablement moindres que celles-ci, nous supprimons par un décret irréfragable et valable à perpétuité, non sans douleur et amertume dans l'âme, l'ordre des Templiers, son institution, son habit et son nom [...] défendant expressément à quiconque d'entrer désormais dans cet Ordre, d'en recevoir et d'en porter l'habit, et de se faire passer pour Templier. Quiconque y contreviendra encourra par le fait même la sentence d'excommunication. »

En réalité, tout se joue en coulisses depuis déjà longtemps entre le roi, le pape, Nogaret et Marigny. Il n'est d'ailleurs pas uniquement question de cette suppression dans ces tractations. On y parle aussi des possessions de l'Ordre.

Le 2 mai, la bulle *Ad Providam* décrète que les biens des Templiers iront à l'ordre des Hospitaliers de Saint-Jean-de-Jérusalem, exception faite des royaumes du Portugal, d'Aragon, de Castille et de Majorque où ils demeureront à la disposition du Saint-Siège qui en usera à sa convenance, Clément V prévoyant de les remettre aux ordres qui s'engageraient dans la prochaine croisade.

Et Philippe le Bel ? Outre le Trésor du Temple habilement confondu avec le Trésor royal, les objets précieux et le mobilier saisis dans les commanderies, l'opération lui permettra d'éteindre les dettes qu'il avait contractées auprès de l'Ordre. Deux cent mille livres pour apurer les comptes et soixante mille pour les frais du procès calmeront également les appétits de la Couronne.

Le 6 mai, Clément V promulgue enfin une dernière bulle qui lui réserve le soin de juger les dignitaires de l'Ordre. Le 11 mai, le concile œcuménique est clos. Le sort des Templiers est scellé.

Philippe le Bel triomphe. Reste le sort de Jacques de Molay et de ses compagnons.

En réalité, pour le roi de France comme pour le pape, l'affaire est déjà du passé. Pendant de longs mois, les dignitaires de l'Ordre vont donc attendre et croupir en prison. Pour rien. Le 22 décembre 1313, Clément V nomme une délégation de trois cardinaux pour les entendre. Les trois prélats doivent en fait se contenter d'organiser une comparution finale et de leur annoncer qu'ils seront condamnés à la prison perpétuelle.

Le 18 mars 1314, cependant, sur le parvis de Notre-Dame, Jacques de Molay, entouré de trois de ses compagnons, va revenir une dernière fois, mais avec force, sur ses aveux.

Jacques de Molay

Il semble que Jacques de Molay n'ait attendu qu'une chose durant ces sept longues années : l'occasion de s'expliquer devant le pape lui-même. Clément V ne lui en offrira pas l'occasion.

C'est le 24 octobre 1307 qu'il a été interrogé pour la première fois à Paris. Torturé ou non, il a reconnu avoir renié le Christ lors de sa réception dans l'Ordre à Beaune, mais avoir craché à côté de la croix. Quant au péché de sodomie, il le niera toujours farouchement.

Ses aveux s'arrêtent là, et il s'y tiendra. Le lendemain, devant les docteurs de l'Université de Paris, il les répète d'ailleurs sans rien changer ni ajouter. « On assure, écrit le continuateur du chroniqueur Guillaume de Nangis, qu'il fit savoir à tous ses frères, par un écrit de sa main, que le repentir l'avait conduit à cette confession, et qu'il les exhortait à en faire autant. »

Le 27 décembre suivant, à Notre-Dame, les cardinaux légats du pape, Bérenger Fredol et Etienne de Suisy, entendent Jacques de Molay, Hugues de Pairaud et plusieurs autres frères de l'Ordre. Or, tous se plaignent d'avoir été torturés.

Nous connaissons la suite : le pape Clément suspend la procédure en cours et reprend le contrôle de l'affaire du Temple.

Cette rétractation, Jacques de Molay revient pourtant sur elle à Chinon où le roi l'a « retenu » avec les autres dignitaires de l'Ordre. Interrogé par les cardinaux – et non par le pape – qui ont dû faire le déplacement, il confirme ses premiers aveux. Pourquoi ?

Silencieux depuis plus d'un an, il se montre embarrassé lorsqu'il comparaît le 26 novembre 1309 devant la commission pontificale de Paris. Il demande aide et conseil, arguant du fait qu'il est illettré – c'est-à-dire ne sachant pas le latin –, tergiverse, temporise, défend l'Ordre sans le défendre vraiment. Lorsqu'on lui donne lecture en langue vulgaire de la bulle papale contenant ses aveux de Chinon, il manifeste pourtant une certaine incrédulité. Là-dessus, comme par hasard, entre Guillaume de Plaisians. Molay demande à s'entretenir avec lui et réclame un délai supplémentaire de deux jours. Accordé !

Or, le 28 novembre, il se montre aussi ferme dans ses déclarations qu'il s'est montré évasif deux jours plus tôt. Puisque le pape s'est réservé le droit de juger les dignitaires de l'Ordre, il ne prononcera plus un mot devant la commission. Malgré les insistances de cette dernière, il persiste : il ne défendra pas l'Ordre, il ne dira plus rien, sinon à Clément V, « parce que alors seulement il dirait dans la mesure de ses forces au seigneur pape ce qui était à l'honneur du Christ et de l'Eglise ». Seul ajout final : Jacques de Molay réaffirme son appartenance à l'Eglise, sa fidélité à la foi catholique, son orthodoxie et observe que, « quand l'âme serait séparée du corps, on verrait ce qui était bon et ce qui était mauvais et que chacun saurait les choses qui étaient présentement en question ».

Le silence de Jacques de Molay est une stratégie. Il ne parlera plus, pas même au printemps 1310 lorsque la possibilité sera offerte aux Templiers de s'expliquer. Hugues de Pairaud et Geoffroy de Gonneville feront de même.

« Le Temple, fait observer Alain Demurger, fut donc trahi par ses notables et les Templiers abandonnés par leurs chefs. [...] Jacques de Molay était le Grand Maître d'un Ordre qu'à un certain moment le roi de France a décidé de détruire, que le pape n'est pas parvenu à défendre, et que lui-même, Jacques de Molay, n'a pu sauver [3]. »

Pourquoi ?

Trop confiant dans l'Ordre et dans l'équité de Clément V, Jacques de Molay a probablement pensé que la vérité finirait par éclater tôt ou tard, qu'il suffisait d'attendre. Hélas, Clément V devait peu à peu céder aux pressions de Philippe le Bel. Quant à ses rétractations de Chinon, elles ont sans doute contribué à le décrédibiliser auprès de la commission pontificale. « Marigny et le camp royal, conclut encore Alain Demurger, n'avaient pas le droit pour eux, mais ils avaient le pouvoir, la force, l'initiative ; la commission et le pape avaient, eux, le droit de leur côté, mais pas la force ; et Molay s'est retrouvé à n'avoir ni l'un ni l'autre. »

De mars 1310 à mars 1314, Molay et ses trois compagnons se mureront ainsi dans le silence de leur cachot au château royal de Gisors devenu, pour la circonstance, une prison d'Etat.

Pour rien !

Le bûcher

Lors du concile de Vienne, les Templiers ont été divisés en trois catégories : ceux qui ont toujours nié ; ceux qui, ayant avoué, ne sont jamais revenus sur leurs aveux ; ceux qui ont avoué mais sont revenus sur leurs aveux, se définissant par là même comme relaps. Les premiers ont été condamnés à la prison à vie, les seconds ont été absous et libérés ; le dernier cas restait en suspens.

Pour les Templiers de la troisième catégorie, Marigny avait trouvé une réponse radicale : la mort par le feu.

Le 19 mars 1314, jour de la Saint-Grégoire, sur le parvis de Notre-Dame, Jacques de Molay et ses compagnons ne sont pourtant condamnés qu'à la prison à vie.

Le dernier Grand Maître du Temple, par un sursaut de courage ou de lucidité, prend alors la parole et s'accuse d'un seul crime : avoir été lâche au point de trahir l'Ordre en ne défendant pas son innocence. Il avoue avoir été torturé et avoir manqué de courage sous les tourments.

— J'atteste, clame-t-il, et la vérité m'oblige à l'attester, que l'Ordre est innocent !

Nogaret a blêmi. Une telle déclaration en un jour aussi solennel !...

Remis au prévôt de Paris, Molay et ses trois compagnons sont immédiatement ramenés en cellule.

L'affaire ne peut souffrir la moindre attente. Aussitôt, un conseil se réunit au Louvre. Nogaret, fébrile, pousse une fois de plus Philippe le Bel à agir. Deux des dignitaires de l'Ordre au moins doivent mourir.

Il y parviendra sans mal. Plus personne ne veut entendre parler des Templiers. Le soir même, Jacques de Molay et Geoffroy de Charnay sont brûlés vifs !

Et hors de France ?

Le pape avait donné l'ordre, on l'a vu, d'arrêter les Templiers dans de nombreux pays d'Europe, de saisir leurs biens et d'enquêter sur leurs agissements. Beaucoup s'y prêteront mollement.

Nulle part ailleurs qu'en France en effet, le sort des Templiers n'aura été aussi cruel. Ce qui pose inévitablement la question des raisons profondes de l'acharnement dont Philippe le Bel et Nogaret ont fait preuve à leur égard.

Hormis ceux influencés par la France – les Etats d'Anjou par exemple –, la plupart des autres royaumes ou Etats feront preuve de modération. Le Portugal et la Castille leur resteront favorables. En Angleterre, à Naples, Majorque, à Venise, en Ecosse, en Irlande, en Allemagne, quelques arrestations suivies de procès bâclés et d'aveux inconsistants donneront le change à la papauté. En Allemagne, le procès sera complètement escamoté. En Angleterre, quelques témoins suspects en dehors de l'Ordre essaieront bien de gonfler les crimes des Templiers, notamment au sujet du reniement de la croix, mais sans résultat. Le Grand Maître local mourra en prison avant le jugement du pape, ayant tout nié en bloc. Même en Aragon où les Templiers devaient résister militairement pendant quelque temps, il n'y aura pas de répression équivalente à celle de la France. Pas davantage à Chypre.

Partout, en fait, il fallut bien admettre qu'on ne trouvait rien, sinon des broutilles ou des accusations sans fondement. Les Templiers allaient donc être condamnés sur une simple présomption de culpabilité.

Pourquoi ?

Plus personne ne croit aujourd'hui à la culpabilité pleine et entière des Templiers. Prétendre qu'il n'y eut pas ici ou là quelques déviances, quelques excès, serait tout aussi absurde. Quel ordre de moines-soldats – à l'instar des autres ordres religieux – aurait pu se prétendre exempt de toute faute ?

En réalité, plutôt que de sombrer dans un occultisme de pacotille, il semble que l'on se retrouve face à un phénomène d'une simplicité tragique : la dégénérescence qui touche toute société humaine. L'extension trop importante de l'Ordre qui n'en facilite guère le contrôle ; la lassitude de certains responsables de commanderies plus enclins à vivre confortablement qu'à reprendre l'épée pour aller combattre les infidèles ; un relâchement dans la discipline et le recrutement des adeptes ; une méconnaissance de certains rites dont on a fini par oublier le sens réel... Tout cela a probablement joué contre les Templiers. Il semble pourtant que, dans son ensemble, l'Ordre demeurait sain et fidèle à son idéal primitif. Alors, pourquoi une guerre si totale, si obstinée de la part du Capétien et de ses conseillers ? Pourquoi cette soumission progressive de la part de Clément V à la politique royale ?

Pour Clément V, l'alliance du Capétien était indispensable. Installé sur le trône de Saint-Pierre dans un équilibre précaire, ambitieux, il devait en partie son élection au roi de France. Sa volonté de consolider son pouvoir en s'appuyant sur le bras séculier du Capétien, tout en intriguant par ailleurs afin de récupérer au profit du Saint-Siège les biens matériels du Temple, apparaît évidente.

La volonté, contre l'abandon du Temple, d'enterrer l'affaire d'Anagni – Nogaret voulait faire juger *post mortem* le pape Boniface VIII qui l'avait excommunié – est un autre élément non négligeable.

Pour Philippe le Bel, on a longtemps affirmé qu'il avait lui aussi voulu mettre la main sur les biens des Templiers. Par cupidité ou pour renflouer les caisses de l'Etat. Qu'il ait, comme d'autres souverains étrangers, tiré quelques fruits juteux de l'opération n'est pas contestable. Mais ce n'est pas la première raison de son acharnement. D'ailleurs, la dévolution des biens du Temple aux Hospitaliers ne fait pas de lui matériellement le seul gagnant de la chute de l'Ordre.

La plupart des princes étaient pourtant hostiles à cette mesure. A leurs yeux, si le Temple avait fini par dégénérer, les Hospitaliers ne valaient guère mieux. Philippe le Bel, pour sa part, rêvait en France d'un nouvel Ordre à la tête duquel eût été placé un prince du sang ou lui-même en vue d'une future croisade. Dans le royaume de Valence, on cumula ainsi les biens des Templiers et ceux des Hospitaliers pour les attribuer à un nouvel Ordre aragonais, celui de Montesa. De même au Portugal où ces biens furent donnés à l'ordre du Christ.

La volonté d'hégémonie du roi de Fer est donc une raison qui mérite davantage notre attention que l'appât du gain. Philippe le Bel a toujours rêvé d'un pouvoir fort et indépendant de toute tutelle, impériale ou papale. La puissance des Templiers, surtout depuis leur retour de Saint-Jean-d'Acre, lui est devenue insupportable. Or les Templiers lui échappent puisqu'ils ne dépendent que du pape. Ils forment une sorte de corps étranger à l'intérieur du royaume.

Mais c'est dans le domaine spirituel qu'il convient sans doute de chercher les causes profondes de son « obsession templière ».

Philippe le Bel, on l'a dit, a fini par sombrer, après la mort de la reine Jeanne, dans la dévotion. Depuis, abîmé dans un mysticisme sincère mais périlleux, il se considère comme investi d'une mission de défense des intérêts supérieurs de la chrétienté. Déjà, il s'est attaqué à Boniface VIII qu'il jugeait indigne d'occuper le trône de Saint-Pierre. Ensuite, il a voulu réformer les ordres militaires par une fusion entre le Temple et les Hospitaliers, fusion à laquelle s'est opposé Jacques de Molay. Il a voulu se rendre indépendant de la papauté et avoir la haute main sur l'Eglise de France. Ce qui touche au religieux fascine Philippe le Bel tout autant, sinon davantage, que le politique. Là est peut-être l'une des clés de son comportement.

On peut toutefois se demander s'il était si profondément convaincu, comme on l'a dit, de la culpabilité des Templiers. Car, dans ce cas, pourquoi avoir accepté dans un premier temps une éventuelle fusion de l'Ordre avec celui des Hospitaliers ? Une telle fusion ne comportait-elle pas des risques de corruption ?

L'orgueil, plus encore que l'intérêt, l'aveugle. Il se dit

persuadé – ou s'est laissé persuader par Nogaret – de la culpabilité du Temple qu'il a fini par haïr.

Le rôle du garde des Sceaux, en effet, est de premier plan dans cette affaire. Religieux jusqu'au bout des ongles, doctrinaire, fanatiquement dévoué à la Couronne, il est le *deus ex machina* du drame des Templiers, celui dont on retrouve partout l'index accusateur. Sert-il seulement une politique ou plus subtilement ses propres obsessions ? Difficile de le savoir avec certitude. Quelles qu'aient été ses très réelles qualités, le personnage n'inspire guère la sympathie.

La fin du Temple aura donc été décrétée par un petit nombre d'hommes obéissant à des intérêts divers.

Le Temple, par ailleurs, s'est effondré sous le poids de ses propres faiblesses. Ayant perdu sa raison d'être à la chute de Saint-Jean-d'Acre, il n'a jamais su opérer une reconversion qui aurait pu lui épargner la dramatique destruction dont il a été l'objet.

7

Filles d'Eve ou de Marie ?

Il serait difficile d'affirmer que *Les Rois maudits* accordent la première place aux femmes. Non qu'elles soient absentes des romans de Maurice Druon. Mais, conformément à l'image que l'on se fait de la société médiévale – pas toujours exacte d'ailleurs –, elles n'y tiennent qu'une place mineure, voire ambiguë. Celles qui y figurent sont trop typées pour n'être pas parfois caricaturales : femmes soumises ou au contraire femmes de pouvoir, saintes ou putains. Parmi toutes celles qui traversent le livre, on retiendra malgré tout quelques silhouettes et aussi quelques personnages clés.

Les silhouettes, tout d'abord. Naturellement, il y a celles qui sont de belles créations littéraires. La jolie Marie de Cressay, par exemple, qu'épouse en secret Guccio Baglioni, le neveu du banquier Lombard Tolomei, et dont l'enfant, substitué au petit Jean Ier, mourra empoisonné. La voluptueuse et machiavélique Béatrice d'Hirson, demoiselle de parage et âme damnée de Mahaut d'Artois, habile à lui fournir remèdes et poisons en tout genre. La lingère Eudeline, maîtresse occasionnelle de Louis X le Hutin et mère d'une petite fille adultérine que le roi, gêné par la ressemblance de ses traits avec ceux de son géniteur, précipitera au fond d'un couvent.

D'elles, on ne sait rien, ou si peu... Femmes en trompe-l'œil qu'imposent les nécessités du récit.

La reine Clémence de Hongrie, elle aussi, appartient à cette catégorie de femmes qui demeurent dans l'ombre des personnages principaux que sont les hommes : monarques, prélats, barons ou banquiers. Elle apparaît comme un personnage lumineux, offrant l'image de la femme médiévale idéale : pieuse, patiente, soumise, soucieuse de son rang et de sa dignité, occupée à des travaux de broderie en attendant le retour du roi et se tenant éloignée des affaires.

Fille de Charles Ier dit Martel, roi de Hongrie – il n'en fut que roi titulaire et ne quitta jamais l'Italie –, et de Clémence de Habsbourg, c'est elle que Hugues de Bouville, au mois de décembre 1314, s'en est allé quérir en Pouille pour le remariage de Louis X. Une blonde princesse douce et vertueuse destinée à faire oublier au malheureux roi la brune et machiavélique Marguerite de Bourgogne.

Le voyage de Clémence de Hongrie vers la France commencera pourtant bien mal. Son bateau fera naufrage, et dans ce naufrage elle perdra tout : ses robes, ses bijoux, quantité d'objets précieux et, pire encore, sa dot !

Qu'importe ! Louis X succombe à ses charmes, et les chroniqueurs n'hésitent pas à la mentionner comme l'une des plus belles femmes de son temps.

Arrivée en France au mois de juillet, elle épouse Louis X le 19 août 1315. Quatre jours plus tard, elle est couronnée à Reims en même temps que le roi.

Elle n'aura guère le temps de savourer un long bonheur conjugal. Louis X meurt l'année suivante, le 5 juin 1316, la laissant enceinte d'un fils, le petit Jean Ier, qui mourra au mois de novembre suivant, cinq jours après sa naissance, et dont nous verrons plus loin l'invraisemblable destin posthume.

Il semble que cette disparition tragique ait profondément troublé la reine au point même d'affecter son jugement. Devenue veuve, ayant perdu simultanément son fils et le goût de la vie, Clémence de Hongrie se retire dès lors de la Cour mais fait preuve d'une prodigalité qui choque son entourage. Elle s'endette et s'attire les remontrances du pape Jean XXII.

Certes, elle est riche. Louis X lui a fait don de nombreuses terres en Normandie et lui a constitué pour son douaire une rente de vingt-cinq mille livres tournois. Ses beaux-frères se montreront par ailleurs généreux envers elle. Mais, les injonctions de Jean XXII la contraindront à mettre un frein à ses largesses et à rembourser ses dettes.

Elle survivra douze ans au Hutin.

Retirée en Avignon puis dans un couvent d'Aix-en-Provence, on ne la verra bientôt plus occupée qu'à des œuvres de charité. Elle fondera un collège pour orphelins et se consacrera à la prière. Le 13 octobre 1328, elle mourra paisiblement à Paris en l'hôtel du Temple. Elle sera enterrée à l'église des Dominicains, son cœur ayant été transféré au monastère des religieuses de Nazareth, à Aix-en-Provence.

Sans bruit, elle avait pris sa place à la cour de France, sans bruit elle en était sortie après être passée comme une ombre à travers un règne sans éclat.

L'autre figure féminine lisse, tendre et sans grand relief des *Rois maudits*, c'est Jeanne de Bourgogne, comtesse de Poitiers, l'épouse du futur Philippe V. Maurice Druon la décrit comme une jeune femme « grande, élancée, avec des cheveux blonds cendré, un maintien un peu composé et un long œil oblique de lévrier ».

Née vers 1291, Jeanne est la fille d'Othon IV, comte palatin de Bourgogne et de Mahaut d'Artois. En janvier 1307, elle a épousé à Corbeil le comte de Poitiers, second fils de Philippe le Bel, devenant ainsi l'une des brus du roi de France. Jusque-là épouse docile et discrète, elle ne fait son entrée dans l'histoire qu'en 1314, lorsqu'un sort funeste s'abat sur elle. Elle est compromise dans le scandale qui secoue la cour de France : l'adultère des belles-filles du roi, Marguerite et Blanche de Bourgogne, épouses respectives du futur Louis X et du futur Charles IV. Elle-même n'est pas accusée d'adultère mais de complicité passive. Elle aurait dû dénoncer Marguerite et Blanche, elle ne l'a pas fait. Son crime est moindre, même s'il y a crime. Pour cela, elle sera enfermée pendant de longs mois en la forteresse de Dourdan.

Du fond de sa prison, Jeanne n'en continuera pas moins de crier son innocence et de réclamer son pardon.

Elle sera entendue.

L'intervention de sa mère Mahaut d'Artois et l'indulgence de Philippe V la tireront de ce mauvais pas. Acquittée par arrêt du Parlement, elle retrouvera sa place à la Cour. Le 9 janvier 1317, elle sera sacrée à Reims en même temps que son mari et régnera à ses côtés jusqu'en 1322. Belle et cultivée selon les chroniqueurs, elle lui survivra pendant huit années. Le 21 janvier 1330, à l'âge de trente-neuf ans, elle meurt à Roye-en-Artois. Inhumée à Saint-Denis au côté de Philippe V, elle avait fondé par testament le collège de Bourgogne.

Les unes comme les autres pèsent cependant de peu de poids dans le combat sans merci que se livrent le roi et le pape, les barons entre eux, les légistes et les Templiers.

Faire-valoir aux yeux du romancier, l'ont-elles été réellement du temps des Capétiens ? Les chroniqueurs ne sont guère loquaces à leur sujet. La femme médiévale est avant tout une mère, une éducatrice, et se doit d'incarner un idéal de vertu... Elles n'ont pas toutes obéi à ce schéma type.

Les ribaudes

Il y a les catins. Celles qu'on rencontre dans les rues de Paris, de jour comme de nuit. Celles qui rôdent aux abords des églises ou des Halles. Celles qu'on va chercher dans les bordeaux des bords de Seine. Celles aussi qui suivent l'armée et dont se montre si friand, sous sa tente de campagne, le vorace Robert d'Artois, tandis que l'ost du roi de France piétine dans la boue des Flandres.

Et puis, il y a les catins de haut vol. Excepté Béatrice d'Hirson, nièce du chancelier de Mahaut d'Artois, personnage plus complexe qui marie la rouerie à une sensualité torride, ce sont essentiellement Marguerite et Blanche de Bourgogne.

Car l'adultère des brus du roi est à l'origine de la saga des « rois maudits ». Il est l'événement déclencheur qui va engendrer la suite de cette dramatique aventure, et ce jusqu'à la guerre de Cent Ans entre la France et l'Angleterre.

Mais qui sont-elles vraiment, ces brus du roi ?

En vérité, on est assez mal renseigné à leur sujet.

La première est la fille du duc Robert de Bourgogne et d'Agnès de France, fille de Saint Louis. Dans les veines de cette princesse dévoyée coule donc le sang d'un saint.

Le 23 septembre 1305, à Vernon, elle a épousé Louis de Navarre, le fils aîné de Philippe le Bel dont elle a eu une fille, Jeanne, née en 1311.

Druon la décrit comme une femme de petite taille, « de cheveu noir, de teint ambré. On disait qu'elle avait le plus beau corps du monde, et elle n'était pas la dernière à le faire savoir ». Arrogante, sensuelle, menant son amant Philippe d'Aunay par les lacets de son aumônière... Une garce, en somme, comme le suggère d'ailleurs son damoiseau.

Tout comme Blanche, on connaît cependant assez mal le personnage. L'adultère dénature un portrait dont l'histoire ne nous renvoie que le négatif.

On la dit d'une beauté peu commune, fière, dotée d'un esprit vif, acéré, à la limite parfois de l'arrogance.

Agée de vingt-quatre ans, il serait naturel en effet de la supposer pleine de vie et d'appétits, de désirs inassouvis peut-être. Car le Hutin – le querelleur – a la réputation justifiée d'avoir mauvais caractère, et le mariage n'a pas dû être idyllique.

Blanche, la sœur de Jeanne, autre fille d'Othon et de Mahaut d'Artois, est plus jeune que Marguerite, sans doute plus fragile et plus influençable aussi. Mariée à Charles, comte de la Marche, le plus jeune des fils de Philippe le Bel, on la dit également d'une grande beauté.

Or, ces deux femmes jeunes et que la cour de Philippe le Bel ennuie par son austérité vont se trouver des amants : deux écuyers, les frères Philippe et Gautier d'Aunay.

Deux ans plus tard, au printemps de 1314, l'affaire est éventée. Est-ce, comme on l'a dit, sur dénonciation de leur belle-sœur Isabelle, l'épouse d'Edouard II d'Angleterre ? Toujours est-il que l'éclat du scandale est énorme, franchit les frontières du royaume, et fait vaciller le trône sur ses bases.

Epouvanté, le veuf et vertueux Philippe le Bel réagit immédiatement et avec une fermeté exemplaire – certains diront même avec cruauté, mais les temps ne badinent pas avec la vertu des princesses ! Marguerite et Blanche sont jugées et condamnées à l'enfermement à vie par un tribunal où siègent notamment Charles de Valois et Louis d'Evreux. Tondues, vêtues de robes de bure, humiliées, elles sont emmenées en forteresse à Château-Gaillard, aux Andelys. Marguerite sera installée dans une cellule ouverte à tous vents au sommet de la tour, Blanche dans une chambre un peu moins exposée située deux étages plus bas.

Pendant ce temps, les frères d'Aunay, arrêtés à Pontoise, ne tardent pas à passer aux aveux. Sous les tourments, ils finissent par clamer haut et fort qu'ils ont bel et bien été les amants des princesses royales.

Philippe IV reçoit la gifle en pleine face. Cette fois, le doute n'est plus permis.

Immédiatement condamnés à mort, les frères sont exécutés à Pontoise. Avec un raffinement de cruauté qui laisse sans voix, ils seront écartelés, écorchés vifs, puis châtrés. Leurs génitoires seront donnés aux chiens et leurs cadavres pendus au gibet après avoir été traînés comme de vulgaires quartiers de boucherie.

Une légende naîtra de cette triste histoire : celle de la Tour de Nesle.

Anciennement nommée Tour Hamelin, puis de Nesle à cause de la proximité de l'hôtel du même nom qu'avait acheté Philippe le Bel à Amaury de Nesle en 1308, elle était l'une des tours d'enceinte du mur de Philippe Auguste.

Qu'on n'aille donc point s'imaginer une demeure douce à vivre et accueillante aux amours. Il s'agit de « la tour proprement dite, précise Jean Lailler, non pas la tourelle plus élevée et plus mince qui lui était accolée et enfermait sans doute l'escalier à vis ; la tour haute de 25 mètres et de 10 mètres de diamètre ne comportait que trois étages formés de voûtes solides retombant sur un pilier central. Sa plate-forme crénelée, qui avait assez vite remplacé un toit conique, servait de poste d'observation à un guetteur en mesure de surveiller les faubourgs ouest de la cité, la Seine, et la zone sud du château royal du Louvre ».

Trois étages donc, éclairés par une lumière avare, pénétrant par de minces meurtrières ou d'étroites fenêtres garnies de barres de fer. Ainsi se présentait la fameuse « tour des amours » dont parle Maurice Druon et qui aurait abrité les ébats fiévreux des brus de Philippe le Bel avec les frères d'Aunay.

La rumeur populaire, l'imagination débridée de littérateurs flairant là un bon sujet la transformeront en lieu de débauches et de crimes.

Plus tard, bien plus tard – au XVe siècle –, on racontera que les trois princesses de France y attiraient des amants, puis, de peur qu'ils ne parlent, jetaient leurs corps à la Seine dans des sacs cousus. L'un d'entre eux, un professeur du nom de Buridan, aurait eu vent du stratagème et demandé à des étudiants d'amener un bateau chargé de foin sous les fenêtres de la tour. Ainsi aurait-il pu échapper à une mort certaine. Alexandre Dumas et Gaillardet en feront un drame à succès au XIXe siècle.

Le châtiment exemplaire des frères d'Aunay, comme la peine infligée aux princesses, n'a pourtant rien d'une plaisanterie dont on puisse faire des gorges chaudes. En ce début du XIVe siècle, l'adultère des princesses de Bourgogne engage l'honneur de la Cour, c'est-à-dire du roi, et, partant, du royaume. La sévérité de Philippe le Bel n'a rien non plus d'une cruauté gratuite imputable à la rudesse de l'époque. Elle répond à une nécessité en regard des autres cours d'Europe comme de sa propre opinion publique. Pas plus que le commun, les filles de noblesse n'ont le droit de mépriser les lois de l'Eglise, c'est-à-dire de Dieu.

Un an plus tard, Marguerite mourra à Château-Gaillard. De froid, diront certains. Etranglée avec une serviette ou même ses propres cheveux sur l'ordre du Hutin, diront les autres. Le roi était impatient de se remarier. Il choisit peut-être la solution la plus rapide.

Blanche, restée seule, désespérée, redoutant peut-être la folie, demeurera encore sept longues années sur son « éperon crayeux » de Château-Gaillard. Elle vivait toujours en 1322 à l'avènement de son mari, Charles IV. Mais, contrairement à Philippe V, plus indulgent, Charles n'aura aucune pitié pour elle. Pas plus que sa mère, Mahaut d'Artois, qui ne la reverra jamais. Le 19 mai de la même année, le pape Jean XXII prononcera la dissolution du mariage, non pour adultère mais pour une question de parenté spirituelle. Mahaut étant la marraine de Charles IV, ce lien rendait le mariage nul. Libérée, Blanche sera alors conduite au château de Gavray, près de Coutances dont elle ne sortira que pour prendre le voile et finir ses jours dans la pénitence à l'abbaye de Maubuisson en 1326. Elle avait trente ans, et sa jeunesse s'était enfuie un soir dans les bras d'un écuyer dont le corps dépecé gisait depuis une douzaine d'années sous la terre de Pontoise.

Les « masculines »

Mais les femmes que préfère Maurice Druon ne sont ni des trompe-l'œil ni des ribaudes, elles ressemblent à s'y méprendre à des... hommes.

Ambitieuses, revêches, coriaces, avides, elles partagent avec eux l'obsession du pouvoir et le goût de l'action. Et l'on devine le romancier bien plus à son aise pour nous les peindre à fresque.

Parmi elles, Isabelle de France – la fille de Philippe le Bel –, Mahaut d'Artois, Agnès de France ou encore sa fille Jeanne de Bourgogne, l'épouse du roi Philippe VI de Valois

Isabelle, l'épouse d'Edouard II d'Angleterre, apparaît froide et sans scrupule, une femme frustrée qui comble, à travers des amants – l'un d'entre eux surtout, Roger Mortimer –, un appétit de pouvoir qui semble en faire le pendant féminin de Philippe le Bel, son père.

Lorsque, dans le roman de Druon, elle rencontre Robert d'Artois à Westminster, puis un peu plus tard le roi Philippe à Maubuisson, c'est pour faire allusion aux tristesses de sa condition. Une reine mal aimée par un mari plus attiré par les hommes que par sa femme, et que le sort a condamnée à la solitude et à la dignité glacée qui sied à une reine. En réalité, nous savons par les chroniqueurs – qui en font même des gorges chaudes – que les débuts du mariage n'ont pas été si tragiques. On a même plaisanté sur le fait que le jeune couple prolongeait parfois ses moments d'intimité au point d'en oublier ses devoirs de cour.

Simplement, il s'est avéré que Edouard était bisexuel, et cela, Isabelle n'a pu le supporter. Comme elle n'a pu supporter les favoris successifs du roi : Gaveston, puis Hugues Spencer. Edouard II ne l'a donc délaissée que progressivement. Après avoir condamné l'adultère de ses belles-sœurs, Isabelle a fini alors par les imiter et prendre des amants. Jusqu'à s'enticher au-delà de toutes limites de lord Roger Mortimer de Wigmore condamné à plusieurs reprises pour trahison envers Edouard II et qui sera même enfermé pour cette raison à la Tour de Londres.

Wigmore avait été l'un des lieutenants d'Edouard II en Irlande. Ambitieuse, froide et calculatrice comme son père, Isabelle le soutiendra dans sa révolte contre son propre mari et la tyrannie des Spencer. Prenant la tête avec Mortimer de la rébellion des barons anglais, Isabelle convaincra jusqu'aux frères d'Edouard II de rallier sa cause, mettra fin au règne des Spencer, et fera enfermer Edouard II au château de Kenilworth. Destitué par le Parlement, convoqué à Westminster sur l'ordre de la « louve de France », il devait périr assassiné par ses geôliers à Berkeley dans des conditions atroces, pénétré jusqu'au fondement par une lame rougie au feu.

Isabelle allait ensuite régner sans partage avec Roger Mortimer. A son tour, il était devenu un favori autoritaire et imbu de lui-même, traitant chacun – y compris la reine – avec le même mépris. Assurant la régence, Isabelle continuera malgré tout de se donner à sa passion sans réserves. Elle ignorait encore que le destin a de ces retournements imprévisibles qui font basculer une vie en quelques semaines, quelques jours, quelques heures. Son fils Edouard III se révolta à son tour contre elle, puis il organisa un complot contre Roger Mortimer au mois d'octobre 1330 pendant que la Cour siégeait à Nottingham lors d'une session du Parlement. Mortimer fut exécuté malgré les supplications de la reine, et celle-ci enfermée en son château de Risings.

Tragique destinée ! La « louve de France » devait survivre vingt-sept longues années à son amant, le « gentil Mortimer », oubliée de tous et d'abord de son propre fils qui lui faisait payer très cher l'assassinat d'Edouard II comme ses amours coupables.

Ces femmes masculines ne sont heureusement pas toutes des femmes aussi cruelles et dénuées de scrupules.

Ainsi, Agnès de France que nous voyons intervenir avec

éclat au sacre de Philippe V pour défendre les droits de sa petite-fille Jeanne, la fille de la « reine étranglée [1] ».

Dernière fille de Saint Louis et de Marguerite de Provence, Agnès a épousé Robert II, duc de Bourgogne. Elle en a eu neuf enfants, dont Marguerite, l'épouse de Louis le Hutin.

A la mort de Robert II en 1306, elle est devenue régente du duché. Jusque-là quelque peu effacée, elle s'est révélée soudain une femme de tête, administratrice hors pair, habile à défendre les intérêts de la Bourgogne autant que les siens propres.

On la verra ainsi faire appliquer avec une rigueur toute particulière l'ordonnance royale sur les biens des Juifs – au point que son fils, le duc Hugues, s'engagera à leur en restituer certains ! –, puis négocier avec âpreté pour s'assurer auprès de Hugues la moitié des acquêts réalisés par Robert II durant le temps de leur mariage ainsi que la totalité de son douaire.

Eudes IV ayant succédé à son frère à la tête du duché, elle continuera de participer activement au gouvernement de la Bourgogne. Surtout, la fameuse loi salique n'ayant pas encore droit de cité dans la succession des rois de France, elle s'acharnera à défendre les droits de sa petite-fille. Elle obtiendra pour elle le royaume de Navarre, mais échouera pour le trône de France face aux intrigues de l'ambitieux comte de Poitiers, le futur Philippe V.

Assurément, Agnès de France est l'une de ces femmes qui comptent dans la société médiévale de cette première moitié du XIVe siècle. Pourtant, ce n'est pas vers elle que se porte l'intérêt de Maurice Druon. Dans la galerie de portraits féminins qu'il fait défiler sous nos yeux, le fil rouge c'est de toute évidence Mahaut d'Artois. Et là, il convient de s'attarder un instant.

Quand nous la rencontrons pour la première fois, c'est en son hôtel parisien de la rue Mauconseil, alors que Robert d'Artois, jubilant intérieurement du tour qu'il prépare, vient lui apprendre l'adultère des brus du roi.

Maurice Druon la décrit comme une femme dans la force de l'âge, massive, au visage gras et à la « lèvre un peu trop duvetée ». En somme, plus de virilité que de féminité dans ce portrait.

Dévorée par un appétit de puissance démesuré, matoise, à la fois manipulatrice et manipulée par Béatrice d'Hirson, empoisonneuse, elle n'offre guère à la lecture du roman une figure sympathique. Et pourtant, il faut bien avouer que ce portrait poussé au noir ne laisse pas de nous fasciner !

Que faut-il en penser ?

Qu'il s'agit bien là d'un personnage hors du commun. Comtesse-pair de France, fière et hautaine, très consciente de son rang, Mahaut d'Artois appartient aux plus hauts degrés de la hiérarchie féodale. Elle est la petite-nièce de Saint Louis, cousine du roi Philippe le Bel, belle-mère de Philippe V et de Charles IV, grand-mère d'un comte de Flandre et d'un duc de Bourgogne, en charge de l'administration des comtés d'Artois et de Bourgogne.

Des drames, il s'en est joué en grand nombre autour d'elle. Son frère Philippe – le père de notre Robert d'Artois – est mort en 1298 à Pont-à-Vendin durant la guerre contre les Flamands. Son père Robert II a succombé à Courtrai. De même que son mari, Othon, mort de ses blessures le 17 mars 1303.

En 1285, elle a épousé cet Othon, comte palatin de Bourgogne, chevalier vaillant, un peu fou et surtout si dépensier qu'il en perdra son comté. De lui, elle a eu cinq enfants : Jeanne, née avant 1290, Blanche née peu après 1295, un premier fils, Robert, mort à l'âge de dix-huit ans en l'hôtel d'Artois rue Mauconseil en septembre 1317, un deuxième également prénommé Robert mort en bas âge, et un troisième, Jean, mort au berceau.

En 1317, elle a donc perdu son fils unique, est veuve depuis quatorze ans et le restera jusqu'à sa mort.

Au Moyen Age, les veuves occupent un statut un peu spécial. Celles qui savent demeurer dignes sont particulièrement respectées. Et c'est à ce titre que Mahaut demandera un jour à Jean XXII de la protéger contre ceux qui ont pillé ses biens et outragé ses droits.

Deux hommes auront également compté dans sa vie : Thierry d'Hirson et son neveu, Robert d'Artois.

D'Hirson, c'est le chancelier, l'homme de confiance, l'intendant, le « Premier ministre », l'homme à tout faire, de Mahaut d'Artois. Ambitieux et cupide, il se construira une fortune et saura placer les siens dans l'entourage de la comtesse, notamment cette nièce Béatrice que nous retrouvons dans le roman de Maurice Druon comme dame de parage de Mahaut d'Artois.

Originaire de la ville d'Hirson ou Hérisson dans l'Allier, il est venu très tôt à la cour d'Artois où il n'a pas tardé à jouer un rôle important. Mais, à la fin du XIIIe siècle, on le retrouve également en relation avec Guillaume de Nogaret. A plusieurs reprises, il exécute sur son ordre des missions plus ou moins secrètes. Il accompagne même Nogaret en Italie lors de l'affaire d'Anagni. Autant dire que le personnage n'est pas mince.

Chanoine d'Arras, il reçoit dès lors de nombreuses prébendes. En 1308, il est nommé chanoine de Lillers et de Térouanne, puis d'Amiens, et en 1312 de Laon par le pape Jean XXII. Tout cela n'est pas sans lui apporter des revenus substantiels. Rapidement enrichi, il achète des terres, plusieurs maisons et même un hôtel à Paris. Il place les membres de sa famille dans l'entourage de la comtesse d'Artois : ses nièces, Béatrice et Mahaut, son frère Denis qui sera trésorier de l'hôtel, des neveux, son frère Pierre comme bailli de Charny et d'Arras. Lorsqu'il mourra au mois de novembre 1328, il laissera une fortune assez considérable que se partageront sa famille, les bénéficiaires de ses nombreux dons et Mahaut d'Artois dont les donations à Thierry d'Hirson étaient généralement viagères ou accompagnées d'une clause de retour au comté d'Artois.

L'autre « grand homme de sa vie », c'est à n'en pas douter son neveu, Robert d'Artois.

Quand le comte Robert II, son père, est mort en 1302 à Courtrai – son frère Philippe étant lui-même mort en 1298 –, c'est Mahaut qui a recueilli la succession du comté. Ainsi en avait décidé Robert II selon les coutumes artésiennes. De même, lorsque son mari Othon est mort, a-t-elle pris possession de son douaire en Bourgogne et obtenu le gouvernement de ses enfants.

C'est seulement en 1307 qu'intervient Robert d'Artois, pour réclamer l'héritage dont il estime avoir été spolié. Ce « grand loup cruel et faux » évoqué par Mahaut dans le roman de Maurice Druon.

Fils de Philippe d'Artois et de Blanche de Bretagne, Robert est un grand baron téméraire, intelligent, aux qualités brillantes. Mais tête folle, il a choisi son camp : celui de la réaction féodale derrière Charles de Valois, dont il épousera la fille.

Leur querelle durera plus de vingt longues années. Elle jettera une ombre sur une vie par ailleurs beaucoup moins ténébreuse que ne le laisse entendre Druon, emporté par sa volonté manifeste de donner de Mahaut un portrait haut en couleur. Nous reviendrons plus longuement sur cette importante querelle qui court tout au long du roman.

Car Mahaut d'Artois est avant tout une femme de pouvoir et qui entend faire respecter ses droits. Sage administratrice, elle gouverne son comté avec fermeté mais sans excès.

Elle ne craint pas non plus de faire face aux situations les plus difficiles. Lorsque la noblesse d'Artois – encouragée en sous-main par Robert – se révolte en 1314, à l'instar d'autres provinces – Picardie, Champagne, Bourgogne –, elle n'hésite pas une seconde à se dresser contre ces rudes barons que sont Caumont ou Souastre. Que réclament-ils ? La fin de ce qu'ils jugent être des « abus » de pouvoir, le retour aux « bonnes vieilles coutumes » d'Artois, le départ de Thierry d'Hirson. Pour bien manifester leur colère, ils se livrent à des excès en tout genre, pillent le château d'Hesdin, ravagent les garennes de la comtesse, dévastent quelques domaines, tuent un peu ici ou là, emprisonnent, pendent haut et court les plus récalcitrants. Robert lui-même finit par se lancer sur les routes de l'Artois, occupe Térouanne sans résistance, enlève les châteaux d'Eperlecques, de Montoire, mais finit par se soumettre devant l'intervention de Philippe V. Faute de jouir vraiment de la confiance de ses alliés ainsi que d'une assise populaire suffisante dans le comté, il préfère abandonner ses « féaux ».

Robert d'Artois débouté par Philippe V de ses prétentions à hériter du comté, le conflit ira en s'essoufflant. Philippe V cherchera à négocier plutôt qu'à encourager une guerre civile à laquelle se préparait pourtant sa belle-mère. Tout aussi consciente de ses intérêts, Mahaut laissera à la justice royale le soin de régler définitivement ses différends avec ses barons.

Le retour de Mahaut en Artois en 1319 se soldera par un triomphe. Partout, on l'acclamera. Les nobles eux-mêmes, las peut-être des troubles qu'ils avaient déclenchés, finiront par rentrer dans le rang, et la comtesse-pair d'Artois aura l'intelligence de ne pas chercher à se venger.

C'est d'ailleurs un trait de son caractère ignoré des *Rois maudits* que de ne pas chercher à envenimer les querelles tout en défendant son bon droit avec toute l'âpreté nécessaire. Très souvent même, son rôle politique se limite à des arbitrages et à des pacifications. Elle impose des trêves à des vassaux turbulents ou règle définitivement des querelles anciennes. Ainsi en 1323, elle arbitre un différend entre le comte de Flandre et son oncle Robert de Cassel, et elle parvient à leur faire signer une paix équitable.

Son administration est à l'avenant. Excellente gestionnaire, elle n'intervient qu'à bon escient dans la vie communale, pour rétablir la paix en cas de conflit, protéger les élections échevinales ou réformer le mode électoral. Parfois même, elle nomme des commissions chargées d'examiner les comptes des villes lorsque leur situation financière présente des irrégularités ou paraît en piteux état du fait de la mauvaise gestion des échevins. Ses relations avec ces derniers sont d'ailleurs plutôt bonnes. Elle reçoit d'eux régulièrement des cadeaux et leur fait des présents. Elle les invite à sa table, ainsi que les bourgeois et bourgeoises les plus en vue.

Mieux vaut cependant ne pas empiéter sur ses droits. Car, alors, elle se montre une procédurière redoutable. C'est le cas dans les démêlés qui l'opposent à sa belle-mère, au comte de Dampmartin, au sire d'Oisy, mais aussi aux prévôts du roi ou aux juridictions ecclésiastiques. Et bien sûr, à Robert d'Artois !

Dure en affaires, féroce dès lors que les intérêts de son comté sont en jeu, elle sait pourtant se montrer généreuse, ce que ne souligne guère Druon.

Qu'elle réside à Paris, près de Vincennes ou en son château d'Hesdin, les comptes de son hôtel révèlent l'ampleur de sa charité. Il y a les offrandes habituelles auprès des sanctuaires dans lesquels on vient prier, pour des messes, pour une guérison, pour la restauration d'édifices religieux. Mais il y a mieux. Au début du XIVe siècle, le comté d'Artois pullule d'établissements charitables. Mahaut multiplie les dons aux miséreux, aux monastères et hôpitaux de Paris, d'Artois et de Bourgogne. En janvier 1321, à cause des duretés de l'hiver, elle fait distribuer de l'argent aux pauvres dans tous les bailliages. Onze mille se présentent qui reçoivent chacun deux deniers. A d'autres occasions, ses dons sont en nature : du pain, du lard, du poisson. Durant l'hiver 1325-1326, si rigoureux, elle fait distribuer dans la capitale cinq cents paires de souliers à des malheureux. Chaque année, elle fait don de vêtements et de draps aux nécessiteux. A de vieux serviteurs invalides, elle verse une rente. Par testament, elle lèguera mille livres pour doter des jeunes filles pauvres, plusieurs milliers pour l'entretien des soldats qui combattront en Terre sainte. Une générosité inépuisable !

La malédiction

Jacques de Molay, grand maître des Templiers, fut brûlé comme relaps au soir du 19 mars 1314. Le peintre qui souligne ici la responsabilité du roi présent avec ses conseillers et le peuple de Paris exempte l'Eglise de tout rôle : aucun clerc parmi les spectateurs. Molay présenté en victime (dégradé, il ne porte plus le manteau blanc à croix rouge de l'Ordre) mourut sans crier vengeance. C'est au xvie siècle que naîtra la malédiction lancée par le Templier contre Philippe le Bel, le pape et Nogaret... Les Templiers au bûcher, miniature des Chroniques de France, Londres, British Library.

La famille royale de Philippe le Bel représentée dans toute sa splendeur, telle que les Parisiens purent l'admirer lors des fêtes données à Paris, en 1313, pour l'adoubement de ses trois fils. Miniature d'un manuscrit français du XIVe siècle, Paris, Bibliothèque nationale.

Le plus jeune des fils, **Charles**, a 18 ans. Futur comte de la Marche, il sera fait roi à la mort de son frère Philippe, de 1322 à 1328.

Autre fils de Philippe le Bel, **Philippe**, le futur comte de Poitiers et roi de 1316 à 1322, a 20 ans sur cette enluminure.

Fille du roi, la jeune reine d'Angleterre **Isabelle** est revêtue d'une étoffe imprimée de gueules aux trois léopards d'or passants, les armoiries de son mari le roi Edouard II épousé cinq ans plus tôt, en 1308. Les dissensions du couple ne sont pas encore publiques, et Isabelle consolide de son mieux la fragile entente franco-anglaise.

La famille

Charles de Valois, le frère préféré de Philippe le Bel. Il est ambitieux, toujours à l'affût d'un trône qu'il n'obtiendra jamais et voue une haine farouche à Enguerran de Marigny qui le concurrence au Conseil du roi.

Au centre, **Philippe le Bel** ainsi nommé car il était très beau. Il est en 1313 âgé de 45 ans, représenté couronné et trônant. Il est veuf depuis huit ans et se remet difficilement de la mort de son épouse. Il offre ici l'image d'une famille unie, nombreuse et sans inquiétude apparente pour sa lignée. Plus pour longtemps...

L'héritier en titre à la date de cette représentation, en 1313 : le futur **Louis X** revêtu pour l'occasion d'une cape imprimée de gueules à l'escarboucle d'or comme roi de Navarre. Il l'est en effet devenu en 1305, à la mort de sa mère Jeanne de Champagne.

Mahaut d'Artois
Le sceau de Mahaut d'Artois impressionnant par sa taille (9 centimètres, ce qui est presque celui d'un roi) en dit long sur la position de la « comtesse d'Artois, comtesse palatine de Bourgogne et dame de Salins ». A 35 ans, elle est veuve, siège au Conseil du roi, est pair de France, ce qui est très rare pour une femme. On l'accusera de tous les maux, surtout d'avoir empoisonné Louis X et Jean Ier. Le rameau fleuri dans sa main est une référence à ses cinq enfants qui lui permettent d'échapper à tout remariage. © Paris, Archives nationales.

Jeanne de Bourgogne
Aînée des filles de Mahaut d'Artois et Otton, comte de Bourgogne, elle épouse le futur roi Philippe V en janvier 1307. Sept ans plus tard, en mai 1314, elle est compromise dans l'affaire d'adultère des brus du roi. Son époux qui aime sa femme et (ou ?) veut garder la Comté (l'actuelle Franche-Comté) qu'elle lui a apportée en dot lui pardonnera. © Photos12.com - Hachédé

Blanche de Bourgogne
Seconde fille de Mahaut, elle épouse le futur Charles IV en 1308. Accusée d'adultère en 1314, elle est emprisonnée à Château-Gaillard. La dissolution du mariage peu après l'avènement de Charles IV lui permit de se retirer comme religieuse à Maubuisson où elle meurt en 1325.
© Collection Roger-Viollet

Les mauvaises femmes

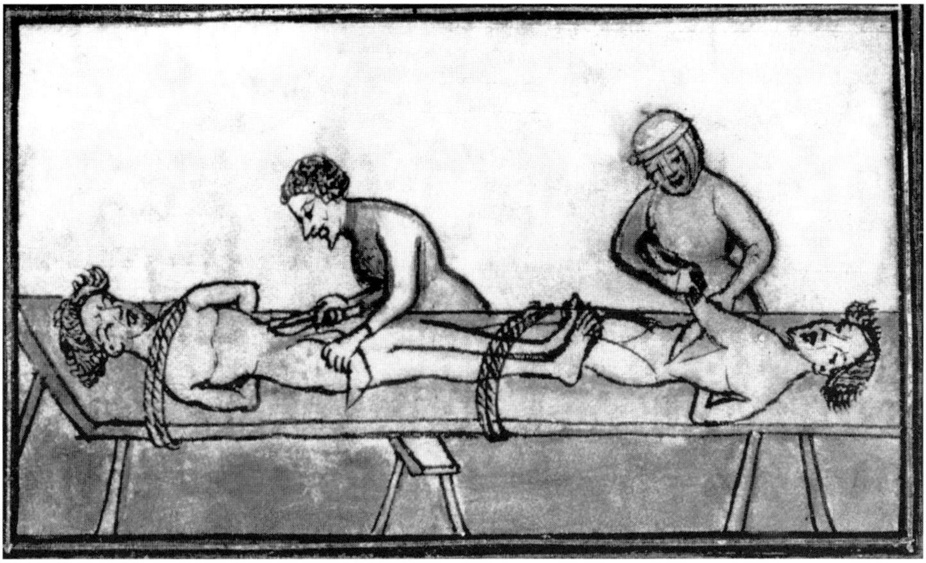

En mai 1314, les trois brus du roi furent accusées d'adultère avec deux chevaliers de l'hôtel, les frères **Gautier**, et **Philippe d'Aunay**. Tous deux furent exécutés sur le champ à Pontoise : écorchés vifs (ce que le peintre montre ici), mutilés, traînés et pendus au gibet. Ces liaisons posaient en fait un problème politique : l'incertitude des filiations. Cette scène ne figure pratiquement jamais dans les chroniques de France mais la *Fleur des chroniques* de l'inquisiteur Bernard Gui n'a pas cette pudeur.

Marguerite de Bourgogne
Elle est la cousine de Jeanne et de Blanche. Fille d'Agnès de France, petite-fille de Saint Louis et sœur d'Hugues V duc de Bourgogne, elle a épousé le futur Louis X. Elle semble avoir eu l'initiative de l'adultère. Condamnée en 1314, elle est comme sa cousine Blanche enfermée à Château-Gaillard, où elle meurt fort opportunément lorsque Louis accède au trône.

L'exclusion des filles de la royauté française se fit en deux temps.
En 1328, lorsque la reine Jeanne d'Evreux (ci-contre) mit au monde une petite fille deux mois après la mort de son époux, le roi Charles IV, dernier des Capétiens. Fallait-il privilégier les fils des femmes (et choisir Edouard III l'Anglais) ou admettre que celles-ci ne faisaient pas pont et planche et choisir Philippe VI, un Valois ?
Le peintre a représenté à la fois une femme en deuil et la fin tragique d'une dynastie en jouant sur le contraste noir/semé de lys.
Enluminure extraite des *Grandes Chroniques de France.*
© Keystone

Ce problème dynastique s'était déjà posé en d'autres termes, à la mort de Louis X. Son enfant posthume, **Jean Ier**, né et mort en novembre 1316, fut enterré à Saint-Denis et compté parmi les rois de France ; sa demi-sœur Jeanne âgée de 4 ans avait l'inconvénient du sexe, de l'âge, voire de la bâtardise. Aucun principe particulier ne fut évoqué pour justifier son éviction. Basilique de Saint-Denis © Lauros Giraudon/Bridgeman Art Library

Les postulants

Philippe, fils de Charles de Valois et Marguerite d'Anjou est le plus proche parent par les hommes. Il a 35 ans et les barons qui le connaissent vont le choisir pour devenir roi. Le peintre insiste sur la légitimité du sacre de Philippe VI où Dieu approuve en quelque sorte le changement de dynastie : les six pairs ecclésiastiques sont tous là, cinq pairs laïcs le sont aussi. L'Anglais Edouard III qui est pair comme duc d'Aquitaine est évidemment absent ! © Cliché Bibliothèque nationale de France

Le mariage d'Isabelle et Edouard II d'Angleterre célébré en 1308 à Boulogne fut rapidement une catastrophe. Isabelle et son amant se débarrassèrent du mari. **Edouard III** succéda à son père, en 1327. Comme neveu du roi défunt, il était mieux placé que Philippe VI pour prétendre au trône de France, mais étranger, trop jeune et pourvu d'une mère encombrante, il ne fit pas l'unanimité. Londres, British Museum © MP/Leemage

La réussite du légiste. Enguerran de Marigny, premier conseiller de Philippe le Bel, fut brocardé dans un roman satirique écrit entre 1310 et 1314, au sein même de la chancellerie royale. Comparé à un cheval fauve gouvernant le royaume au mépris de l'ordre normal des choses,Fauvel/Enguerran préside ici le conseil à la place du roi.

Le châtiment de l'ambitieux. Trop puissant et haï de Charles de Valois, Marigny sera inquiété dès la mort de Philippe IV le Bel. Le 30 avril 1315, il fut pendu au gibet de Montfaucon. Le peintre opte pour un traitement quasi abstrait tant du gibet que du cadavre qui ne fut dépendu que deux ans plus tard, en 1317, sous le règne de Philippe V. Enluminure extraite des *Grandes Chroniques de France*.

Les évènements

L'accession au pontificat de Jean XXII en 1316. Jacques Duèze fut élu pape par les cardinaux après un interrègne de plusieurs mois. Il reçoit ici la bible de son prédécesseur Clément V en présence des cardinaux en Avignon. La papauté passe ainsi de fait sous l'influence du roi de France. Milan, Biblioteca Brera. © Costa/Leemage

Le 11 juillet 1302, la bataille de Courtrai. Les tisserands de Flandres avaient affronté victorieusement la chevalerie française conduite par le comte d'Artois. L'armée française fut piégée dans un fossé creusé par l'adversaire qui conservera des victimes leurs éperons d'or, le scandale fut considérable. La mort tragique de Robert II dont l'étendard bascule dans le fossé ouvre la succession au comté d'Artois, revendiquée à la fois par Mahaut sa fille et Robert III le petit-fils. Enluminure des Grandes Chroniques de Flandres, xve siècle, Paris, Bibliothèque nationale. © akg-images/Jérôme da Cunha

Le temple à Paris
Les Templiers avaient bâti au XIIIe siècle un vaste enclos fortifié au nord de la muraille de Philippe Auguste. Il comprenait un énorme donjon fortifié qui abritait le trésor de France, un prieuré avec une église et le logement du commandeur, un cloître, des celliers et granges. Autour, la ville neuve du Temple est progressivement allotie.
In Paris à travers les âges,
fin xixe siècle. © Selva/Leemage

La Tour de Nesle
Construit à la fin du XIIIe siècle pour le sire de Nesle, l'hôtel occupe le triangle entre la Seine et le rempart de Philippe Auguste sur la rive sud, en face de la Cité. Philippe le Bel l'acquiert en 1308, le donnera à Louis X et Marguerite. Par la suite, Jeanne de Bourgogne l'occupe jusqu'à sa mort. La légende dans la seconde moitié du XVe siècle en fera un lupanar où les jeunes reines attiraient les étudiants pour les séduire avant de les jeter dans la Seine. In *Paris à travers les âges*, fin xixe siècle. © Selva/Leemage

Les lieux

Château-Gaillard. La forteresse avait été construite entre 1196 et 1198 par Richard Cœur de Lion pour protéger la frontière normande. Philippe Auguste s'en empare le 6 mars 1204 ; soldats et prisonniers politiques y séjourneront désormais. A droite, la basse cour, au centre le donjon, à gauche les logis où seront enfermées les brus du roi, Marguerite et Blanche. © Selva/Leemage

En forêt. La chasse est le loisir préféré de Philippe le Bel qui mourut d'un accident en poursuivant un cerf. La rumeur lui reproche d'y passer plus de temps qu'à gouverner. Sport de groupe, sport nobiliaire, la chasse n'est pas que cela : elle symbolise le pouvoir exercé sur le territoire et le droit de disposer de la vie d'autrui. Tallandier © Rue des Archives

Le procès

Robert III d'Artois fut jugé pour les faux qu'il avait fabriqués afin de légitimer ses droits au comté d'Artois, contre Mahaut. Cette image qui est la première représentation connue de la cour des pairs de France est conçue comme un triangle où chacun est à sa place dans la hiérarchie politique. Carpentras, Bibliothèque Inguimbertine.

Les rois vassaux (Jean de Luxembourg et le roi de Navarre). Manque ici le roi d'Angleterre, pourtant vassal du roi de France mais placé à un rang inférieur, parmi les pairs laïcs.

Le roi Philippe VI préside la séance solennelle qui clôt le procès le 6 avril 1332, condamnant l'accusé à l'exil et à la confiscation de ses biens.

Les pairs laïcs, de droite à gauche : Bourgogne, Alençon, Normandie, Bourbon, Guyenne, Flandre, Bretagne, Etampes ; à cette date les pairs laïcs sont au nombre de neuf.

Les avocats du roi et ceux de Robert d'Artois, absent lors de la séance solennelle ! L'accusé se réfugia d'abord chez ses sœurs dans le nord de la France puis en Angleterre auprès d'Edouard III qu'il parviendra à convaincre de revendiquer le trône de France. Ce sera le début de la guerre de Cent Ans !

Les six pairs ecclésiastiques, soit de gauche à droite les évêques de Reims, Laon, Langres, Beauvais, Châlon et Noyon.

Tout comme apparaît manifeste sa volonté de protéger les arts et d'encourager l'enluminure des nombreux manuscrits qu'elle fait copier : chroniques des rois de France, romans de chevalerie ou livres religieux. On la verra d'ailleurs rarement se déplacer sans emporter quelques-uns d'entre eux au cours de ses nombreux voyages.

Nous sommes donc là bien loin de la sorcière décrite par Druon, celle qui fait empoisonner les chandelles de Nogaret, envoie *ad patres* Louis X le Hutin ou son fils, le petit Jean Ier dit le Posthume.

En dressant le portrait d'une Mahaut d'Artois en « veuve noire », le romancier Maurice Druon s'en donne à cœur joie mais trahit quelque peu la vérité historique. Il est vrai que, face à Robert d'Artois, il était tentant d'opposer un personnage de femme masculinisée à l'excès, comme si une telle femme pouvait seule tenir tête à « l'homme aux habits couleur sang de bœuf ».

La « mâle reine boiteuse »

Un autre personnage féminin pose un cas de conscience à ce même Robert d'Artois. Il s'agit de Jeanne de Bourgogne, la femme de Philippe VI de Valois. Le montrant inquiet de son influence sur le roi, Maurice Druon fait dire à Robert ; si « sa mâle boiteuse d'épouse s'appuie sur la Bourgogne, serais-je aussi puissant [2] ? ».

Née vers 1297, fille de Robert II et d'Agnès de France, petite-fille de Saint Louis, Jeanne de Bourgogne a épousé en 1313 Philippe de Valois, le fils de Charles de Valois et de Marguerite d'Anjou à qui elle donnera six enfants.

Devenue reine de France en 1328 et sacrée en même temps que Philippe VI le 19 mai, elle inaugure la dynastie des Valois, étant déjà mère d'un héritier potentiel, le futur Jean II le Bon.

Reine sage, bibliophile avertie, appréciant les traductions d'ouvrages latins en langue vulgaire – le *Miroir historial* de Vincent de Beauvais en est un exemple – , elle va jouer un rôle politique auquel rien apparemment ne la prédestinait. Pour la première fois, en effet – guerre de Cent Ans oblige ! –, une reine de France va exercer la lieutenance du royaume.

Déjà, en 1338, Philippe VI, obligé de se déplacer constamment pour livrer bataille, prend une ordonnance confiant les pleins pouvoirs à son épouse. Huit ans plus tard, en 1346, une seconde ordonnance étend ses capacités en matière d'impôts pour l'année en cours, permettant à la reine Jeanne de trouver des financements pour les armées de Philippe VI et du prince Jean.

Or, le rôle de la reine étant jugé négatif – et d'abord parce qu'il s'agit d'une femme ! –, une « légende noire » qu'a étudiée Anne-Hélène Allirot va se développer autour d'elle au fil du temps.

Plus encore chez les contemporains de Philippe VI que chez Druon, une femme installée à un si haut degré de pouvoir inquiète. Aussi, les chroniqueurs, raillant sa boiterie, accumulent-ils les charges contre elle. Ils en font d'abord une mauvaise épouse. Un maître écuyer de l'hôtel du roi, Philippe de Moustiers, n'hésite pas à critiquer publiquement la reine en 1334 : « Ceste royne est une mauvaise fame, et je sçay bien par qui m'en voudroit croire que elle et le roy seroient départis et il seroit bon à faire. » Jeanne est en outre une mauvaise mère. Elle a accouché successivement de trois fils morts en bas âge. Elle est cruelle. N'a-t-elle pas cherché à envoûter Robert d'Artois, n'exile-t-elle pas de la Cour tous ceux « qui contre son plaisir aloient », obtenant la peine de mort pour ceux d'entre eux qui ont le malheur de se dresser contre sa volonté ?

L'influence de Jeanne, enfin, est excessive. N'a-t-elle pas pour secrète ambition de se substituer au roi ?... Dans quel but ? Celui de satisfaire sa propension à la cruauté et d'assouvir ses haines aux dépens du bien public ?

Les chroniqueurs n'ont pas de mots assez durs pour qualifier cette femme investie d'un pouvoir qu'ils ne reconnaissent pas pour légitime. Entre les mains d'une « diablesse », fût-elle la reine de France, une « mauvaise fame », « crueuse », « mâle » – c'est-à-dire cherchant à jouer le rôle d'un homme –, ce pouvoir ne peut être que contraire à l'ordre des choses. Sa difformité physique n'est pas loin d'évoquer, en outre, quelque signature maléfique.

Comme le fait observer Anne-Hélène Allirot, Jeanne de Bourgogne fut pourtant « un auxiliaire essentiel du pouvoir en son temps. Mais, la lieutenance qu'elle a exercée dans une période troublée a laissé un souvenir très négatif. La légende noire que les chroniqueurs ont construite à son sujet leur permet de critiquer le rôle nouveau de régentes octroyé aux reines au tournant des XIVe et XVe siècles. Cette légende noire condense un vaste imaginaire disponible à la fin du Moyen Age quant au pouvoir des femmes, au pouvoir d'influence et à l'usurpation du pouvoir ».

Faut-il dès lors s'étonner que, dans *Les Rois maudits*, les femmes ne se taillent pas la part du lion ?

8

Crimes et sorcellerie

Parmi les femmes dont nous venons de parler, quelques-unes pourraient de toute évidence être qualifiées de sorcières. Béatrice d'Hirson, ou encore Jeanne de Divion et Isabelle de Feriennes – qui mettent leurs talents au service de Mahaut ou de Robert d'Artois – représentent la face obscure de la gent féminine. Seul Evrard, dont Druon fait un ancien Templier reconverti par vengeance dans la magie noire, pourrait à la rigueur figurer à leurs côtés.

Les philtres magiques, les poisons, les figurines de cire qu'on envoûte, demeurent en effet les supports indispensables des passions criminelles qui agitent plusieurs des personnages campés par le romancier. A vrai dire, on a même parfois l'impression que la magie et la sorcellerie – les deux termes ne sont pas synonymes – sont pour eux des pratiques naturelles, intégrées aux mentalités du temps.

Sur ce point, Maurice Druon ne se trompe pas vraiment. Il est même loin de faire le tour de la question qu'il n'aborde bien sûr que par le biais des événements concernant strictement ses héros.

Jusqu'au XIIIe siècle, la sorcellerie n'est pourtant pas la « grande affaire » du Moyen Age. Nous sommes encore très loin de l'épidémie de procès qui sévira au XVIIe siècle, très loin de l'affaire des poisons qui, sous Louis XIV, gâchera les nuits du lieutenant de police La Reynie.

L'Eglise – la pratiquant à ses heures – se montre même d'une relative indulgence pour tout ce qui concerne la magie traditionnelle. Beaucoup moins en ce qui concerne les pratiques de sorcellerie proprement dites, celles qui visent à invoquer les démons ou nuire à autrui. Jusqu'au XIe siècle, elle pense même que les phénomènes diaboliques ne sont dus qu'à l'imagination des sorciers. « Le meilleur moyen, recommande Jean de Salisbury, évêque de Chartres au XIIe siècle, c'est de s'en tenir fermement à la foi, de ne pas prêter l'oreille à ces mensonges et de ne point arrêter son attention sur d'aussi pitoyables folies. » Grégoire VII, au siècle précédent, parle bien de sorcières au prince de Danemark parce qu'elles sont accusées dans son pays de provoquer des épidémies, mais c'est pour lui enjoindre de ne pas les condamner, l'accusation relevant selon lui de croyances populaires, hélas, profondément enracinées.

Cette méfiance teintée d'ironie envers la sorcellerie est d'ailleurs bien antérieure à cette époque. Un capitulaire de Charlemagne ordonne que « personne n'interroge les devins, ni commente les songes, ni s'occupe d'augures, qu'il n'y ait ni sorciers ni enchanteurs ni pythonisses, fabricants de philtres, faiseurs de tempêtes ou de ligatures [sexuelles]. Partout où il s'en trouvera, qu'ils se corrigent ou soient châtiés. Quant aux cérémonies faites par certains imbéciles auprès des pierres, des arbres ou des sources, elles doivent être supprimées partout ».

A cette époque et jusqu'au XIIIe siècle, les condamnations sont rares. A partir de la création de l'Inquisition en 1220, la croyance aux pouvoirs de la sorcellerie se répand en revanche dans toute la société. On commence à se préoccuper de définir plus précisément les crimes de magie et de sorcellerie. L'Eglise se réserve alors le jugement de la seule sorcellerie hérétique. Pour le reste, l'ambiguïté du sujet en fait un « crime mixte » relevant à la fois des tribunaux ecclésiastiques et séculiers.

Même Thomas d'Aquin, le « docteur angélique », se montre circonspect. Il évoque surtout la magie rituelle ou cérémonielle. Il rappelle le pacte avec les démons, explicite – au moyen de conjurations – ou tacite. Mais pas un mot sur le *maleficium*, les pratiques utilisant des animaux ou la chair de cadavres, le « mauvais œil » et autres choses de cette nature. Tout au plus se permet-il de revenir sur le commerce sexuel avec les démons – incubes et succubes – ou sur la possibilité qu'ont ces derniers de rendre un homme impuissant auprès de sa femme légitime, ne faisant là que reprendre des thèmes connus depuis fort longtemps.

Les peines que doivent encourir magiciens et sorciers sont elles-mêmes très mal définies. En 1230, un traité passé entre les princes d'empire et Henri VI nous apprend ainsi que « les hérétiques, le enchanteurs, les maléfiques quelconques, convaincus et arrêtés, seront punis de la peine due, au gré du juge ».

Laquelle ? Rien n'est suggéré, encore moins précisé à cet égard.

En réalité, la question ne va se poser sérieusement qu'en cette fin du Moyen Age, dans une société en crise et qui se cherche désespérément des boucs émissaires.

Magie, astronomie et astrologie

Au début de ce XIVe siècle, magie et astronomie – astrologie et astronomie ne sont pas encore dissociées – sont devenues des savoirs intégrés et organisés.

L'astronomie est enseignée à l'Université de Paris, à la faculté des arts. Les traductions de manuscrits grecs et arabes ont fortement développé la connaissance en Occident des planètes et de leurs positions. A l'heure où s'imposent l'astrolabe et l'équatoire, des tables astronomiques – dites de Tolède – circulent un peu partout qui permettent de monter des thèmes de nativités et d'en déduire les événements futurs à partir des données de naissance, ou de se livrer à des prédictions annuelles.

L'Eglise a besoin de ces tables. C'est grâce à elles qu'elle peut établir le calendrier des dates liturgiques importantes : Pâques et autres fêtes mobiles. Le ciel est un livre dans lequel il n'est pas interdit de lire puisqu'il ne fait que traduire la grandeur et la gloire de Dieu comme celle des princes. Les mages qui se laissèrent guider par les étoiles jusqu'à la grotte où naquit le Christ n'étaient-ils pas déjà astronomes ?

L'Eglise ne juge pas non plus contraire à son enseignement le fait que les médecins recherchent les correspondances entre les astres et l'horloge biologique de leurs patients.

Des limites existent cependant qu'il importe de ne pas franchir. Selon l'adage que reprend à son compte Thomas d'Aquin, « les astres inclinent mais ne contraignent pas ». En dernier recours, c'est Dieu qui décide. Sa suprême volonté ne saurait rencontrer d'obstacles. Ainsi, les phénomènes astronomiques peuvent constituer des signes – favorables ou défavorables –, ils ne dispensent pas l'homme de sa liberté de choix, et donc de sa responsabilité en tant qu'être pécheur destiné à faire son salut.

On s'en doute, cette conciliation entre foi et déterminisme n'est pas sans poser quelques problèmes, et la limite entre l'occulte et le licite demeure assez floue.

Pour ce qui est de la magie, l'Eglise la rapproche des croyances de l'Antiquité (consultation des morts ou des démons, augures, pythonisses) et des superstitions populaires. Toutefois, elle se montre là encore relativement modérée. Elle considère par exemple qu'il n'est pas mauvais en soi de connaître les propriétés des herbes ou des plantes, même si celles-ci ne figurent pas dans son herbier.

La magie rituelle, en revanche, celle qui a trait à l'invocation des démons pour en obtenir des réponses à des questions sur le futur ou un appui dans des entreprises terrestres, est plus explicitement condamnée.

En résumé, le XIVe siècle considère qu'il existe essentiellement deux sortes de magiciens : primo, des savants – médecins ou clercs – qui, marginaux ou trop médiocres pour réussir dans leur art, cherchent une autre voie en pratiquant une magie rituelle appuyée sur les textes hébreux et arabes ; secundo, des « simples » – villageois ou femmes du peuple – qui connaissent les propriétés des plantes et en usent pour soigner, protéger leur communauté ou envoûter leurs ennemis. Seule la première catégorie fait parfois l'objet de persécutions, encore celles-ci sont-elles bien molles à l'époque qui nous concerne.

Là où les paysans ne se soucient guère que de leur santé, de leur virilité, de leurs récoltes ou de conclure un beau mariage, la « clientèle » noble, ecclésiastique et même pontificale a d'autres préoccupations : rechercher l'appui des princes, se protéger contre les assassinats, remporter la victoire sur un champ de bataille, avoir gain de cause dans un procès, découvrir un trésor ou connaître la meilleure date de fondation pour une ville.

Progressivement, dans la seconde moitié du XIIIe siècle, va donc se mettre en place une sorte de norme qui distingue entre ce qui est licite et ce qui ne l'est pas. Sont ainsi interdits tout ce qui relève de la divination ou d'un pacte avec le démon, les sortilèges et maléfices qui ont pour but de nuire à autrui. Mais ce n'est qu'au début du XIVe siècle que commencent d'être déclarées hérétiques la plupart des pratiques magiques et qu'elles s'exposent à être poursuivies par l'Inquisition. Le médecin Cecco d'Ascoli en paiera tout le prix en montant sur le bûcher en 1327. Seule l'astronomie, en devenant une science respectable, échappera à ces condamnations.

Encore faut-il établir là quelques distinctions.

Les phénomènes météorologiques, par exemple, sont l'objet de la plus grande attention. Les intempéries des années 1315-1316, sous le règne de Louis X – « l'ost boueux » de la guerre des Flandres –, la grande famine de 1316 que décrit si bien Druon sont une réalité. De même, l'éclipse qui marque la mort de Philippe le Bel. Des phénomènes identiques ne se sont-ils pas produits lors de la mort du Christ ou de Philippe Auguste ? Phénomènes solaires, donc phénomènes de rois ! La comète de 1315-1316 qu'attend si impatiemment Louis X est attestée par les chroniques [1].

Tous ces phénomènes climatiques ou célestes sont liés à des changements dans le destin des rois et des peuples. Pour Isidore de Séville, aux famines, pestilences, et aux guerres. Pour Bède le Vénérable, elles annoncent « les mutations de royaume et de seigneurie ».

Les astronomes-astrologues sont d'ailleurs régulièrement consultés par les princes. Louis X, chez Druon, a le sien : maître Martin, un clerc expert en « sciences orientales » et dont l'envoyé du roi de Majorque signale en effet la présence à l'enterrement de Philippe IV [2]. L'horoscope dressé pour Louis X nous a d'ailleurs été conservé.

Le cas d'Isabelle de Feriennes qui témoigne contre Mahaut d'Artois à son procès en sorcellerie et se proclame « vaticinatrice » est, semble-t-il, quelque peu différent, et nous ignorons quel est le mode de divination utilisé par elle.

Ces astrologues que l'on trouve dans l'entourage des rois de France ne se rencontreront régulièrement que dans la seconde moitié du XVe siècle, c'est-à-dire bien tardivement par rapport à ceux qui fréquentaient les cours italiennes. Sans doute parce qu'ils sont encore quelque peu suspects aux yeux de l'Eglise.

Ainsi, le calcul des jours fastes et néfastes est toujours condamné. Il consiste à calculer la meilleure date possible pour commencer une guerre, convoquer une assemblée, se faire sacrer ou engendrer un héritier mâle. C'est pourtant à la suite de ce genre de calculs que Philippe le Bel jugera néfastes toutes les années en 14 ou que le pape

Jean XXII choisira la date du 5 septembre pour toutes ses cérémonies d'intronisation.

On le voit, les distinctions entre magie, astrologie et astronomie sont encore assez floues. Elles ne vont pas tarder cependant à prendre un caractère nettement plus dramatique. En attendant la grande épidémie de sorcellerie du XVIIe siècle, la France des derniers Capétiens va connaître une série d'événements qui vont l'obliger à s'interroger sur le bien-fondé et l'efficacité de ces pratiques.

Les techniques du mal

Pour ce qui est des philtres d'amour – celui que Mahaut d'Artois fait absorber au comte de Poitiers dans du vin d'hypocras afin qu'il se rapproche de sa femme Jeanne –, la pratique en est courante et même banale au Moyen Age. La littérature médiévale est remplie d'allusions à ces philtres. Tristan avale par mégarde un philtre préparé pour son oncle, le roi Marc, et il tombe amoureux de la belle Iseut.

Ici, le procédé attesté par la déposition d'Isabelle de Feriennes est fort simple : le sang de Jeanne, des herbes (verveine, amourettes et livèche), le tout brûlé avec du bois de frêne pour obtenir une poudre grisâtre, et mélangé à du vin.

Ces ingrédients sont loin d'être les seuls. Dans d'autres recettes, on trouve des cheveux, des rognures d'ongle ou des plumes de tourterelles.

Autre méthode – beaucoup plus sévèrement condamnée – celle de l'envoûtement. En ce cas, il s'agit toujours d'agir à distance sur une personne en concevant une image d'elle, si possible à sa ressemblance, et en la blessant symboliquement.

Le procédé est fréquemment évoqué dans les procédures judiciaires au début du XIVe siècle. Le mot « voult » (visage) y apparaît en remplacement du mot « imago » utilisé auparavant. L'image peut être en bois ou en métal, mais le plus souvent – pour des raisons pratiques –, c'est en cire qu'elle est fabriquée.

Le procédé est plus long et plus complexe que pour la préparation d'un simple philtre. Il met également en cause plusieurs personnes, ce qui fait craindre des fuites éventuelles, notamment de la part du cirier et du sculpteur de la figurine. S'il s'agit d'un roi, le « voult » doit porter une couronne, un chapeau s'il s'agit d'un prince de l'Eglise. Le symbolisme est ici plus important que la ressemblance physique. A la cire sont, en outre, incorporés des ingrédients supplémentaires dont certains, rares et difficiles à se procurer : de la poudre de langue de pendu par exemple. Béatrice d'Hirson ne va-t-elle pas se procurer auprès des bourreaux de Pontoise la langue d'un des frères d'Aunay après leur supplice [3] ? La figurine doit ensuite recevoir un nom (copié sur un parchemin vierge) puis être bénie et même baptisée selon un rituel qui exige non seulement du sel et de l'eau bénite, mais un parrain, une marraine et un prêtre célébrant le rite, si possible dans une église.

L'image de la victime une fois obtenue, il suffit alors de prononcer les incantations nécessaires, puis de la piquer à l'endroit qu'on veut atteindre, à la nouvelle lune ou une fois par semaine, les lundi, mercredi et vendredi de préférence. La personne visée tombe alors malade ou meurt dans des souffrances atroces.

Les incantations utilisent souvent les textes bibliques eux-mêmes et non des prières spéciales. Le psaume 108 est l'un d'entre eux. On peut y lire ces paroles qu'on imagine sans peine dans la bouche de nos sorciers-magiciens :

Suscite contre lui le méchant,
Que se dresse à sa droite l'accusateur,
Du jugement qu'il sorte coupable,
Que sa prière soit tenue pour péché !

Que les jours lui soient écourtés,
Qu'un autre prenne sa charge,
Que ses enfants deviennent orphelins
Et sa femme une veuve !

Ses fils, qu'ils errent et qu'ils errent,
Qu'ils mendient et qu'on les chasse de leurs ruines,
Que l'usurier rafle tout son bien,
Que l'étranger pille son revenu !

A l'inverse, lorsqu'il s'agit de désenvoûter, on prononcera par exemple le prologue de l'Evangile selon saint Jean.

Maurice Druon évoque deux de ces affaires d'envoûtement. La première est celle de l'épouse d'Enguerrand de Marigny, Alips de Mons, suspectée d'avoir voulu fabriquer des poupées de cire pour envoûter le roi, les princes et Charles de Valois. Les documents, hélas, ont été perdus, et l'accusation, très vague, ne provient que de chroniques favorables à son pire ennemi, Charles de Valois.

L'autre affaire est celle du cardinal Caetani, le neveu de Boniface VIII qui aurait tenté d'envoûter Louis X le Hutin pour venger la mémoire de son oncle. Maurice Druon l'évoque en détail. Mais il n'est pas sûr que les deux magiciens impliqués dans l'affaire et qui auraient pratiqué le rituel d'envoûtement pour le compte du cardinal – Girard qui se fait passer pour un certain Jehan du Pré et Evrard, amant de Béatrice d'Hirson chez Druon – aient été des Templiers. Les aveux de ce dernier laissent plutôt penser qu'il s'agit d'un clerc à la dérive et qui aurait échoué en Avignon. Les textes évoquent des origines identiques à celles de Jacques de Molay – le diocèse de Langres. On mentionne qu'il fut « du conseil des Templiers », mais l'expression est trop vague pour en tirer la moindre conclusion. Le seule certitude est que, l'ordre du Temple abattu et son souvenir encombrant toujours les esprits, on avait intérêt à lui faire porter une fois de plus la responsabilité d'une affaire pour le moins scabreuse.

Le « boucon italien »

La pratique de l'empoisonnement, en revanche, est omniprésente dans la saga des *Rois maudits*. Mahaut d'Artois, aidée par Béatrice d'Hirson et Isabelle de Feriennes, est expressément désignée comme une empoisonneuse. Elle fait empoisonner les chandelles de Nogaret, elle assassine Louis X le Hutin avec des dragées empoisonnées, elle occit le petit Jean Ier en lui essuyant les lèvres à l'aide d'un mouchoir imprégné de poison.

Le poison est partout.

Qu'en est-il réellement ?

Le crime d'empoisonnement est pourtant ignoré de la législation royale. Il ne fait l'objet d'aucun article spécifique ni d'aucune condamnation particulière. Il n'est pas ignoré, simplement il « ne constitue pas une incrimination spécifique. Son identité paraît évanescente. Il en va, au Moyen Age finissant de l'empoisonnement criminel comme du meurtre dont il est d'ailleurs une forme : c'est une catégorie en voie de distinction mais encore loin d'être constituée clairement face à l'*homicidium* et au *maleficium* [4] ».

D'où viennent ces poisons ? De l'Orient lointain. De l'Asie d'abord : de l'Inde, de Chine, de Malaisie. Là-bas, s'il faut en croire certains auteurs, le sol dégoutte de poison, les arbres aussi en produisent à foison. C'est de ces contrées maléfiques que viendront bientôt, dans l'imaginaire médiéval, les terribles fruits qui empoisonneront la chrétienté lors de la grande peste de 1348.

Le monde musulman, la Perse, le royaume des Turcs, passent pour des lieux hautement « toxiques ».

L'Europe n'est pas épargnée non plus. On dit « figues d'Espagne » ou « boucon italien » pour parler du poison.

La Toscane et la Lombardie ont une réputation bien établie. L'Espagne également, tenue pour siège éminent de la magie et de l'alchimie. Ne parle-t-on pas de « l'art de Tolède » ?

Tous ces ingrédients, on les trouve évidemment là où se concentrent, pour les besoins de leur art, médecins, chirurgiens, et pharmaciens. Les apothicaires en disposent aisément. On trouve dans leurs inventaires des produits tels que le vif-argent (mercure) le réalgar ou l'arsenic, qui ne sont pas utilisés qu'à des fins thérapeutiques. Le développement du commerce, des voies d'échange, et aussi une certaine médicalisation de la société, favorisent la diffusion de ces poisons. Dans toutes les grandes villes, les apothicaires sont des fournisseurs potentiels des sorcières et envoûteurs. Au point qu'en 1326 le concile d'Avignon précise que, désormais, la délivrance de tout produit toxique devra être signalée à la cour ordinaire de l'évêque afin que leur acheteur puisse être identifié et éventuellement retrouvé.

L'utilisation répandue du terme « enherbé » pour dire « empoisonné » laisse toutefois penser que la base de la plupart des préparations magiques est d'origine végétale. L'aconit, encore appelée « herbe à vaudois », ou l'ellébore font partie des plantes les plus couramment utilisées.

La fin du Moyen Age paraît également marquer une préférence pour les minéraux.

D'autres substances passent pour toxiques : poils, ongles, cheveux, restes de pendus, os grillés et pilés de jeunes enfants, chair morte, sang menstruel. Ce dernier est considéré comme un ingrédient essentiel, « plus malvaiz et dangereuz que venin de serpent ». Le sang et les humeurs des lépreux font également d'excellents toxiques.

Tout cela s'administre généralement sous forme de poudre ingérée avec des aliments ou une boisson. Tel le gobelet de vin d'hypocras que Mahaut d'Artois fait boire à son gendre, le futur Philippe V, pour qu'il renoue avec sa fille Jeanne qui doit monter sur le trône. On préfère ces poudres blanches ou grises, de manière à les confondre avec du poivre. A cela, il faut encore ajouter pommades et onguents mais aussi des objets médicaux (clystère, lancette à saignée) ou vestimentaires (tunique, ceinture, mouchoir). La voie d'intoxication par le toucher, en effet, n'est pas à négliger. Une nappe d'autel que l'on baise fait aussi bien l'affaire qu'une poudre mélangée à du vin.

Ces empoisonneurs sont enfin, et surtout, des empoisonneuses. Le cas de Mahaut d'Artois chez Druon est éminemment symbolique. « La toxicité du sang menstruel est la traduction naturelle de l'essence vénéneuse de la femme dont l'activité séductrice envenime l'homme au propre comme au figuré [...] Sa connaissance des secrets de la nature ainsi que sa fragilité qui l'expose plus que l'homme aux tentations de “ l'ennemi ” paraissent la conduire fatalement à l'usage du poison. La malignité toxique du sexe féminin est un thème très répandu, littéral ou métaphorique. Les clercs sont évidemment les premiers à l'agiter [5]. » Au XIIe siècle, l'évêque de Rennes ne craint pas ainsi d'assimiler sorcières, avorteuses et empoisonneuses.

Paradoxalement, si les empoisonneuses sont presque toujours des femmes chez Druon, les archives les montrent largement minoritaires parmi les accusés d'empoisonnement.

L'idée de la « femme sorcière et empoisonneuse » semble donc relever davantage de l'imaginaire médiéval et du fantasme que de la réalité factuelle.

En pays de sorcellerie

Le règne des derniers Capétiens offre l'exemple d'une dynastie en péril. Et c'est dans un climat délétère que vont se succéder en moins de quatorze ans trois monarques qui, tous, mourront sans descendance mâle.

Force est de constater qu'au début du XIVe siècle l'accusation de magie ou de sorcellerie devient en France

– et en France presque exclusivement – partie prenante de tous les grands procès politiques. La tendance faiblissant à partir des débuts de la guerre de Cent Ans.

Les tensions existant entre le pape et la monarchie capétienne, entre le roi et une partie de son clergé, en sont l'une des causes principales.

Tout commence avec Boniface VIII. Accusé par Philippe le Bel et ses légistes d'avoir intrigué par tous les moyens pour obtenir le trône de Saint-Pierre, il est soupçonné d'avoir à cet effet usé de magie et de sorcellerie.

On raconte ainsi qu'il « a un démon privé, dont il prend en tout point conseil en toute matière. Si bien qu'il dit en une occasion que si tous les gens du monde étaient dans une région, et lui dans une autre, ils ne seraient pas capables de le prendre au piège, que ce soit en droit ou en fait ; chose qui ne serait pas possible sans l'usage de l'art démoniaque [6] ».

Non content d'avoir un ou plusieurs démons à sa disposition qui font trembler le sol de sa chambre lorsqu'il s'entretient avec eux (!), Boniface VIII porte au doigt une bague dans laquelle ses ennemis affirment avoir vu se réfléchir l'image d'un homme ou d'un animal. Comme le fait remarquer Norman Cohn, ne s'agit-il pas plutôt d'une bague ornée d'une pierre talismanique portant l'image d'un Dieu romain – Jupiter ? – avec des traits d'animaux ?

D'autres témoignages le montrent dans les jardins du palais de Viterbe, traçant une nuit un cercle sur le sol avant de s'asseoir dedans et d'y produire « un coq ainsi que du feu qui brûlait dans un vase en terre ». Après quoi le futur pape – il n'était alors que notaire apostolique de Nicolas III – aurait tué le coq et répandu son sang sur le feu en récitant des conjurations.

Il est possible que Boniface VIII se soit livré, comme tant d'autres prélats, à des expériences quelque peu hors du commun. Toutefois, nous sommes en 1310, et à l'heure où se multiplient ces accusations, Nogaret l'excommunié espère toujours voir la mémoire du pape défunt jugée officiellement par son successeur, Clément V.

Le procès de Guichard, évêque de Troyes, en pleine affaire des Templiers, apparaît lui aussi comme une pure manœuvre politique. Riche et puissant, arrogant et autoritaire, Guichard qui, sans doute, ne menait guère une vie édifiante en regard des normes définies par l'Eglise, s'était fait bien des ennemis en Champagne. On l'accusa bientôt de malversations financières et on le dénonça à la reine Jeanne de Navarre, l'épouse de Philippe le Bel.

L'affaire était une aubaine à l'heure où le Capétien souhaitait faire pression sur la papauté pour en finir avec l'ordre du Temple. Après avoir innocenté Guichard, Clément V, sur la foi de nouvelles dénonciations, dut ouvrir un procès. Un ermite n'était-il pas venu jusqu'à Sens pour l'accuser de pratiques de sorcellerie et de tentatives d'empoisonnement sur la personne de Charles de Valois, des princes et même du roi Louis X ?

Comme par hasard, Guichard de Troyes fut peu après accusé des mêmes crimes que les Templiers. Hérétique, sodomite, il avait eu un enfant d'une religieuse qu'il avait ensuite assassinée. Il pratiquait l'usure, méprisait les sacrements, crachait sur la croix !

Guichard de Troyes nia tout en bloc ou presque. Le procès s'enlisa. Etant devenu sans objet après la chute du Temple, il fut décidé de remettre l'inculpé en liberté. L'affaire, en réalité, avait été menée depuis le début par le successeur de Guichard dans les faveurs de la reine Jeanne de Navarre, Simon Festu, archidiacre de Vendôme, ainsi que par un certain Noffo Dei, homme d'affaires italien avec lequel il avait partie liée. La confession de Noffo Dei, peu avant sa pendaison, effaça tout.

Le cas des Templiers est évidemment le plus typique de ces procès politiques qui assombrissent le règne des « rois maudits ». Il montre bien à quel point la sorcellerie et les pratiques magiques sont devenues un argument décisif associé à toute condamnation. Il suffit de les évoquer sans même apporter de preuves flagrantes pour semer le doute dans l'esprit des tribunaux ecclésiastiques ou séculiers.

L'incohérence des dépositions templières plaide d'ailleurs en faveur des frères de l'Ordre. L'accusation d'idolâtrie en est le meilleur exemple. Où est donc passé ce fameux « Baphomet », cette « tête d'homme barbu » ou même cette « tête de chat » que les Templiers sont censés adorer ? Les dépositions varient sans cesse. Nulle part, surtout, on ne trouve trace de cette terrifiante idole. Tout ce que les agents royaux découvriront dans les maisons du Temple, c'est un reliquaire en forme de buste de femme tel qu'il était fréquemment utilisé dans des cultes rendus à une sainte ou à une martyre.

Mais, pour abattre l'Ordre, rien ne sera trop odieux. Ainsi, non content de cracher sur la croix, il faudra que les Templiers l'aient foulée aux pieds et uriné dessus, qu'ils aient renié la Vierge Marie et tous les saints, copulé entre eux, avec des jeunes filles, et oint leur idole avec de la graisse tirée de cadavres d'enfants rôtis à la broche !

« Nous sommes là sur un terrain familier, constate Norman Cohn. Manifestement, les charges retenues contre les Templiers sont une simple variante des accusations précédemment portées contre divers groupes hérétiques, réels ou imaginaires [7]. »

En réalité, la multiplication de ces procès traduit la nécessité, dans une société en crise, de désigner des boucs émissaires qui focaliseront ses angoisses. Puisque les Capétiens meurent prématurément et sans descendance mâle, que la famine sévit dans le royaume, que la guerre de Flandre s'enlise, que la monnaie est déstabilisée, que la guerre avec l'Angleterre se profile, il faut trouver des responsables. Ceux-ci sont tout désignés : minorités impopulaires telles que Templiers, Juifs, Lombards, lépreux, pris ensemble dans un vaste complot imaginaire ou isolément ; particuliers sur lesquels une ascension trop rapide ou des ambitions démesurées (Marigny, Mahaut d'Artois) font peser la suspicion de pratiques diaboliques. Comment un simple chevalier tel que Marigny peut-il gravir en effet toutes les marches du pouvoir jusqu'à gouverner le royaume « en lieu et place du roi » sans avoir eu recours à des procédés répréhensibles ? Comment une simple femme, fût-elle de haut lignage, telle que Mahaut d'Artois, peut-elle être comtesse-pair de France et soutenir la couronne, comme un baron, au sacre du roi Philippe V ? Autant de questions qui semblent alors n'appeler qu'une seule réponse : par moyens de sorcellerie.

Ainsi, en 1314, la famille d'Enguerrand de Marigny se voit accusée d'avoir voulu envoûter le roi et les princes. Prétexte facile sans doute à une condamnation, mais qui suffira à expédier Marigny à Montfaucon.

Ainsi, en 1316, lorsqu'on voit la main de Mahaut d'Artois dans la mort prématurée de Louis X le Hutin, empoisonné, affirment ses accusateurs, avec un mélange de poudre d'encens, de fleur de froment, de queue de couleuvre et de crapaud pulvérisé. Il faudra un procès conduit par Philippe V lui-même pour la disculper totalement. Le roi reconnaîtra pour sa part que, même si on lui avait fait absorber un philtre pour l'obliger à renouer avec sa femme, Jeanne, le procédé avait échoué car il n'avait « ressenti aucun redoublement de tendresse pour elle » à cette époque. Un arrêt solennel du Parlement confirmera, le 9 octobre 1317, l'innocence de Mahaut.

Ainsi, en 1316-1317, lorsque l'évêque de Cahors Hugues Geraud, accusé d'avoir voulu envoûter le pape Jean XXII, est brûlé vif sur l'ordre du pontife.

Les papes d'Avignon ne sont pas les derniers, en effet, à recourir à ce type d'accusations pour arriver à leurs fins.

En 1320, Jean XXII, troublé par les rapports qui lui parviennent au sujet de la formidable diffusion des pratiques « hérétiques » au sein même de la cour pontificale, réunit un consistoire spécial qui s'efforce de clarifier la situation. Sont définitivement jugés condamnables tous procédés visant à entrer en relation avec des démons pour en obtenir les faveurs, tout pacte passé avec eux, toute technique destinée à se les attacher au moyen d'objets rituels (miroirs, bagues, ampoules). La bulle *Super illius specula* précise même que les chrétiens qui se livreraient à ces rituels ont huit jours pour les abandonner et remettre tous livres et écrits concernant la magie aux autorités ecclésiastiques, faute de quoi ils s'exposeront à l'excommunication, voire même à des condamnations plus terribles encore.

Cette mesure n'empêche nullement, on l'a vu, Jean XXII d'accuser Hugues Geraud d'avoir voulu l'assassiner par le poison et le *maleficium*, avant de le faire torturer, flageller et brûler vif. Il en condamnera d'autres. En 1326, ce seront à Agen deux clercs et un laïc, accusés d'avoir invoqué des démons afin de provoquer des tempêtes de grêle et de tuer des hommes.

Obsédée par le poison et les maléfices de toutes natures, la société capétienne des années 1300-1330 évolue ainsi dans un climat étrange. Profondément chrétienne, elle n'hésite pas à recourir au pire bric-à-brac de l'occultisme pour justifier les malheurs qui s'abattent sur elle. Bientôt, dès le XIVe siècle, se forgera ainsi dans les esprits la légende des « rois maudits », une formule légendaire propre à assumer toutes les failles d'une société en pleine mutation.

9

Avignon, nouvelle Babylone ou Terre promise ?

Face au pouvoir des Capétiens, le pouvoir du pape. Face au Paris du palais de la Cité, la ville sainte de Rome. Face à l'Eglise, le gouvernement du roi de France.

Les rôles semblaient jusque-là précisément définis, répartis, équilibrés.

C'est avec la querelle Philippe le Bel-Boniface VIII que s'est trouvé menacé cet équilibre entre pouvoir spirituel et pouvoir temporel.

La mort prématurée du Saint-Père au mois d'octobre 1303 ne met pas fin aux hostilités. Tenace, Philippe le Bel voudrait démontrer qu'il a eu raison d'intervenir de façon musclée à Anagni. Aiguillonné par Nogaret qui, dans l'affaire, a été excommunié, il souhaite un procès *post mortem* de Boniface [1]. Clément V, lui, pour l'honneur et la tranquillité de l'Eglise, tient par-dessus tout à l'éviter. La suppression de l'ordre du Temple sera l'un des enjeux majeurs de cet affrontement entre royauté et papauté.

Pape bordelais, sa fibre n'en demeure pas moins française plus qu'italienne. Elu, il s'apprêtait à franchir les Alpes quand Philippe le Bel l'a convaincu de se faire sacrer à Lyon, le 14 novembre 1305. La maladie et les développements inattendus de l'affaire du Temple ont fait le reste. Après avoir voyagé de Bordeaux à Bourges, de Cluny à Poitiers et de Nevers à Limoges pendant des mois, il a fini, en 1309, par se fixer en Avignon en attendant la réunion du concile de Vienne. Les services de la curie romaine, eux, se sont installés à Carpentras.

Pourquoi Avignon ? Parce que la ville est propriété de la maison d'Anjou-Sicile qui règne sur Naples et qui est vassale de l'Eglise de Rome, parce qu'elle est proche du royaume de France à l'époque où Philippe le Bel est le principal interlocuteur de la papauté, parce que Avignon se trouve à un jet de pierre du Comtat Venaissin, lui-même possession du Saint-Siège depuis 1274.

L'installation de la papauté en Avignon [2] sous son pontificat serait-elle néanmoins un choix délibéré de la part de Clément V ? Oui et non. La Ville éternelle est en effet le théâtre de violents combats entre les grandes familles romaines, et il n'est guère facile d'y exercer une charge aussi lourde en toute sérénité. Sous prétexte de luttes entre les guelfes, partisans de l'Eglise, et les gibelins, partisans de l'empereur, Rome est devenue un coupe-gorge.

Cette fixation momentanée – elle durera jusqu'en 1376 – du Saint-Siège dans le sud de la France peut néanmoins s'interpréter de diverses manières, et les historiens sont loin d'être unanimes sur le sujet. On peut y voir une marque d'attachement à la France de la part de Clément V – sa crainte de retourner en Italie aussi – ou le triomphe de la politique du Capétien qui, désormais, tient la papauté sous sa botte.

Le choix d'Avignon est également stratégique. Un massif rocheux surplombant le Rhône, une vaste plaine favorable à la culture du blé et de la vigne, avec ses canaux, ses moulins, ses ateliers. « Un château fort, des remparts protégeant un réseau serré de maisons basses ; çà et là, quelques tours fortifiées, des traces de ruines romaines, des églises, des couvents [...] Une ville de cinq à six mille habitants, tassée au pied de cette muraille protectrice, le rocher des Doms. A son sommet, trois forteresses de pierre, le château des anciens seigneurs féodaux, la cathédrale et le palais de l'évêque. Des rues tortueuses qu'on appelait “ des carrières ”, bordées d'habitations aux ouvertures étroites, pour préserver hommes et bêtes des chaleurs torrides de l'été, des rigueurs de l'hiver et de ce vent d'enfer... le mistral [3] ! »

Au XIIe siècle, Avignon était déjà une « ville libre », disposant d'un sceau et d'une monnaie qui lui étaient propres. Ville marchande très active et qu'un pont de pierre majestueux, dit Pont Bénezet – du nom de l'ermite qui l'aurait construit au XIe siècle –, soutenu par vingt-deux arches, reliait à l'autre rive du Rhône, elle abritait également plusieurs ports pouvant accueillir la batellerie fluviale Disposant d'une possibilité d'extension quasi illimitée vers le sud, la ville ne cessera d'ailleurs de se développer au cours du XIIIe siècle, faisant craquer ses murs d'enceinte.

Un site idéal, en somme et qui se trouvait à équidistance de plusieurs centres majeurs de la chrétienté.

Il est inexact, en revanche, de prétendre que les papes d'Avignon n'ont plus songé à regagner Rome. Au contraire. Tous ont employé des fortunes pour tenter de ramener le calme en Italie. Jean XXII soutiendra ainsi les guelfes contre la coalition gibeline menée par les Visconti. Contraint de faire appel à des *condottieri* qui avaient transformé l'art de la guerre en manne financière inépuisable, il y consacrera jusqu'à 60 pour cent de ses dépenses. A eux seuls, les combats qui se dérouleront en Lombardie lui coûteront quatre cent mille florins !

Mgr Duèze

Hormis Clément V, le pape qui a fait juger les Templiers, le pontife qui domine la saga des *Rois maudits*, c'est Jacques Duèze, élu sous le nom de Jean XXII.

Il a soixante-douze ans lorsque Maurice Druon nous le dépeint, levé à l'aube et au travail dans son abbaye d'Ainay. Elève des Universités de Paris et d'Orléans, savant docteur en droit canon et en droit romain, clerc de

Charles II – comte de Provence et roi de Sicile –, il a été un temps précepteur et le conseiller du second fils de ce dernier – le futur Saint Louis de Toulouse – avant d'être désigné par Charles II comme chancelier de Sicile en 1308. Evêque de Fréjus dès 1300, Jacques Duèze a activement participé au concile de Vienne. Le 18 mars 1310, Clément V l'a nommé évêque d'Avignon. A la veille de la Noël 1312 enfin, il a coiffé le chapeau de cardinal.

A l'heure où nous faisons sa connaissance, Jean XXII n'est donc encore que Mgr Duèze. Depuis la mort de Benoît XI, le conclave chargé d'élire un nouveau pape traîne en longueur. Trois clans qui, tous, ont leur candidat, se déchirent : les Gascons, les Italiens, les Français. Vingt-quatre cardinaux en tout sur les épaules desquels repose l'avenir de la chrétienté.

Las de ces tergiversations qui vont durer vingt-sept mois, le futur Philippe V – il n'est encore que régent – fait alors enfermer les cardinaux au couvent des jacobins de Lyon sous la garde du comte de Forez afin de les contraindre à choisir un pape dans les plus brefs délais.

Jacques Duèze, homme de compromis que l'on croit vieux et fatigué, en sortira avec la tiare de Saint-Pierre. Elu à l'âge de soixante-douze ans, désigné pour être un pape de transition, il devait occuper le trône de Saint-Pierre durant plus de dix-huit années.

Duèze est un homme de profonde culture et de foi sincère. Curieux de tout, il se fait une très haute idée de sa mission. Contrairement à ce qu'on a pu dire, en revanche, ce n'est pas l'homme lige de Philippe V. Que la nouvelle de son élection ait été bien accueillie par ce dernier ne signifie pas qu'il lui doive sa tiare. Duèze, dit-on, figurait sur la liste des cardinaux qui avaient sa préférence, voilà tout.

Un historien a même avancé que « s'il resta en France, ce fut pour régenter la royauté et non pour être régenté par elle ».

Le nouveau pape, en réalité, montrera très vite un tempérament autoritaire et indépendant. Le jour même de son élection, le correspondant du roi d'Aragon fait observer que « l'on croit que, pour lui et pour les autres, le nouvel élu évitera la simonie, il sera parcimonieux dans la concession des faveurs et des grâces et rigoureusement juste. On craint même qu'il ne soit trop confiant en sa propre sagesse... »

S'il n'est pas toujours un homme « sage », Jean XXII est assurément un esprit supérieur par l'étendue de ses vues, sa culture et son sens de l'organisation. Sa formation juridique lui confère une clarté de pensée qui lui évite de se fourvoyer dans les querelles théologiques dérisoires chères à certains universitaires. Ainsi conseille-t-il avec bon sens d'imiter la pureté de la Vierge plutôt que de discuter sur l'Immaculée Conception.

Son esprit est méthodique. Les affaires de la papauté réclamant toute son attention et tout son temps, il se fait résumer certains ouvrages par des collaborateurs sous forme de tables : *Somme théologique* de Thomas d'Aquin, ouvrages de droit, vies de saints. Avide de connaissances, il cherche constamment à combler ses lacunes en matière de sciences ou de théologie.

Il n'a rien non plus d'un cœur sec. Une piété sincère équilibre cette aridité intellectuelle. Chaque nuit, il se lève pour prier. Chaque matin, il dit la messe. Il célèbre lui-même les fêtes liturgiques. Il compose de nombreuses prières où il exprime une dévotion particulière pour le Christ souffrant, la Vierge et l'eucharistie. Il traite de questions théologiques épineuses : à propos de la conception immaculée de Marie ou de la « vision béatifique », c'est-à-dire du sort réservé aux élus après la mort et avant leur comparution au Jugement dernier.

S'interroge-t-il avec angoisse sur sa propre mort, comme le suggère Maurice Druon ? Jean XXII, en tout cas, ne craint pas d'évoquer les doutes qui peuvent habiter tout homme, même s'ils n'ébranlent pas sa foi profonde. Ainsi, reconnaissant que les âmes des élus voient

Dieu immédiatement après qu'elles se sont séparées du corps, il prend soin d'ajouter : « ... autant que s'y prêtent l'état et la condition d'une âme séparée ».

Les accusations portées contre lui selon lesquelles il se serait livré à des travaux d'alchimie, recherchant la pierre philosophale et le moyen de fabriquer de l'or, relèvent par contre de calomnies plus tardives. Peut-être s'est-il adonné à l'astrologie – qui était alors une science et à laquelle bien des papes s'étaient intéressés avant lui. Sans doute a-t-il, comme tous les princes, usé de « cornes » et de « langues de serpent » pour déceler la présence de poison dans ses aliments. Mais rien de plus. On a retrouvé dans les archives de l'Eglise des recommandations très précises de sa part adressées aux évêques et aux tribunaux d'inquisition concernant la chasse aux sorciers, aux devins et aux alchimistes.

D'une orthodoxie irréprochable, lui-même sera en butte à plusieurs « attaques occultes » contre lesquelles il avouera n'avoir jamais cherché d'autre remède que la prière et la pénitence.

Sans doute faut-il donc voir dans ces accusations, hormis la simple malveillance, la conséquence d'une psychologie instable.

Jean XXII fait preuve, en effet, d'un caractère bien trempé, et même parfois irascible. Il se laisse aller à des colères terribles, ne supporte pas la contradiction, se lève pour quitter son interlocuteur sans donner la moindre explication lorsque celui-ci cherche à s'opposer à lui. Certains jours, il se montre incapable de maîtriser ses émotions.

L'instant d'après, sa colère peut retomber aussi vite qu'elle a explosé. Il se montre alors affable, prévenant, et comble son visiteur de compliments ou de cadeaux. Sa conversation s'émaille de plaisanteries qu'on ne s'attend guère à trouver dans le discours d'un pape. Il fait preuve de chaleur humaine, de compréhension et même de bonté. Il se plaindra ainsi, à la mort de Philippe V, qu'un sort cruel l'ait « privé d'un fils si dévoué et d'un ami si fidèle ».

Déconcertant Jean XXII !

D'une santé robuste sous des dehors fragiles, à la fois esprit rusé, homme d'expérience et pape caractériel, il mène une vie simple, presque austère, et ne fait réellement preuve de faiblesse qu'envers les siens.

L'accusation de népotisme – avérée pour tous les papes d'Avignon à l'exception de Benoît XII – ne l'épargnera pas.

Si l'homme lui-même ne se vautre guère dans le luxe et encore moins dans la luxure, il comble ses proches de ses largesses. La famille Duèze, au fil des alliances, est devenue l'une des plus considérables du Quercy, étendant ses ramifications au Périgord et au Limousin. Mais, dès 1316, Jean XXII va s'employer avec encore plus d'ardeur à mettre son influence au service de sa parenté.

Ses neveux, Jacques de Via et Arnald de Trian – le premier pourvu d'un archidiaconé et l'autre d'un titre de chevalier –, seront les premiers à en bénéficier. Son frère, Pierre Duèze, se verra doté de subventions lui permettant d'agrandir ses propriétés et d'acheter la vicomté de Caraman. Ses sœurs et belles-sœurs, qui constituent son entourage immédiat, profiteront également de ses largesses.

Et pourtant, ce népotisme tranquille n'altère pas sa lucidité. Avant tout, Jean XXII est un homme au service de l'Eglise.

La nouvelle Babylone

Si la cour pontificale d'Avignon ne craindra pas d'étaler sous Clément VI un luxe qui pouvait paraître choquant, les calomnies dont on va l'accabler sont sans commune mesure avec la réalité.

Pétrarque – encore lui –, observateur critique de cette cour, n'aura pas de mots assez durs pour railler ce faste de l'Eglise installée dans cette « nouvelle Babylone », « patrie des larves et des lémures ». Et il ajoute : « Je sais par expérience qu'il n'y a là aucune pitié, aucune charité, aucune foi, aucun respect, aucune crainte de Dieu, rien de saint, rien de juste, rien d'équitable, rien de sacré, enfin rien d'humain... Des mains douces, des actes cruels ; des voix d'anges, des actes de démons ; des chants harmonieux, des cœurs de fer... »

Ce luxe qu'il stigmatise, et que Maurice Druon évoque à la table du pape qui « tient autant du consistoire que du dîner de famille[4] », est bien réel, même s'il a été exagéré jusqu'à la caricature. Car si les papes sont obligés de recevoir dignement à leur table, surtout lorsqu'il s'agit d'invités de haut rang, eux-mêmes ne sont que rarement des gloutons ou des jouisseurs. Jean XXII grignote plus qu'il ne mange. Benoît XII et Urbain V mèneront une vie austère.

Ce luxe, en outre, a une justification.

L'épicentre de la chrétienté s'étant déplacé de Rome vers Avignon, il importait de donner à cette nouvelle cour un éclat suffisant qui pût lui permettre, non de rivaliser avec la Ville éternelle, mais de rappeler à tous que le Saint-Siège, où qu'il se trouvât, restait le cœur de la chrétienté. *Ubi papa, ibi Roma*, dit en effet le proverbe ; là où est le pape, là est Rome.

Papes et cardinaux sybarites, voluptueux, paillards, népotistes, cupides, obsédés sexuels, que n'a-t-on pourtant écrit au sujet de Jean XXII et de ses successeurs ! On sait aujourd'hui que la plupart de ces accusations relèvent de la pure calomnie.

D'ailleurs, Avignon ne connaît pas sous Jean XXII le luxe qu'il connaîtra au milieu du XIVe siècle. Le palais des Papes que nous pouvons admirer aujourd'hui n'existe pas encore. La maison épiscopale dans laquelle loge Jean XXII est spartiate. Durant son pontificat, il se contentera d'en achever les travaux déjà entrepris à l'aile orientale, en renforcera la défense par des créneaux au-dessus des murs, et transformera l'église Saint-Etienne, au nord, en chapelle. Enfin, il annexera quelques bâtiments du chapitre cathédral pour y loger son trésorier, son camérier puis ses neveux, Jacques et Arnaud de Via. Rien de très luxueux cependant.

Les cardinaux, pour leur part, logent dans des maisons particulières, des écuries, des appartements disséminés à travers la vieille ville.

Ce n'est que sous Clément VI (1342-1352) que le palais des Papes prendra l'aspect que nous lui connaissons, à la fois forteresse, résidence d'agrément, et monastère. Achevant le château de son prédécesseur Benoît XII, il le dotera de nombreuses pièces d'apparat destinées aux grandes réceptions : salle d'audience, chapelle pontificale, cour d'honneur. Des peintres italiens et des artistes venus de toute la France viendront les décorer richement. L'orfèvrerie, les tapisseries, les œuvres d'art feront leur apparition, conférant à l'ensemble du palais un aspect luxueux et païen qui suscitera autant de convoitises que de protestations.

Sous Jean XXII, tout cela n'est encore qu'embryonnaire. Frugal, le pape demeure indifférent à l'opulence et au confort qui caractériseront la cour de Clément VI lorsque Avignon comptera près de trente mille habitants, et que le pape l'aura achetée – en 1348 – à la reine Jeanne de Naples !

L'arrivée du Saint-Père et des cardinaux bouleverse cependant la petite cité dès l'installation de Jean XXII. Quinze cents personnes au bas mot s'y fixent tant bien que mal. La maison du pape à elle seule emploie alors environ trois cent cinquante personnes parmi lesquelles il faut compter chapelains, chambriers, médecins, personnel de cuisine, de l'écurie, de l'aumônerie, portiers, sergents d'armes, écuyers ou encore personnel de police et de prison. A quoi il faut ajouter la vingtaine de cardinaux et leur nombreux personnel : clercs, collaborateurs laïcs, domestiques.

L'installation de la papauté dans le Comtat Venaissin draine également vers la ville des milliers de visiteurs pour des séjours d'une durée variable. Toute une population de solliciteurs, de délégués, de contribuables et de justiciables du Saint-Siège, de clients, mais aussi d'ambassadeurs et de princes en visite, se presse autour du pape. De même, cherchent à se fixer dans la ville ceux dont le métier trouve à s'exercer régulièrement dans l'entourage du Saint-Père ou des cardinaux : notaires, avocats, procureurs, marchands, banquiers, changeurs, bijoutiers, orfèvres.

Il faut imaginer tous ces nouveaux arrivants évoluant dans des rues étroites, non pavées, sales et malodorantes, et qui se transforment en cloaque à la première pluie ou à la première inondation, se frayant un passage au milieu des chevaux, des charrois, et des chaises à porteurs dans un embarras sans cesse croissant.

Cette immigration, temporaire ou permanente, va, au fil des années, gonfler dangereusement les effectifs de la ville, obligeant les autorités communales à sacrifier les murailles du XIIIe siècle pour permettre à une partie de cet excédent de population de s'installer hors la vieille cité. Villeneuve, de l'autre côté du Rhône, deviendra ainsi la « banlieue chic » d'Avignon, là ou bon nombre de cardinaux feront construire leurs hôtels particuliers [5].

Retranché dans son petit palais épiscopal, Jean XXII se voit même contraint de réglementer cet afflux d'étrangers. Une commission de trois cardinaux et de trois délégués de la population est chargée d'élaborer une charte du logement et de l'urbanisme en quatorze articles, favorisant à terme le développement de hameaux en marge de la vieille ville.

Car les places sont de plus en plus chères pour qui veut résider dans la nouvelle cité papale. Les cardinaux à eux seuls n'immobilisent-ils pas chacun de douze à trente maisons pour s'y loger avec leur suite ?

Cité des papes, pays de Dieu

Sur ce « royaume » miniature dont les chroniques nous renvoient une image bien profane, le pape règne sans partage. Il n'a de comptes à rendre qu'à Dieu.

Cette autorité aura beau être contestée par des penseurs soucieux de distinguer spirituel et temporel, tels Marsile de Padoue ou Guillaume d'Ockham, la centralisation monarchique apparaît bien comme le principal caractère de la papauté d'Avignon. Avec pour but de placer l'Eglise sous contrôle plus étroit, de la dominer, de l'asservir, diront ses adversaires.

Pour cela, un seul moyen s'avère indispensable : l'argent. Or, l'Eglise en manque cruellement. Ses finances sont désorganisées et insuffisantes pour faire face aux besoins nouveaux que lui impose son exil avignonnais autant que son fonctionnement ou les circonstances nouvelles auxquelles elle doit faire face. Les besoins de la guerre en Italie, la construction du palais des Papes, l'entretien d'un personnel administratif de plus en plus nombreux, le mécénat et une charité toujours plus libérale – on distribue jusqu'à six mille pains par jour aux pauvres – grèvent son budget. Le service des aumônes – la Pignotte – absorbe jusqu'à 20 pour cent de l'argent attribué par la Chambre apostolique.

Jean XXII et ses successeurs vont devoir y remédier. Outre les revenus de ses domaines et les cens payés par les princes vassaux de l'Eglise, il leur faudra chercher d'autres sources de profit.

Déjà, en 1265, le pape Clément IV a affirmé son droit à nommer qui il voulait à tous les postes des diocèses afin de s'assurer la répartition des bénéfices et des charges ecclésiastiques ainsi que la mainmise sur les titulaires de ces bénéfices [6]. Jean XXII va reprendre ce même principe et l'exploiter au maximum. Finies les élections au sein de l'Eglise ! A terme, les évêques ne recevront plus leurs charges des chapitres cathédraux ni les abbés des moines de leurs monastères. Ils ne les tiendront plus que du pape. Ces élections étaient d'ailleurs le plus souvent le fruit de marchandages et de recommandations qui ne tenaient guère compte du talent ou du mérite des éligibles potentiels. Dorénavant, chaque fois que le pape désignera le titulaire d'un poste, celui-ci devra s'acquitter d'une taxe. Lourde s'il s'agit d'un bénéfice majeur – évêché ou abbaye. Plus légère pour les bénéfices mineurs : l'annate – modulable –, soit le gain d'une année, frais déduits, voire même moins. Mieux : le Saint-Père se réserve le droit de recueillir l'héritage des clercs qu'il a pourvus de charges durant leur vie, ce qu'on ne tardera pas à appeler le « droit de dépouille ».

Dans le même temps, Jean XXII entreprend une réforme administrative, procède à un découpage des circonscriptions ecclésiastiques trop étendues, crée de nouveaux évêchés et exige de leurs titulaires un strict contrôle des paroisses. Les évêques qui passent trop de temps hors de leur diocèse sont priés fermement d'y retourner. Lors de toute visite à Rome pour y recevoir les insignes d'un nouveau bénéfice majeur, les archevêques et certains évêques doivent s'acquitter d'une taxe, le « droit de Pallium ».

D'autres mesures fiscales – un arsenal, en vérité – sont mises sur pied pour faire rentrer de l'argent dans les caisses de la papauté. Au besoin, les agents pontificaux chargés de percevoir ces taxes usent de menaces ou même de sanctions pouvant aller jusqu'à l'excommunication.

En quelques années, Jean XXII va ainsi remettre de l'ordre dans les finances de la papauté, constituer un « trésor de guerre » pour ses successeurs et donner un développement considérable aux services administratifs, judiciaires et financiers du Saint-Siège. La Chambre apostolique, véritable ministère des Finances, deviendra l'organe central du gouvernement d'Avignon. Un organe auprès duquel, assurant ses principaux transferts de fonds à travers l'Europe, les marchands et hommes d'affaires italiens joueront un rôle prépondérant. Les Bardi, les Peruzzi, les Bonaccorsi mettent ainsi leurs compagnies à succursales multiples au service du Saint-Siège. Mieux : elles se chargent d'acheminer une partie du courrier pontifical et servent d'agences de renseignement à la papauté.

Une telle politique financière, un mélange aussi permanent du temporel et du spirituel ne pouvaient que faire naître des rancœurs chez ceux qui s'estimaient lésés par le système, ceux qui devaient subir les lourdeurs et les lenteurs de l'appareil administratif ou encourir les foudres des agents du pape lorsqu'ils ne payaient pas assez vite les taxes auxquelles ils étaient assujettis.

D'autres estimeront très vite et clameront bien haut que le Saint-Siège était devenu le dernier repaire de l'Antéchrist !

Ainsi, les franciscains, spirituels ou « fraticelles » – de l'italien *fraticelli*, petits frères – rejettent de manière radicale cette politique de Jean XXII. Prêchant la pauvreté et le retour aux sources d'une Eglise en voie de corruption, ils s'insurgent contre la « Grande prostituée » et proposent ni plus ni moins l'instauration de l'amour universel, l'abolition du travail et de la propriété, le tout sur fond de discours eschatologiques et de tendances millénaristes.

La réaction du pape sera brutale. Pour avoir refusé un adoucissement de leur règle en 1317, les « fraticelles » sont déclarés hérétiques et traduits devant l'Inquisition. Quatre d'entre eux montent même sur le bûcher en 1318. Dans le midi de la France, la répression touche également les communautés semi-monastiques de béguins et bégards, proches des franciscains et auxquelles on reproche, entre autres choses, de chercher à se substituer à l'autorité cléricale.

Comme Guillaume d'Ockham un peu plus tard, les « fraticelles » auront donc beau fulminer contre « les tyrans qui, pour le plus grand dommage de l'univers, se vautrent sur le trône de Pierre », rien n'y fera. Ils finiront, pour la plupart, par regagner les rangs de l'Eglise.

Jean XXII, malgré les turbulences qui agitaient celle-ci, tenait d'une main ferme le gouvernail de la chrétienté, et la papauté d'Avignon demeurait seule détentrice des clés de saint Pierre.

L'Eglise et les fleurs de lys

Si Jean XXII n'est pas l'homme lige de Philippe V, il n'en demeure pas moins que les deux hommes ont toujours entretenu d'excellentes relations depuis les débuts du pontificat d'Avignon.

L'échange de politesses entre les deux hommes que nous rapporte Maurice Druon – « Vous feriez, monseigneur, un parfait régent », à quoi le comte de Poitiers répond : « Ne feriez-vous pas vous-même un pape excellent ? » – offre un assez bon résumé de leurs rapports personnels.

Il y a entre eux une estime réciproque, presque de l'affection. Des intérêts communs aussi. La proximité géographique contribue par ailleurs à souder « l'Eglise et les fleurs de lys ».

Philippe V a beau se montrer déférent, il ne se soumet pas davantage au pape que son père à Boniface VIII ou Clément V. Mieux : il se comporte envers Jean XXII en suzerain et non en fils obéissant. Le roi de France ne se reconnaît pas de supérieur. Il tient cependant à être dans les meilleurs termes avec le souverain pontife. Il lui écrit « en ami », lui envoie des cadeaux – des bijoux, des pièces de gibier, des fromages –, anoblit son frère, ses neveux, comble de faveurs son entourage.

De son côté, Jean XXII n'est pas en reste. Outre les paternelles recommandations qu'il se plaît à adresser au roi – comme d'être attentif à la messe, au sermon ou de ne pas se faire raser le dimanche ! –, il lui octroie un grand nombre de privilèges dont certains paraissent d'ailleurs pour le moins curieux : droit d'être absous par son confesseur de tous les péchés avoués depuis moins d'un an, droit d'être relevé de toutes les excommunications – excepté papale –, autorisation de partager son corps en plusieurs parties après sa mort en dépit de l'interdiction prononcée par Boniface VIII, mais aussi droit de « frayer » avec les excommuniés, de pénétrer dans les monastères de femmes, ou de faire dire la messe dans des lieux soumis à l'interdit à la condition d'en fermer les portes et de ne pas faire sonner les cloches !

L'importante correspondance personnelle qu'il adresse à Philippe le Long comme à son entourage atteste de la proximité de leurs relations.

Etablie en France et dirigée par un pape français, la papauté se montre donc naturellement francophile. C'en est fini de l'hégémonie italienne au sein du Sacré Collège. Sur vingt-huit cardinaux promus par les soins de Jean XXII, quatre seulement sont italiens, un autre est castillan, trois sont des Français du Nord et vingt des Français du Midi !

Le pape entend malgré tout régner sur son Eglise sans avoir à en référer à tout propos au roi de France. Ainsi en ce qui concerne la discipline du clergé ou les litiges pouvant survenir entre évêques. Il lui arrive même d'adresser au fils de Philippe le Bel quelques remontrances polies sur ses différends avec le roi de Castille et de León ou sur la façon dont les agents royaux maltraitent les Hospitaliers.

Rien de bien grave, cependant. D'emblée, Jacques Duèze s'est empressé de reconnaître celui qui n'était encore que comte de Poitiers comme régent. Il a témoigné sa fidélité « à la maison de France bénie de Dieu ». Il a même ordonné des prières publiques en sa faveur, assortissant celles-ci de vingt jours d'indulgence.

De même, Jean XXII et Philippe V sont de toute évidence sur une longueur d'ondes identique pour ce qui touche aux relations avec l'Angleterre, à l'élection impériale de Louis de Bavière ou à la victoire des guelfes en Italie.

Pour lui assurer les moyens de sa politique, le pape n'hésite d'ailleurs pas à lui procurer des avances, payées par le clergé. Entre 1316 et 1319, annates et décimes (le dixième des ressources que verse le clergé afin de financer la future croisade) vont directement dans la poche de Philippe avec la bénédiction de Jean XXII.

Les liens privilégiés entretenus par le Comtat Venaissin avec le royaume de France ne sont donc pas une légende. Ils n'autorisent pas à en déduire que le pape ait été un simple pion sur l'échiquier politique de Philippe le Long.

Ces liens se distendront quelque peu sous Philippe VI de Valois. En 1329, le roi réunit une assemblée à Vincennes pour se plaindre des empiètements du pape dans ses Etats. Plus tard encore, agacé par les excommunications prononcées contre ceux qui s'opposent aux juridictions et aux privilèges fiscaux de l'Eglise, le Parlement ripostera en saisissant les biens de certains prélats – les archevêques de Lyon et d'Auch – ou en les frappant de lourdes amendes. Mais le pouvoir de la papauté, vers le milieu du XIVe siècle, sortira globalement renforcé de cette émigration avignonnaise.

Lorsque mourra Jean XXII à l'hiver 1335, la papauté d'Avignon a encore une quarantaine d'années de vie intense devant elle. La « captivité de Babylone » s'achèvera néanmoins par le retour du Saint-Siège à Rome. Un retour que Jean XXII et ses successeurs avaient toujours souhaité en dépit de l'hostilité d'une majorité de cardinaux.

10

Honni qui en Lombard se fie !

S'il est un personnage emblématique des *Rois maudits*, un personnage qui traverse toute l'œuvre de Maurice Druon, c'est bien Spinello Tolomei, le banquier lombard.

Disons-le tout de suite : le Spinello Tolomei que campe Druon n'a jamais existé, même si le nom de Tolomei, lui, est bien réel. Il n'est qu'une figure symbolique du marchand médiéval italien, un subtil mélange de rouerie et d'intelligence inspiré de plusieurs personnages ayant vécu à cette même époque. Tout entier dévoré par la soif de l'or et le goût de l'intrigue, il se prête à toutes les tractations, recelant pour Jean de Marigny les biens des Templiers, avançant de l'argent à Robert d'Artois ou à Charles de Valois, se jouant de toutes les compromissions, sachant tout avant tout le monde parce qu'il est dans l'ombre des puissants, veillant jalousement aux intérêts de sa compagnie comme à ceux des Lombards en général.

Spinello Tolomei incarne parfaitement cette image véhiculée par la tradition populaire au Moyen Age.

Trop parfaitement, peut-être.

Les mercatores

Un mot d'abord des marchands. Entre le XIe et le XIIIe siècle est apparue en Occident une nouvelle classe d'hommes qui a bouleversé le paysage de la société médiévale : les *mercatores*. L'arrêt des invasions, le retour à une paix relative, la renaissance des villes ont favorisé l'expansion du commerce, tant dans le Bassin méditerranéen qu'en Europe du Nord. Entre ces deux aires géographiques, une troisième zone d'échanges s'est développée qui, depuis, opère la jonction entre le monde musulman et le monde nordique : l'Europe du Nord-Ouest, regroupant l'Angleterre du Sud-Est, la Normandie, la Flandre, la Champagne, les pays de Moselle et bas-rhénans. C'est là, dans ce qui est devenu avec l'Italie du Nord le grand centre de la draperie, et notamment sur les foires et marchés de Champagne, que se retrouvent le marchand italien et le marchand hanséate. C'est là que s'échangent produits de l'Orient et denrées du Nord.

Qu'il voyage par la route et par les cols alpins à ses risques et périls, qu'il emprunte des voies fluviales ou qu'il s'aventure en haute mer grâce aux progrès de la navigation – cartographie, boussole, voile latine et gouvernail d'étambot ! –, le marchand est devenu une figure de plus en plus familière du monde médiéval. Il est l'homme qui, dans une société précapitaliste et découvrant l'appétit du lucre, rapporte des rivages les plus lointains de la mer du Nord ou de l'Orient tout ce dont on ne pourra bientôt plus se passer : étoffes, draps, alun, armes, épices, vin, sel, blé, fourrures, soie, cire, poisson salé et même... esclaves.

Les foires de Lagny, de Bar-sur-Aube, de Provins, de Troyes, qui se succèdent tout au long de l'année, sont le point de convergence de tous ces trafics. Grâce à l'intelligence et au libéralisme des comtes de Champagne, les marchands italiens ou hanséates ont toute latitude pour y négocier leurs produits sous la vigilance d'une police chargée de surveiller la bonne tenue des transactions, de même que l'honnêteté des opérations financières et commerciales.

Au début du XIVe siècle, à l'heure où les « rois maudits » entrent en scène, ces foires – grevées par une fiscalité royale de plus en plus lourde – sont pourtant déjà sur le déclin. A cela, plusieurs raisons : l'abandon de la route française qui constituait l'axe nord-sud du commerce entre Orient musulman et Scandinavie au profit d'une route rhénane favorisant Genève et Francfort ; le développement du trafic maritime entre la Méditerranée et la mer du Nord ; la sédentarisation des marchands jusque-là itinérants dans les grands centres urbains entraînant des modifications profondes dans la nature et la pratique du commerce.

C'est également à cette époque – au début du XIVe siècle – qu'on voit, autour de certains marchands, se développer des structures plus vastes et plus complexes auxquelles on donnera le nom de « compagnies ». Possédant généralement une maison mère, relayée par des succursales ou des comptoirs à l'étranger, comptant de nombreux employés, elles développeront pour certaines une situation de quasi-monopole, cherchant à éliminer toute concurrence. A ce jeu, les Italiens – les « Lombards » – ne sont pas les derniers en dépit de leurs divisions. Car, entre Siennois, Génois, Florentins et Vénitiens, les questions de clans, de familles, de politique, de partis, demeurent essentielles. Quels que soient les profits en jeu, un guelfe de Florence reste l'ennemi d'un gibelin, même si ces rivalités n'entraînent pas de ralentissement des affaires, bien au contraire.

Cet essor n'aurait pu avoir lieu sans un changement dans les pratiques elles-mêmes. Au premier rang desquelles il faut, bien sûr, compter la lettre de change.

Jacques le Goff a bien montré que la reprise de la frappe de l'or en Occident a été un élément déterminant dans la révolution commerciale du XIIIe siècle [1]. La diversité des monnaies (écus de France, deniers de Gênes, florins de Florence, ducats de Venise) change la donne.

Désormais, c'est la question du change qui devient prédominante. Et ceci pour plusieurs raisons : la mise en place d'un système bimétallique – or et argent ; les variations du prix des métaux précieux et la relative pénurie de ces derniers ; l'éventualité de « mutations monétaires » pouvant être opérées à tout moment par les gouvernements ; les variations saisonnières du marché de l'argent.

C'est en tenant compte de ces facteurs-risques que le marchand se livre à la pratique de la lettre de change. Comme l'explique Raymond de Roover, celle-ci était « une convention par laquelle le *donneur* fournissait une somme d'argent au *preneur*... et recevait en échange un engagement payable à terme (opération de crédit) mais en un autre lieu et une autre monnaie (opération de change). Tout contrat de change engendrait donc une opération de crédit et une opération de change, toutes deux intimement liées [2] ».

De cette pratique, le marchand peut retirer plusieurs avantages : utiliser la lettre de change comme moyen de paiement, comme une source de crédit, un moyen de transférer des fonds entre places financières utilisant des monnaies différentes, un moyen de réaliser un profit en jouant sur les variations de change entre ces mêmes places. Dernier avantage enfin, l'intérêt versé étant dissimulé dans le change même, l'usure reste invisible.

Parmi ceux qu'on appelle des marchands ou des « hommes d'affaires », les différences de situations, de fortunes, de spécialités, sont néanmoins considérables selon les pays, les régions, et même les villes. Entre le marchand itinérant qui vient vendre ses draps aux foires de Champagne, le changeur qui exerce son activité près de la Grand-Place de Bruges ou sur le pont du Rialto à Venise et le marchand-banquier génois qui brasse des affaires multiples à l'échelle internationale, il y a parfois tout un monde.

Une chose est sûre, cependant : la plupart des villes au

XIIIe siècle sont déjà politiquement et socialement dominées par les marchands.

Parmi eux, il en est que l'on appelle communément « les Lombards ».

Les Lombards

Le mot lui-même prête à discussion et ne fait que très partiellement référence à l'origine géographique de ces marchands. En réalité, il s'agit plutôt d'un nom générique désignant l'ensemble des négociants italiens, les premiers prêteurs venus pour s'établir en France étant originaires d'Asti. Plus tard, on réservera le nom de « Lombards » – encore appelés « cahorsins » – aux usuriers chrétiens.

La présence de ces marchands italiens est attestée dès la fin du XIIe siècle, mais leur rôle se limite alors au commerce de draps et de « laine fine ».

C'est du début du XIIIe siècle que date l'apparition des Italiens dans le commerce de l'argent. Dès 1221, des Siennois avancent de fortes sommes d'argent à la comtesse Jeanne de Flandre pour payer la rançon de son mari.

« L'an du seigneur 1226, nous dit le chroniqueur d'Orgerio Alfieri, les citoyens d'Asti commencèrent à prêter et à faire usure en France et dans les parties d'Outremont, où ils gagnèrent beaucoup d'argent. » Et il ajoute : « Toutefois, ils y souffrirent beaucoup dans leurs personnes et dans leurs biens. »

Jusque vers le milieu du XIIIe siècle, les activités de ces Lombards s'exercent essentiellement dans le cadre des foires de Champagne. Mais, vers 1240, on les trouve à Paris, à Dijon et même à Londres où le chroniqueur Matthieu Paris nous dit qu'ils « s'enrichirent au point qu'achetant [...] les plus beaux palais ils s'y établirent de façon stable comme les citoyens du pays », les prélats « n'osant pas s'en plaindre, attendu qu'ils se disaient marchands du pape ».

Ces Lombards – Toscans, Siennois, Génois, Lucquois – ont en effet obtenu ce titre de Grégoire IX, dont ils sont les fournisseurs attitrés, en raison des services rendus aux finances pontificales.

Déjà, ils exportent les draps d'or de Lucques et de Florence, les fils d'or et d'argent de Milan, les tissus de Venise. Ils sont les intermédiaires incontournables entre l'Occident et l'Orient d'où ils rapportent soie et pierres précieuses qui serviront aux orfèvres, aux joailliers et à l'ornement des vêtements (robes, chapeaux, ceintures) des seigneurs de Flandre, d'Angleterre ou de France.

Leurs comptoirs se multiplient un peu partout. A Londres, Paris, Bruges, Courtrai, Furnes, Douai, Rouen, Tournai, Montluçon, Besançon, Lyon, Nîmes et Narbonne. En 1274, Robert II leur ouvre les portes du duché de Bourgogne.

Tout contribue alors à leur développement, à leur diffusion géographique et à la prospérité de leurs affaires. L'essor des villes, le déclin de la société féodale, l'accroissement de la circulation monétaire, les besoins d'argent, la multiplication des transferts de fonds, l'impérieuse nécessité de recourir au crédit, rendent les Lombards indispensables au fonctionnement de la société nouvelle qui se met alors en place. « Le développement de cette richesse mobilière, observe Robert-Henri Bautier, provoque la paupérisation et la ruine de nombreux seigneurs locaux d'ancienne origine et une grande mobilité sociale, l'ascension de nouveaux riches d'origine bourgeoise ou issus des cadres de l'administration royale, l'appauvrissement aussi des établissements religieux traditionnels. Le phénomène capital est sans doute qu'on a découvert la nécessité du recours au crédit. Nul, dans toute la société laïque et ecclésiastique, des plus grands seigneurs et des évêques, jusqu'aux paysans, n'hésite à emprunter, à acheter à découvert, à vivre au-dessus de ses moyens [3]. »

Les Lombards sont partout. On les trouve engagés en Orient où ils fournissent bateaux, ravitaillement et argent aux croisés quand ils n'administrent pas certaines colonies en Syrie ou en Palestine. Déjà, en 1191, pour le siège de Saint-Jean-d'Acre, ils leur ont avancé des sommes considérables en marcs d'argent et en onces d'or. On les retrouve finançant la conquête du royaume de Naples, confiée par le pape Clément IV à Charles d'Anjou, le frère de Saint Louis. On les rencontre dans l'entourage des rois – Biche et Mouche auprès de Philippe le Bel – et des papes d'Avignon dont ils sont les banquiers et les conseillers. On les débusquera plus tard aux côtés des souverains anglais, finançant les débuts de la guerre de Cent Ans.

Les Lombards sont présents à tous les échelons de la société. Ce sont eux qui actionnent désormais les leviers de commande d'une partie de l'économie nationale et internationale. L'étendue et la diversité de leurs opérations témoignent de l'importance de leur rôle, du simple prêt à la vente à crédit de marchandises, en passant par le prêt de grains pour les semailles ou la constitution de rentes foncières, jusqu'aux plus grosses transactions financières entre Etats.

Etablis en Brabant, en Lorraine, en Franche-Comté, en Provence, en Savoie, en Dauphiné, en Bourgogne, ils s'installent également en grand nombre à Paris où on trouve parmi eux de riches négociants comme des usuriers à la petite semaine. En 1296, sous Philippe le Bel, les livres de la taille nous indiquent qu'il existe à Paris cent sept cotes de Lombards imposés à la taille. Certains sont des représentants de grandes compagnies, d'autres de simples épiciers, mais tous ou presque se livrent à des activités de prêt à intérêt.

Bien des villes en France ont ainsi leur rue des Lombards où se regroupent les usuriers.

Ces Lombards ne vont pourtant pas tarder à être victimes de leur succès. Partout où ils ont rendu tant de précieux services à des princes en mal d'argent, ils ont obtenu en retour un certain nombre de privilèges, dont celui déjà d'exercer leur activité en toute liberté. Mais, on le sait, l'Eglise au Moyen Age interdit l'usure. Et, déjà, plusieurs de ces princes pris à la gorge et incapables de rembourser leurs emprunts regardent ces usuriers d'un autre œil, leurs débiteurs grondent, et le roi de France lui-même veut mettre un frein à leur ascension.

De tolérés parce que indispensables au bon fonctionnement de l'économie de ce début du XIVe siècle, ils vont devenir indésirables.

Un mal nécessaire

Au fil du temps, ils sont devenus bien gênants, ces Lombards. Ils n'ont jamais eu bonne réputation, il est vrai. S'ils ne sont pas aussi détestés que les Juifs, on s'en méfie tout autant. Le vocabulaire de l'époque traduit même souvent cette distance de façon savoureuse.

Leur réputation de gourmandise – les Lombards sont gras, comme Spinello Tolomei ! – et de couardise est depuis longtemps établie. On ne peut pas se fier à eux. Un chroniqueur l'affirme :

Bien est honniz qui en lombart se fie.

On les dit cupides, avares, aimant l'argent jusqu'à la folie, « trop luxurieux » selon le *Roman de la Rose*. « Riches et couards », encore, selon Froissart.

Quand les Anglais parlent de paresse, ils évoquent « la fièvre lombarde ». Une « patience de Lombard » rappelle celle du prêteur qui attend avec angoisse de savoir s'il sera payé de retour sur son investissement. Ils sont également fourbes et manipulateurs. L'expression « boucon de Lombard » n'est-elle pas employée pour désigner du poison ?... Une xénophobie subtile se développe peu à peu qu'exacerbera la guerre de Cent Ans. Pour le petit peuple, le Lombard est d'abord un étranger et un usurier supposé s'enrichir par malhonnêteté.

Leur réputation est cependant meilleure que celle des Juifs dont ne parle guère Maurice Druon, et qui jouent alors un rôle moins important dans le commerce de l'argent. Le Lombard, en effet, est citoyen d'une république italienne, il appartient à un pays, à une communauté. En outre, il est chrétien. Il cherche même, tout en sauvegardant ses intérêts communautaires, à s'intégrer au milieu où il vit. Il francise son nom. Souvent, dans certains pays, il obtient des privilèges, des exemptions de taxes. Il peut s'établir et se marier dans la localité où il exerce son activité, se faire enterrer dans une église.

Le Juif, en revanche, c'est l'étranger radical. D'abord, il n'est pas chrétien. Et puis, il est l'homme de nulle part. Comme les Lombards, il pratique l'usure, et il a joué, avant eux, un rôle capital dans le développement de l'économie de marché. Mais, toujours tenu à distance, détesté des puissants comme du petit peuple, il a souvent fait figure de paria ou de bouc émissaire, non pas tant d'ailleurs parce qu'il est juif que parce qu'il se livre à l'usure interdite aux chrétiens. Il n'y a guère que l'Eglise, paradoxalement, qui manifeste envers les Juifs une certaine bienveillance. Au XIIe siècle, saint Bernard a cherché à les protéger, de même que plusieurs papes, dont Innocent III et Innocent IV. Mais la royauté capétienne n'a pas fait preuve de la même mansuétude. En 1182, Philippe Auguste les a expulsés du domaine royal, non sans avoir confisqué auparavant un cinquième de leurs créances au profit du Trésor et annulé les autres. En 1215, un canon du concile de Latran les oblige en principe à porter une rouelle. Saint Louis – héraut de la chrétienté – a fait brûler leurs manuscrits, les a accablés de taxes, a saisi leurs biens pour la croisade, et rendu obligatoire en 1269 le port de la rouelle. Politique suivie par Philippe le Bel. Le roi de Fer leur a interdit d'habiter en dehors des grandes villes où ils ont été regroupés dans des « quartiers juifs », il a multiplié les taxes et les confiscations. En 1306, les Juifs ont été expulsés. Ils le seront à nouveau en 1322, à la suite d'émeutes populaires déclenchées par des rumeurs de complots, d'ententes avec les lépreux et d'empoisonnement des puits qui auraient provoqué des épidémies de fièvres et de choléra.

La situation des Juifs est plus précaire que celle des Lombards, plus humiliante aussi. Les interdictions dont ils sont l'objet sont innombrables. Outre que leurs activités professionnelles sont étroitement réglementées, ces interdictions les enferment dans un communautarisme sourcilleux. Ils ne peuvent ainsi entrer dans les maisons, les églises ou les cimetières chrétiens. Ils ne doivent avoir ni serviteurs ni servantes ni nourrices qui soient chrétiens. Ils ne peuvent louer une maison à un chrétien, ni recevoir chez eux une femme chrétienne. Ils sont soumis à l'obligation absurde, puisqu'ils ne sont pas chrétiens, de ne manger aucune viande le vendredi ou en période de carême. Ils ne peuvent même se laver dans aucune eau dont usent les chrétiens. Ils sont, en revanche, invités à payer les tailles et autres droits arbitraires dont on les accable.

La situation des deux communautés, on le voit, est très différente. Juifs et Lombards ont néanmoins un point commun : ils sont un mal nécessaire.

Le lien qui les unit porte un nom : l'argent. Or, l'Eglise interdit le prêt à intérêt, activité principale des Lombards comme de nombreux Juifs.

En réalité, l'Eglise a toujours eu un rapport très ambigu à l'argent. Pour justifier sa condamnation de l'usure, elle mentionne l'Ancien Testament : « Tu n'exigeras de ton frère aucun intérêt ni pour argent ni pour vivres, ni pour aucune chose qui se prête à intérêt » (Deutéronome). Comme le Nouveau Testament : « Si vous ne prêtez qu'à ceux dont vous espérez restitution, quel mérite avez-vous ? Car les pécheurs prêtent aux pécheurs afin de recevoir l'équivalent... prêtez sans rien attendre en retour et votre récompense sera grande » (Luc, VI, 34-35).

Pour l'Eglise, l'argent est un véritable casse-tête. On ne

peut servir deux maîtres : Dieu et l'argent. Thomas d'Aquin évoque le caractère quelque peu « honteux » du commerce, et un décret du droit canon, au XIIe siècle, affirme que « le marchand ne peut plaire à Dieu – ou difficilement ». L'appât du gain est condamnable. Or, que cherche Spinello Tolomei en frottant ses mains courtes et grasses l'une contre l'autre, un œil fermé et l'autre ouvert sur ses comptes, sinon amasser des biens par tous les moyens ? Un marchand florentin du XIVe siècle l'exprime sous forme de conseil et sans la moindre nuance : « Ton aide, ta défense, ton honneur, ton profit, c'est l'argent. » Un autre va plus loin encore en donnant ce conseil : « Ne fréquente pas les pauvres, car tu n'as rien à attendre d'eux. »

L'Eglise ne peut – théoriquement du moins – encourager cette passion exclusive du profit. L'un des sept péchés capitaux – l'*avaritia* – n'est-il pas la cupidité ? L'idée que l'argent engendre l'argent avec le temps lui est également insupportable. Le temps n'appartient qu'à Dieu, et l'utiliser pour réaliser des profits est une insulte à sa loi.

Dans ce cas, le marchand lombard peut-il demeurer bon chrétien ? N'a-t-il pas d'ailleurs, au cours des croisades, très souvent prouvé qu'il pouvait s'entendre avec les musulmans et faire avec eux d'importants profits ?

Les peines prévues en cas d'usure – un péché mortel – sont pourtant redoutables : excommunication et privation de sépulture, obligation de restitution des profits, invalidation des testaments.

Elles ne seront que mollement appliquées, et dans quelques cas seulement.

Las ! L'essor de l'économie européenne et les besoins nouveaux de la papauté en argent inclinent l'Eglise à l'indulgence, surtout quand, l'usure étant dissimulée dans le prêt lui-même, les apparences demeurent sauves.

En réalité, l'Eglise adopte très vite une attitude pragmatique. Les Lombards sont devenus un auxiliaire indispensable au sein de la société marchande qui se met en place.

Entre la théorie et les faits, les faits l'emportent donc, de même que la notion d'utilité commune. Puisque la réalité économique est devenue incontournable, puisqu'il y a interdépendance entre les nations, puisque nul – surtout Dieu ! – ne peut avoir voulu cet état de choses sans de bonnes raisons, alors les marchands et leur monde sont voulus par Dieu.

Fin de la démonstration. Les donations pieuses, les actes de bienfaisance, les aumônes suffiront à conforter l'Eglise dans cette voie. Lorsqu'un certain Bernardo Tolomei se retire au monastère de Monte Oliveto Maggiore qu'il a fondé, l'Eglise peut se réjouir et en faire un bienheureux. Sa qualité de marchand – et même d'usurier – devient alors secondaire. Si le Lombard a été bon chrétien, généreux en aumônes, et s'il restitue par testament une bonne partie de ce qu'il a amassé sa vie durant, on oubliera plus aisément ses fautes.

La royauté capétienne ne raisonne pas autrement. Mal nécessaire, a-t-on dit. A l'image de l'Eglise, elle classe les Lombards en deux catégories : les marchands-banquiers dont elle a besoin, et les usuriers. C'est d'ailleurs à cette seconde catégorie qu'appartiennent ceux qu'on appelle vraiment les Lombards ou cahorsins : des prêteurs sur gages à court terme, des usuriers qui avancent pour quelques mois de petites sommes à des personnes de condition moyenne, à des clercs, des nobles désargentés, des paysans.

Cette distinction n'apparaît guère toutefois dans les textes. Les deux catégories y sont largement confondues. Tous sont considérés comme Lombards, du plus riche homme d'affaires au plus modeste des épiciers. Or, comment pourrait-on comparer le financier qui, au sein de sa compagnie, règne sur un aréopage d'employés, d'associés, de domestiques, de valets, avec le mince vendeur d'épices ? Comment pourrait-on comparer la grande compagnie qui finance les rois et les papes et le particulier qui avance quelques pièces sur des hardes ou de la vaisselle sans grande valeur ?

Les derniers Capétiens ne feront pourtant aucune différence entre eux dès lors que la volonté de réprimer les Lombards l'emportera sur le sentiment de leur utilité.

Les Lombards, tout comme les Juifs, sont pourtant depuis toujours assujettis à des taxes, mais les humeurs politiques des rois de France ne s'embarrassent guère de ces détails. Déjà en 1258, Saint Louis fait chasser des cahorsins. Dix ans plus tard, il recommence et expulse sous trois mois les Lombards, cahorsins, usuriers, qui pratiquent un commerce illégitime. En 1274, récidive de Philippe le Hardi qui applique la même mesure que son père.

On comprend mieux ainsi pourquoi, dans le roman de Druon, Spinello Tolomei ne se réjouit guère de l'éventuel « retour aux coutumes du bon roi Saint Louis ».

Chaque fois pourtant, on revient plus ou moins rapidement sur ces mesures contraignantes. On tergiverse, on aménage. Puis, on retombe dans la répression.

Sous Philippe le Bel, moyennant une taxe assez légère et proportionnelle à leur chiffre d'affaires, on leur permet d'exercer leur activité. Mais, en 1291, en 1303-1305, en 1309-1311, les voilà de nouveau l'objet de mesures répressives. La grande ordonnance de juillet 1311 limite l'intérêt à un denier par livre et par semaine, soit 20 pour cent [4]. Certains Lombards, se sentant alors la cible désignée du pouvoir, préfèrent émigrer. Sous Louis X, ils sont autorisés à revenir en France, mais pour neuf années et dans quatre villes seulement : Paris, Nîmes, La Rochelle, Saint-Omer. La taxe de Philippe le Bel est portée à près de deux deniers. En outre, ils devront payer une taille spéciale, impôt à la fois personnel et réel proportionnel à l'ensemble de leurs biens.

Philippe V n'abolit aucune de ces mesures. Il se contente de les aménager. Il exempte ainsi tous ceux qu'il fait « bourgeois du roi », c'est-à-dire ceux qu'il naturalise et dote de franchises. Il baisse les taxes de Philippe le Bel. De même, il diminue la taille dite des Lombards de 5 à 2,5 pour cent.

Sous Charles IV, une enquête s'efforce de clarifier leur situation et les répartit en trois catégories : les marchands des grandes compagnies ; les épiciers, merciers, aubergistes, etc., qui résident dans le royaume, ont épousé des filles de France et peuvent y demeurer à condition de ne pas se livrer à l'usure ; les usuriers au sens strict dont on cherche en vain à réglementer la pratique et qui doivent être pourchassés ou quitter le pays.

Charles IV ne leur fait d'ailleurs guère de concessions. Les journaux du Trésor nous indiquent que les Lombards sont taxés sous son règne à plusieurs titres : don de joyeux avènement en 1322, prêt pour la guerre de Gascogne en 1324, « finance » sur les usuriers proportionnelle au chiffre d'affaires en 1325.

Officiellement, il n'existe plus alors que 68 Lombards dans le domaine royal, ainsi que 42 censés fréquenter les foires de Champagne dont 39 à Paris.

Le nombre de Lombards exerçant leur activité dans le royaume capétien ne cesse plus ensuite de décroître. A partir de 1330, les expulsions sont souvent définitives. Des mesures draconiennes les frappent : réduction du capital pour les créances usuraires, limitation des taux d'intérêt, suppression du droit de bourgeoisie, taxes plus fortes.

Entre-temps, les foires de Champagne ont décliné et les faillites des grandes compagnies se sont multipliées. Le règne des Lombards en France s'achève. En 1347, lorsque la monarchie fait saisir leurs créances pour vérification et pour recouvrement éventuel par ses agents, ces Lombards susceptibles d'intéresser le roi ne sont plus qu'une cinquantaine.

La disparition des compagnies a pourtant une explication dans le phénomène même de l'usure. A trop vouloir jouer sur des taux d'intérêt élevés, les Lombards ont poussé beaucoup de leurs clients à un endettement excessif. Mais « plus les intérêts sont lourds, plus il y a difficulté à les payer, plus nombreuses sont les créances irrécupérables, et celles-ci finissent par s'accumuler au point que, en dépit des exigences croissantes des compagnies, leurs finances sont dans un équilibre de plus en plus précaire. Que surviennent une tension, une crise, et c'est la ruine en chaîne pour des dizaines de prêteurs, des dizaines de compagnies [5]. »

Le fait de vivre au-dessus de ses moyens, le recours systématique à l'emprunt font de l'usure une « lèpre » qui finit par ronger l'ensemble du corps social jusqu'au plus haut niveau. Le nombre des créanciers de Charles de Valois – près de deux mille ! – en offre une preuve éclatante et terrifiante à la fois.

Les Tolomei

Si le banquier lombard Spinello Tolomei, auquel Maurice Druon fait jouer le rôle d'un *deus ex machina*, n'a jamais existé, le nom de Tolomei, en revanche, est bien réel.

La ville de Sienne conserve aujourd'hui encore un palais Tolomei donnant sur la place du Palio, souvenir de la splendeur passée d'une famille qui compta parmi les plus riches négociants de la ville.

En fait, la société Tolomei semble avoir été l'une des plus importantes compagnies siennoises du milieu du XIIIe siècle après celle des Bonsignori. Elle devait croître et prospérer durant trois quarts de siècle en dépit des turbulences économiques et politiques de l'époque.

Elle est issue d'un certain Tolomeo Tolomei qui, en 1178, se signale par sa participation à une ambassade auprès du pape Alexandre III. Mais ce sont ses trois fils, Tolomeo, Jacopo (ou Jacomo) et Loterengo, qui se lancent dans le commerce et commencent grâce à lui à s'enrichir.

Dans la première moitié du XIIIe siècle, la famille Tolomei est déjà engagée dans le grand commerce international et participe aux foires de Champagne. Elle possède également depuis 1226 des intérêts dans les mines d'argent de Montieri.

Dans la seconde moitié du XIIIe siècle, Jacopo et ses fils font prospérer la compagnie. En 1252 et 1254, par des prêts à l'évêque de Voltera, et avec l'aide des Bonsignori, ils obtiennent le contrôle des mines de Montieri. Mais, surtout, ils sont choisis comme changeurs du pape Alexandre IV.

Voilà les Tolomei devenus banquiers du Saint-Siège ! A Rome, ils sont les prêteurs attitrés des églises. Leur faveur semble au zénith. Pourtant, elle ne dure pas. Dès le pontificat d'Urbain IV, les Bonsignori parviennent à les écarter de la cour pontificale. Sienne, pour son appui aux gibelins, est excommuniée en 1262 et le restera jusqu'en 1273. Les Tolomei semblent alors perdre tout crédit dans l'esprit du pape. Ils redoutent l'arrestation ou le bûcher.

Dès 1262 fort heureusement, Urbain IV les exclut nominativement de l'excommunication encourue par les Siennois.

Inquiets de ces revirements de la papauté, les Tolomei passent alors au service de Charles d'Anjou qui les prend sous sa protection et les recommande à ses relations en France, en Sicile et à Rome.

Dès 1265, les Tolomei ont un facteur en France et en Angleterre, Andrea Christofori Jacobi. On sait également qu'ils sont représentés en Champagne, à Nîmes, Marseille et Bordeaux où ils disposent même d'un comptoir permanent.

Si le facteur des Tolomei s'occupe encore de recouvrement de créances sur des établissements ecclésiastiques – sans doute dans le but de liquider certaines opérations engagées du temps de leur faveur romaine –, la compagnie apparaît comme une société commerciale. Son activité est double, « elle achète aux foires et en Flandre des draps et des toiles qu'elle expédie en Italie ; elle vend aux foires des marchandises importées d'Italie. Le premier aspect est cependant le seul permanent ; il est la raison d'être de la société. La vente des marchandises d'importation a surtout l'intérêt d'éviter des transports d'espèces depuis l'Italie où les draps sont vendus jusqu'aux foires [6] ». Ces marchandises sont très diverses : alun, soie, laine, futaine, poivre, cire.

Dans tous les cas, à une époque où le crédit joue un rôle essentiel, les Tolomei recourent au partage des risques. Non seulement ils empruntent ou prêtent à des sociétés siennoises, florentines ou placentines, mais ils ont des intérêts communs sur toutes leurs marchandises avec d'autres sociétés. En cas de mévente, de perte, de vol, ou même de défaut de paiement, le partage des risques entre compagnies représente la plus fiable des assurances. En cas de difficultés importantes, les réactions en chaîne sont en revanche à craindre.

A partir de 1270, nous sommes un peu moins bien renseignés sur les activités de la compagnie. On a même longtemps cru qu'elle s'était dispersée, en quelque sorte, avant de se reconstituer en 1309.

C'était oublier que, dans les archives de Sienne, les Tolomei sont rarement mentionnés sous leur nom mais le plus souvent sous l'appellation « fils de ser Jacomo ». En réalité, de même que le grand conseil de Sienne continue de se réunir au palais Tolomei en attendant l'achèvement du palais communal, la société poursuit ses activités, notamment à travers ses facteurs et ses nombreux associés. Des pièces d'archives la font apparaître à la foire de Provins en 1279, à Marseille en 1300 pour un change de trois mille gros tournois d'argent, à Bordeaux en 1307 pour un change de mille florins d'or à payer à la foire de Lagny.

La compagnie Tolomei est pourtant en perte de vitesse comme la plupart des compagnies siennoises, éclipsées par celles de Florence ou de Lucques. En 1309, les Bonsignori font faillite. Pensant pouvoir profiter de cette aubaine, les Tolomei se constituent – pour une durée de trois ans – en une société nouvelle.

Leurs dernières opérations auront lieu en 1311 à Troyes, à la foire Saint-Jean où ils négocieront d'importants contrats avec de grandes compagnies florentines – les Bardi, les Peruzzi. Mais l'heure des Tolomei était passée. La même année, la société était déclarée en faillite.

Lorsque Maurice Druon introduit le personnage de Spinello Tolomei dans son premier volume des *Rois maudits*, la compagnie siennoise a donc achevé sa course.

En réalité, le personnage du roman est composite. Maurice Druon s'est visiblement inspiré de banquiers italiens célèbres parmi lesquels on peut songer d'abord aux fameux Biche et Mouche. Comme eux, même s'il ne figure pas dans l'entourage du roi, il a l'oreille des grands, des barons, des prélats. Qu'il négocie les biens des Templiers avec le frère de Marigny, qu'il avance de l'argent à Robert d'Artois, Spinello Tolomei se tient informé des dernières décisions prises en Conseil, et plus encore des mesures répressives qui pourraient être prises à l'encontre des Lombards.

Biche et Mouche, ou plutôt les frères Albizzo et Musciatto Guidi dei Franzesci, sont des Florentins. Originaires de la cité de San Gimignano, ils sont venus en France sous Philippe III avec leur frère Nicolo. Marchands et banquiers, ils sont très tôt parvenus à mettre leurs talents au service de Philippe le Bel. En 1293, on les retrouve installés à Paris, Biche paroisse Saint-Germain-l'Auxerrois, Mouche à Saint-Nicolas-des-Champs. Le premier paie alors 40 livres de taille, le second 54 livres, sommes très importantes pour l'époque.

Leur ascension fulgurante va les projeter au sommet de l'Etat. Comme le fait observer Jean Favier : « Biche et Mouche surent jouer habilement de leur crédit sur le roi pour mettre la main sur le service financier et du service financier pour développer leur crédit. Ils avançaient au roi les sommes que l'impôt ou le domaine leur remboursait d'autant mieux qu'ils en contrôlaient la gestion, ils spéculaient pour le roi – et pour eux-mêmes – sur le marché du numéraire, ils conseillaient le roi et savaient ainsi ce qu'on disait au Conseil du roi [7]. »

Ce qu'ils mettent également au service de Philippe le Bel ? Leurs aptitudes financières, ainsi qu'une parfaite connaissance des réalités politiques italiennes, atout précieux, s'il en est.

Biche et Mouche remplissent d'ailleurs de fréquentes missions diplomatiques pour le compte du Capétien. En 1295, Mouche est envoyé comme ambassadeur en Allemagne. En 1300, il est à Rome avec Gautier de Châtillon. L'année suivante, les deux frères accompagnent Charles de Valois dans ses voyages italiens. En 1303, enfin, Mouche est du voyage d'Anagni avec Nogaret.

C'est cependant à la tête des finances du royaume qu'ils feront leur exceptionnelle carrière. Devenus chevaliers du roi, on les voit exploiter les droits de Philippe IV sur les foires de Champagne et de Beaucaire, payer ses dépenses sur le Trésor, négocier des emprunts pour lui, collecter la décime, lever le revenu du comté de Toulouse, conseiller le roi sur l'altération des monnaies ou l'éventuel retour à la « bonne monnaie du roi Saint Louis ».

Devenus riches, indispensables à la Couronne, ils siègeront au Conseil du roi. Si indispensables que, après leur mort à quelques semaines d'intervalle au début de 1307, ils ne seront pas remplacés.

Un autre Lombard célèbre semble bien avoir inspiré Druon pour construire le personnage de Spinello Tolomei : Gandolfo degli Arcelli dont les Français feront Gandoufle d'Arcelles.

Originaire d'Arcelli, près de Plaisance, il apparaît à la fin du XIIIe siècle comme le plus riche marchand italien de Paris, sinon comme la plus grosse fortune de la ville. En 1292, il paie 114 livres de taille, 142 en 1296, 120 en

1300 ! Soit un bon tiers de plus que le plus riche des marchands après lui.

A Paris, il demeure dans une vaste maison rue Saint-Bon, paroisse Saint-Merri, entouré de nombreux clercs et valets. Il en a d'autres rue des Lombards. Il possède également des propriétés à Ville-Evrard et à Neuilly-sur-Marne où il a six maisons, dix arpents et demi de vignes, dix arpents de terre arable et un quartier et demi de pâturage. Des terres à Montlhéry et à Etampes.

De toutes les compagnies établies à Paris, celle de Gandoufle d'Arcelles est la plus prospère.

Sa clientèle ? Robert II – comte d'Artois et père de Mahaut, qui lui lèguera mille livres par testament –, Gui de Dampierre – comte de Flandre –, le comte d'Alençon, le comte de Ponthieu, les comtes de Dreux et de Saint-Pol, le sénéchal Eustache de Beaumarchais, ou Pierre Marcel – le père du futur prévôt de Paris –, tant d'autres encore !

A ces noms prestigieux il faut ajouter bon nombre de villes à qui Gandoufle d'Arcelles prête d'importantes sommes d'argent : Pontoise, Poissy, Rouen, Dreux. Sans oublier d'autres compagnies commerciales, des prieurés, des abbayes.

Son influence est aussi colossale que sa fortune.

Lorsqu'il meurt en 1300, sans héritiers directs, Philippe le Bel fait cependant confisquer ses biens. Gandoufle ne lui doit-il pas 3 200 livres de créances impayées ? Comme d'Arcelles, Spinello Tolomei est en contact avec des clients qui sont de hauts barons, notamment un autre Robert d'Artois. Comme lui, il apparaît comme l'un des plus riches Lombards de Paris. Comme lui, il se livre aux mêmes activités marchandes. Comme lui, il meurt sans héritiers, entouré seulement de cousins et de neveux.

Non content de faire de Spinello Tolomei un banquier richissime et influent, Maurice Druon le transforme en *deus ex machina*. Si riches et influents aient-ils pu être, il est cependant peu probable que des Lombards se soient laissés aller à comploter avec des clients si haut placés. Le risque était grand et ils se savaient trop surveillés en permanence par les Capétiens pour prendre celui de leur déplaire, voire même d'attirer les foudres royales sur l'ensemble des Lombards. Beaucoup n'aspiraient qu'à bâtir une fortune et à retourner ensuite en Italie ou du moins à finir leurs jours hors d'un royaume trop peu sûr pour leur communauté. Se faire remarquer eût été la dernière des imprudences.

11

Un roi d'opérette : Giannino Baglioni

Nuit du 13 au 14 novembre 1316, château de Vincennes. La reine Clémence de Hongrie vient d'accoucher d'un fils posthume du roi Louis X le Hutin. L'enfant est prénommé Jean. Epuisée mais heureuse, Clémence peut s'endormir en paix. Le royaume a enfin cet héritier que l'on espérait, mais que l'on n'attendait plus.

L'enfant est baptisé peu après. Il a pour parrains Philippe, régent de France, le connétable Gaucher de Châtillon, et pour marraine Mahaut d'Artois.

Suivant le rite du baptême proprement dit, vient celui de la présentation du roi.

C'est alors que...

« Le régent prit le petit Jean par le torse, l'éleva au-dessus de sa tête pour que chacun pût à loisir le contempler. Soudain Philippe sentit couler sur ses mains un liquide gluant et chaud. L'enfant, saisi de hoquets, vomissait le lait qu'il avait sucé la demi-heure d'avant, mais un lait devenu verdâtre et mêlé de bile ; son visage se colora de la même manière, puis très vite vira à une teinte foncée, indéfinissable, inquiétante, tandis qu'il tordait le cou en arrière. »

Quelques instants plus tard, le petit Jean Ier, empoisonné à l'aide d'un mouchoir imbibé de « poudre », a un dernier hoquet. L'enfant avait cessé de vivre.

La sorcière, l'empoisonneuse Mahaut d'Artois, si désireuse de voir enfin son gendre, Philippe de Poitiers, ceindre la couronne, a donc encore frappé !

Tel est du moins le récit qu'en fait Maurice Druon dans son roman.

Cette version des faits, il l'a cependant puisée dans des documents bien réels, mais très postérieurs à l'événement. Car elle est liée à la légende d'une survie possible du petit roi Jean Ier, à qui on aurait substitué un autre enfant, et qu'on appellera bientôt « Jean Ier le posthume » : Giannino Baglioni.

Le thème des rois substitués ou cachés est récurrent au Moyen Age. La quête d'identité, l'incertitude quant à la mémoire hantent l'imaginaire médiéval. Le fantasme d'un prince mort jeune ou très loin de son pays et qui, toujours vivant, reviendra pour sauver son royaume, y rétablir l'ordre et en chasser ses « ennemis », a même souvent été instrumentalisé par des clans, des factions, dont les objectifs étaient rien moins que fantasmatiques.

De la première moitié du XIIIe siècle à la fin du XVe siècle, on ne dénombre ainsi, pour toute l'Europe occidentale, pas moins de trente-deux princes imposteurs, soit un tous les onze ans en moyenne. La fréquence maximale étant atteinte au XIVe siècle en période de crise, au moment de la guerre de Cent Ans et de la grande peste de 1348.

Très fréquents en Angleterre ou en Allemagne, les cas sont beaucoup plus rares en France où les princes naissent et meurent en public. Ils ont des héritiers reconnus. Manœuvrer un imposteur à l'extérieur reste donc toujours possible, mais beaucoup plus difficile à réaliser à l'intérieur du royaume.

Bien avant la fameuse affaire Louis XVII, une certaine littérature médiévale entretient déjà la légende de la survie de Jean Tristan, un fils de Saint Louis né pendant les croisades, éduqué par un sultan après qu'il eut été ravi par une esclave sarrasine, et qui revient pour sauver le trône de Philippe III. Mais l'affaire du petit Jean Ier constitue à maints égards une exception.

Se faire passer pour un autre n'est guère malaisé à cette époque. Surtout si l'on a disparu depuis longtemps. Les vérifications sont quasiment impossibles. Les critères de ressemblance sont fragiles, les témoignages peu fiables.

La prétention à être un roi véritable, écarté du trône par substitution, et qui cherche à retrouver son héritage, obéit toutefois à des critères plus complexes. Elle exige du prétendant des qualités particulières. Qu'il agisse par calcul, par folie, par mimétisme ou sous l'influence de manipulateurs, il doit être à la hauteur de son rôle, l'interpréter avec talent, s'exprimer avec aisance et conviction, croire en soi, être pénétré de l'idée que son destin est bien celui d'un monarque. Toutes dispositions qui n'appartiennent pas au premier venu sous peine de voir son mensonge rapidement éventé. Il lui faut en outre disposer de soutiens efficaces ou d'un mentor capable d'entretenir sa paranoïa.

Le schéma est cependant toujours à peu près identique : il y a eu substitution à la naissance, enlèvement, trahison. Mis à l'écart ou exilé, le « roi caché » a longtemps attendu son heure. Son retour permet de contester le pouvoir en place, qu'il s'agisse d'une dynastie nouvelle, d'un roi brouillé avec ses élites ou souffrant d'une mauvaise image dans l'opinion. Autour de lui naissent des espoirs, des attentes. Face à l'imposteur sur le trône, le prétendant offre l'image de la bonté et de la piété. C'est lui qui ramènera la paix dans le royaume, tandis que le mauvais roi » cherchera à lui nuire, le tournant en ridicule, ou même essaiera de le faire capturer et exécuter. Car le prétendant a naturellement vocation au martyre. Il est celui qui, à l'instar du Christ, va donner sa vie en sacrifice pour son peuple. « Certains de ces princes saisis par la légende, écrit Yves-Marie Bercé, ont été voués à des survies merveilleuses, dans des îles fabuleuses ou bien dans un sommeil surnaturel au fond d'une grotte des montagnes. Les héros dormant s'éveilleraient si un jour leur patrie les réclamait. Sacrificiel, tutélaire, le prince caché peut encore justifier son déguisement par le simple appétit de vérité. C'est pour cela qu'il se cache aux yeux du monde. Lorsque la justice l'exige, ce prince avisé revient rétablir le bon droit [1]. »

Ce thème n'est d'ailleurs pas exclusivement occidental, et l'on ne peut s'empêcher de songer, chez les chiites duodécimains, à la doctrine de l'imam caché – le douzième – qui, retiré dans le monde invisible, doit revenir à la fin des temps sous les traits du Mahdi, le « bien guidé ».

Giannino Baglioni n'a évidemment que peu de rapports avec une figure aussi éminemment symbolique. Fils adoptif de Guccio, dans la lignée des Tolomei de Sienne, il n'est qu'un marchand à qui le destin a réservé un sort troublant et dont l'itinéraire chaotique va provoquer quelques remous en Europe.

Cola di Rienzo, le manipulateur

A tout imposteur il faut, la plupart du temps, un mentor qui, loin de sombrer dans la paranoïa, sache contrôler, à tout le moins instrumentaliser sa folie ou ses ambitions.

Celui de Giannino porte un nom : Cola di Rienzo.

Un curieux personnage, en vérité. Né en 1313, il est le fils d'une lavandière et d'un aubergiste, mais se prétendra toujours le fruit des amours illégitimes de sa mère avec l'empereur germanique Henri VII. Rien de moins. De médiocre extraction, il compense cependant ses origines par une intelligence hors pair et un appétit de savoir jamais rassasié. Rome, sa ville, constitue sa principale source d'inspiration et d'intérêt. Il en connaît l'histoire en détail, les monuments, les auteurs classiques. Il s'est passionné pour l'étude des inscriptions romaines, a lu Tite-Live, Cicéron, Sénèque, saint Augustin. Sur Rome, il sait à peu près tout ce que l'on peut savoir à son époque.

Et très vite, il en est arrivé à ce constat : Rome est une ville qui a perdu toute grandeur, elle n'est plus que l'ombre d'elle-même, ce n'est plus la cité qui a conquis le monde mais une bourgade qui vit sur un passé glorieux et à jamais disparu. Non seulement elle fait pâle figure à côté des villes d'Italie du Nord et du Centre, mais elle est déchirée par les luttes intestines entre les grandes familles patriciennes. A ces maux enfin, il faut en ajouter un autre depuis 1309 : la papauté a fui la ville pour s'installer en Avignon, ôtant à Rome son atout spirituel et temporel.

Ce constat est devenu pour Cola une véritable obsession. En 1342, désolé par l'état d'anarchie et de violence dans lequel s'enfonce la Ville éternelle, di Rienzo prend la tête d'une délégation populaire et se rend en Avignon pour demander au pape Clément VI de revenir à Rome afin d'y rétablir l'ordre.

Clément VI lui prête une oreille attentive, il n'a d'ailleurs pas d'autre ambition que de revenir un jour dans la Ville sainte, mais l'heure n'est pas encore venue. Pour satisfaire aux revendications de Cola di Rienzo, il lui fait malgré tout une promesse : il établira le jubilé pour 1350. Ainsi, l'afflux de pèlerins permettra au moins à la ville de rétablir sa situation matérielle.

Cola di Rienzo devine que le pape s'en tiendra à cette décision mineure. Lorsqu'il s'est plaint à lui du comportement des nobles romains, Clément VI a d'ailleurs adopté un ton plus ferme qui l'a découragé de pousser plus loin son avantage.

L'appui du souverain pontife, pour réel qu'il soit, ne dépassera donc pas certaines limites. Inutile d'espérer de sa part un soutien officiel contre les familles patriciennes.

Conscient qu'il doit compter sur ses propres forces, Cola, de retour dans la Ville éternelle, ne va donc plus chercher qu'à secouer le joug des barons italiens. Au printemps 1347, il prend la tête d'une insurrection des *popolani* contre les nobles. Le peuple contre les patriciens !

Avec quelques centaines d'hommes, il s'empare du Capitole et du palais du gouvernement, puis instaure un nouveau pouvoir. Deux tribuns sont élus : lui-même et Raymond d'Orvieto. Son programme est clair : pacifier Rome, éliminer les nobles de tous les rouages politiques et financiers, rétablir une morale plus stricte par des mesures simples : interdiction des jeux de hasard, lutte contre l'ivresse publique... Surtout, il veut redonner à la ville son lustre d'antan.

Le pape, jusque-là favorable à ses entreprises – peut-être les a-t-il même hypocritement approuvées en sous-main –, finit malgré tout par s'inquiéter. Le fanatisme, l'ambition de di Rienzo lui inspirent maintenant plus de répulsion que de sympathie. À trop évoquer l'ancienne domination de Rome sur l'Italie et le monde méditerranéen, le tribun s'enferme dans une vision passéiste et dangereuse qui ne peut qu'attirer des ennuis sur la Ville éternelle.

Clément VI décide alors de renouer avec les nobles et d'abandonner Cola di Rienzo. A l'automne 1347, ceux-ci attaquent le tribun et reprennent le Capitole.

Commence alors pour di Rienzo une errance qui va le conduire de geôle en geôle, au château Saint-Ange, à Prague, et en Avignon. Cinq ans plus tard, les nobles romains s'étant retournés contre la papauté, le nouveau pape Innocent VI le libère. Espère-t-il que Cola di Rienzo le servira mieux en regagnant l'Italie ?

Après un retour triomphal à Rome en août 1354, di Rienzo est pourtant à nouveau contesté, en passe d'être chassé du pouvoir.

C'est alors que va germer dans son esprit un plan dont on a peine à comprendre aujourd'hui encore l'exacte finalité.

Le roi Giannino

Le 18 septembre, di Rienzo a écrit à Giannino Baglioni pour solliciter une entrevue. Ce n'est pas la première fois que le tribun souhaite le rencontrer, mais ce désir était demeuré jusque-là informel et la réponse de Baglioni s'était fait attendre.

Né en 1316, Giannino Baglioni est le fils de Guccio, marchand et banquier siennois, et de Marie, fille d'un seigneur de Carsi (devenu Cressay chez Druon) dans l'Eure. À neuf ans, il a été emmené à Sienne où il a fait plus tard carrière dans le commerce du fer, de la laine, puis dans celui des pierres précieuses et des perles. Il a par ailleurs administré les hôpitaux de la ville en tant que camerlingue du pape.

À l'heure où les deux hommes finissent par se rencontrer, Giannino Baglioni apparaît comme un homme effacé et sans histoires. Mais, ce 2 octobre 1354, sa vie va radicalement basculer.

Ce jour-là, Cola di Rienzo, dans une scène tragicomique, et tout en lui manifestant la plus grande déférence, lui raconte une histoire stupéfiante. Baglioni ignore sa véritable identité. Il n'est pas ce qu'il croit être. Il n'est pas Giannino, fils de Guccio et de Marie de Carci. Il est le fils de Louis X le Hutin et de la reine Clémence de Hongrie.

Giannino est abasourdi. La fable est un peu grosse. Le fils de Louis X, chacun le sait, est mort cinq jours après sa naissance. Comment cela serait-il possible ?

Dénégations formelles du tribun. Le fils de Louis X et de la reine Clémence est bien vivant et ce fils, c'est lui, Giannino Baglioni. Lorsqu'il est né au mois de novembre 1316, les barons chargés de surveiller la grossesse royale craignaient tant pour sa vie à cause des projets criminels de Mahaut d'Artois qu'on lui a substitué le fils de sa nourrice – Marie de Carsi – le petit Jeannot. C'est lui qui est mort à sa place, le crâne percé d'une aiguille par Mahaut.

Pris de court, les barons n'ont pu alors déclarer la survie de Jean Ier. Philippe, comte de Poitiers, était déjà aux portes de Paris pour se faire reconnaître régent. Ils ont confié l'enfant à Marie de Carsi en lui faisant jurer de garder le silence.

Giannino a-t-il cru d'emblée à cette fable ? A-t-il senti vaciller sa raison ? A-t-il réclamé des explications plus détaillées ? Sans doute a-t-il été impressionné par la conviction affichée par Cola di Rienzo, par sa force de persuasion. Surtout lorsque le tribun a prétendu avoir en sa possession tous les documents prouvant la réalité de ce qu'il avançait.

Le 4 octobre, di Rienzo lui remet d'ailleurs plusieurs documents : neuf lettres scellées de son sceau où se trouvent, entre autres, les attestations du confesseur de sa mère et les aveux de Marie de Carci. Toutes pièces fabriquées par le tribun lui-même.

Baglioni est ébranlé. L'idée d'être le roi légitime de France n'est évidemment pas pour lui déplaire. Elle satisfait son orgueil et ses ambitions secrètes, elle flatte également son égocentrisme et une paranoïa naissante.

Les deux hommes se quittent et se retrouvent le 7 octobre. Outre la déférence que le tribun lui montre à chaque rencontre – il lui baise cérémonieusement le pied droit en signe de soumission –, di Rienzo lui a fait fabriquer un sceau représentant un soleil – symbole de royauté – avec douze rayons et douze étoiles en hommage aux douze pairs de France.

Cola di Rienzo le met cependant en garde. Des complots se trameront contre lui, on cherchera à lui nuire, voire même à le tuer.

Le 8 octobre, c'est pourtant lui, Cola, qui tombe sous les coups de ses assassins. Mis en pièce, son cadavre sera brûlé, puis ses cendres jetées dans le Tibre.

Un roi errant

Cola di Rienzo disparu, Giannino Baglioni prend peur et se mure dans le silence pendant deux longues années. Perplexe, il attend. Peu avant de mourir, le tribun romain lui a assuré qu'un signe du ciel interviendrait pour lui faire comprendre que le temps de sa mission avait commencé.

La terrible défaite de Poitiers en 1356 et la capture du roi Jean II le Bon vont être ces signes attendus.

Cette fois, Giannino ne doute plus qu'il soit appelé à jouer un rôle décisif dans l'histoire de la France, dans l'histoire de « son » royaume.

Commence alors une période d'errances où Baglioni – alias Jean Ier le posthume – va tenter de convaincre tous ceux qui croisent sa route de ses origines et de sa véritable identité. En Italie, en Hongrie, en Provence.

Beaucoup lui prêtent une oreille favorable, se montrent même prêts à lui apporter un soutien. Giannino sait se montrer convaincant. Jamais il ne semble douter de lui. Même lorsque son interlocuteur ne croit pas un mot de ce qu'il dit et le manipule à son insu.

La plupart du temps cependant, Baglioni ne repart qu'avec des promesses, quelques lettres, rien de plus.

Le 3 décembre 1357, il se fait ainsi recevoir à Buda par le roi Louis de Hongrie, descendant de la maison d'Anjou. Là, il affirme que, soutenu par feu Cola di Rienzo et le conseil de la commune de Sienne, il a quitté l'Italie pour se faire reconnaître comme le fils de Louis X et de la reine Clémence, le seul roi légitime de France. Louis de Hongrie se montre d'abord sceptique. N'a-t-il pas eu affaire récemment à un cordonnier de Bohême qui prétendait être son frère, André, roi de Naples, assassiné en 1345 sur l'ordre – du moins en est-il persuadé – de sa femme, la reine Jeanne ?...

La fougue de Giannino et la perspective de pouvoir l'utiliser politiquement achèvent de décider Louis. Susciter et soutenir un opposant au roi de France n'est pas pour lui déplaire. Lorsqu'il a envahi Naples pour en chasser celle qu'il rendait responsable de la mort de son frère, Philippe VI de Valois n'a-t-il pas pris fait et cause pour la reine Jeanne ?

Giannino repart de Buda avec de belles paroles et une lettre de Louis de Hongrie le recommandant aux princes et aux Etats de la chrétienté. Cette lettre a malgré tout valeur de confirmation officielle et conforte le marchand siennois dans ses délires de grandeur. « Messire Jean Guccio de la cité de Sienne, écrit le roi de Hongrie, gentilhomme issu de la souche royale, fils du sérénissime prince Louis, roi de France, et de la reine Clémence, dont les mémoires soient bénies, s'étant rendu dans notre royaume de Hongrie et s'étant présenté devant nous, nous a prouvé par un grand nombre d'instruments authentiques que la couronne de France lui était due en droit. Ces instruments nous ont appris que noble dame la comtesse d'Artois, désirant ouvrir le chemin du trône à son gendre, messire Philippe, oncle dudit Jean, machina la mort dudit Jean peu de jours après sa naissance. La divine providence, par le moyen de la nourrice et grâce à une substitution d'enfant qui rappelle la fuite de la Vierge en Egypte, sauva la vie de ce prince, tandis qu'un autre était tué à sa place. Des seigneurs et des dames que notre père, le roi Charles, avait envoyés, après la mort dudit Louis, roi de France, pour faire visite à la reine Clémence, sa sœur, et qui virent cet enfant, nous ont porté leur témoignage de tous ces événements et ont reconnu ce prince en la personne dudit Jean, déclarant que c'était à lui que le royaume de France aurait dû revenir, qu'il avait été l'objet d'une substitution et qu'on l'avait ensuite emmené en Toscane, et précisément à Sienne. Pour comble de certitude, nous avons envoyé secrètement en France, pendant que ledit Jean était dans notre royaume, des émissaires prudents et au discernement sûr qui, revenus en notre présence, nous ont rapporté et affirmé que toutes les assertions dudit Jean correspondaient à la réalité. C'est pourquoi nous recommandons, du plus profond du cœur, à votre amitié ledit Jean et toutes ses entreprises. »

Dont acte !

On croit rêver. Louis de Hongrie accorde-t-il foi un seul instant à ces témoignages recueillis sur des faits vieux de quarante ans ?...

Il n'empêche. L'enquête diligentée par ses soins a éveillé l'attention de la cour de France. Au début de l'année 1359, le régent de France – le futur Charles V – et son frère, le comte de Poitiers, expédient une ambassade à Buda. Est-ce pour parler des prétentions de celui qui affirme être Jean Ier le posthume ? On l'ignore, mais il est certain que le sujet était trop brûlant pour ne pas être évoqué.

Au mois d'août, Giannino, lui, a quitté Buda et regagné Sienne. Il a fait circuler ses lettres de recommandation. Il envisage de se rendre à Naples pour y conférer avec le roi Louis et les autres princes comme il l'a fait avec Louis de Hongrie. Le grand-sénéchal de Pouille, Nicola Acciaiuoli, à qui il a adressé un exemplaire de la « circulaire » du roi de Hongrie, l'en dissuade pourtant. Est-ce pour ne pas mettre la cour de Naples dans l'embarras ? Il recommande plutôt à Giannino de parler au pape avant d'entreprendre tout autre démarche.

Le 31 mars 1360, Baglioni quitte donc Sienne pour Avignon où il arrive le 21 avril. On imagine sa fièvre, son enthousiasme, sa certitude de convaincre bientôt le Saint-Père de son bon droit. D'ailleurs, l'évêque de Florence, Francesco « de Actis », lui réserve un accueil chaleureux. Tous les espoirs semblent donc permis.

Las ! Innocent VI ne veut pas le recevoir. Giannino tourne autour du palais d'Avignon comme un chien autour d'une écuelle. En vain.

Amer, dépité, il prend alors la résolution d'aller à la cour de Naples sans plus attendre afin « de prendre conseil du roi Louis, de la reine Jeanne et des autres princes, de conférer avec eux comme avec ses proches parents et de leur demander leur médiation entre lui et la maison de France, afin qu'il pût tranquillement retourner dans son royaume [2] ».

Mais, là encore, il renonce.

Un homme l'a convaincu de passer au plus vite à l'action : Pierre de la Courtneuve, un ancien compagnon d'Etienne Marcel, prévôt des marchands de Paris. Un plan déjà ancien envisageait de déclencher une offensive vers le Bas-Languedoc à partir de la Provence. La Courtneuve se fait fort de trouver des hommes prêts à défendre la cause du « re Giannino ».

Un mercenaire, Jean de Vernay – peut-être un Anglais – répond aussitôt à l'appel, mais le contrôle des opérations ne tarde pas lui aussi à échapper au prétendant.

Trahi par Pierre de la Courtneuve qui l'a dénoncé au cardinal de Périgord, et apprenant qu'il va être livré aux soldats du roi de France, Giannino doit se réfugier au château de Saint-Estève, chez Raymond de Montauban. De là il lance un vibrant appel aux seigneurs de Provence. « Pour les inviter à se mettre à son service, nous dit l'*Istoria*, et leur demander de donner libre passage en Provence à ses gens [...] et pour s'offrir, lui et tous ses gens, au service des Provençaux, au cas où ils auraient voulu venger l'injure que le roi de France leur avait faite. C'est, à savoir, lorsque le Dauphin de Vienne, son fils, envoya contre eux une grande compagnie d'hommes d'armes à la demande de certains nobles des Baux qui s'étaient révoltés contre leur seigneur, le roi Louis de Pouille. »

Hélas, tandis que Baglioni multiplie ces contacts et rédige force lettres, Jean de Vernay, menant une guerre à son profit mais au nom du « re Giannino », attaque au mois de décembre 1360 plusieurs localités du diocèse d'Uzès. Non loin de là, des bandes de routiers font également main basse sur la place de Pont-Saint-Esprit d'où ils vont menacer la région et même Avignon pendant plusieurs mois.

Convaincu par le pape d'agir contre ces routiers, le sénéchal de Provence, Matteo di Gesualdo, entre alors en campagne et fait arrêter Giannino à Saint-Estève le 7 janvier 1361.

Cette fois, l'aventure du prétendant semble définitivement compromise. Innocent VI, courroucé par toute cette affaire, exige même qu'il soit remis à des officiers français. Mais les autorités angevines s'y opposent et demandent à Gesualdo de faire transférer le prisonnier d'Aix à Marseille en attendant son embarquement pour Naples.

Tandis que les bandes de mercenaires de Pont-Saint-Esprit finissent par évacuer leurs positions, Giannino se morfond donc dans sa prison marseillaise. Au mois de septembre, pourtant, il croit à nouveau entrevoir un signe du ciel en sa faveur. Il s'évade.

Mal lui en prend ! Arrêté pour la seconde fois, il vit alors un calvaire. Maltraité, abreuvé d'injures, accusé de faux-monnayage et de sodomie – comment ne pas songer aux malheureux Templiers ? –, les Marseillais promettent de le faire périr par le feu ou l'ébouillantement. On compose même des chansons à sa « gloire », l'appelant « la putain » ou « la reine Jeanne ». Coupé du monde, ayant échappé de peu au lynchage, on le condamne au silence et à la nuit du cachot, les pieds aux fers.

Au mois de février 1362, Giannino est enfin transféré à Naples et comparait devant le roi. Celui-ci découvre un homme épuisé « en haillons, avec des culottes sans fond, sans chemise, les bas et les souliers tout troués », et surtout infesté de poux ! Malgré l'état pitoyable dans lequel il se trouve, Giannino, à sa demande, lui fait le récit de ses aventures et défend une dernière fois ses droits légitimes à la couronne de France.

Le roi Louis est-il pris de pitié devant cet homme qui

persiste à se dire le « re Giannino » ou en a-t-il assez de cette mascarade ?

L'année suivante, Giannino Baglioni mourra dans sa prison de Naples, d'épuisement et de désespoir. Victime de son rêve délirant : ceindre un jour la couronne de France. Victime aussi des rêves de grandeur de Cola di Rienzo, l'homme qui avait voulu rétablir le règne de Rome sur le monde.

L'énigme Giannino

Malgré la relative limpidité du récit de Tomaso Agazzari, bien des obscurités subsistent dans ce destin d'exception.

Quelles étaient les motivations de Cola di Rienzo pour solliciter une entrevue avec ce marchand siennois, huit jours avant sa mort ? Où avait-il entendu parler de ces rumeurs persistantes au sujet de la mort du petit roi Jean Ier ? En Avignon ? Les ambitions folles de di Rienzo ne sont pas toujours aisées à déchiffrer. Cherchait-il en s'appuyant sur une tutelle prestigieuse à assurer l'avenir de son propre pouvoir ? Espérait-il que, devenu roi à la place du roi, ce Jean Ier d'opérette parviendrait à convaincre le pape de quitter Avignon pour regagner la ville éternelle ?

Les intentions de ceux qui prêtèrent une oreille attentive au récit de Baglioni apparaissent plus claires. Dans le contexte politique international : gêner la France en suscitant un adversaire au roi Jean. Ce pouvait être le but de Louis de Hongrie – par vengeance – ou du roi Edouard III d'Angleterre si Giannino a bien servi les intérêts de la cour de Londres au travers d'intermédiaires, lesquels l'ont sans doute manipulé à son insu.

Ainsi, la question des subsides recueillis par Giannino dans ses années d'errance n'a pas été entièrement résolue. Selon le récit qui en est fait dans l'*Istoria*, il aurait, en gagnant la cour de Louis de Hongrie, rencontré un personnage énigmatique, un certain Daniel, savant juif parlant plusieurs langues, trafiquant en pierres précieuses et produits de luxe. Toujours en rapport, bien que converti, avec les juifs d'Autriche et de Carinthie, de même qu'avec les « rois des Tartares et des Turcs », Daniel se serait offert de trouver des fonds pour le « re Giannino » en échange d'une promesse : accueillir trois cent mille familles juives en France dès qu'il aurait retrouvé son trône. Le contrat passé entre les deux hommes aurait alors rapporté à Baglioni la somme de cinquante mille florins collectés dans les communautés juives d'Autriche et de Carinthie, somme qui lui aurait notamment permis de payer des robes, des bijoux, la confection d'armes et d'une couronne royale ainsi que ses mercenaires provençaux.

Daniel agissait-il pour le compte de quelque puissant ? Du roi d'Angleterre par exemple qui avait intérêt à encourager les entreprises de Baglioni ? Rien n'a jamais été prouvé et les historiens s'interrogent toujours à ce sujet.

Le « re Giannino » lui-même garde ses secrets. Seul le recours à la « psychologie des profondeurs » permettrait d'expliquer une personnalité aussi complexe. La certitude de son identité royale, son autopersuasion sans failles, son égocentrisme monstrueux – perceptible à la lecture de l'*Istoria* –, les signes les plus clairs de la persécution paranoïde, tout se noue chez lui en un écheveau difficile à démêler.

Yves-Marie Bercé s'est risqué à une interprétation psychanalytique du personnage. Selon lui, « son délire était raisonnant, informé, imperturbable ». Narcissique, victime du syndrome de la bâtardise, Giannino fuyait son mal-être par une survalorisation de soi liée à son identité rêvée.

Qu'il ait été manipulé par di Rienzo, par Daniel, par d'autres encore, le personnage semble malgré tout d'une cohérence impressionnante. La constance avec laquelle il cherche à faire reconnaître ses origines sans pour autant basculer dans une agressivité irraisonnée ni faire de son existence une caricature de vie princière avec cour, décorum et symboles du pouvoir – excepté la couronne – plaide pour une folie particulièrement mesurée. En dépit de l'évident déséquilibre psychique du personnage, une part de mystère subsiste donc chez lui que l'histoire et la psychologie demeurent impuissantes à élucider.

Maurice Druon, en romancier talentueux, se garde bien d'aller si loin. Il reprend avec habileté la version la plus romanesque, celle de l'enfant substitué et du crime de Mahaut d'Artois. Comme l'écrit Gilles Lecuppre, auteur d'une thèse remarquable sur les rois imposteurs [3] : « Nous marchons avec Maurice Druon sur le chemin tracé par le véritable Giannino, tel qu'il peut être appréhendé au travers des documents officiels obtenus auprès du sénateur de Rome et du roi de Hongrie. L'auteur et ses comparses jouent crânement le jeu de cette version, assurément la plus romanesque. Avec sagesse, ils font en revanche peu de cas de l'épopée du Siennois, entamée quelque quarante ans après l'échange supposé. Ainsi, aux folles prétentions d'un aspirant à la royauté, Maurice Druon préfère la grinçante dilution dans l'anonymat d'un souffre-douleur déshérité, davantage en harmonie avec la coloration pessimiste de l'Histoire, petite ou grande. »

12

Ni femme ni étranger sur le trône de France !

A l'automne de 1337, l'évêque de Lincoln, Henri Burgersh, se présente à Paris, porteur d'un message du roi d'Angleterre à l'adresse de Philippe VI de Valois.

Le message est clair. Edouard III défie celui « qui se dit le roi de France », renie l'hommage qu'il lui a prêté à Amiens en 1329 pour le duché de Guyenne, remet en cause la succession de Philippe VI à la couronne de France, et par conséquent, lui déclare ouvertement la guerre.

La trop fameuse guerre de Cent Ans a commencé.

Ainsi le veut la tradition depuis qu'au XIXe siècle les historiens ont inventé cette expression commode pour désigner un conflit qui fut, entre 1338 et 1453, une suite de guerres interrompues par de longues trêves.

Au vrai, la guerre de Cent Ans ne commence pas brutalement en 1338. Elle est, en réalité, l'aboutissement d'un long conflit larvé entre la France et l'Angleterre qui a commencé au temps des premières croisades.

On était alors en 1152. Louis VII avait épousé Aliénor d'Aquitaine. Or, celle-ci avait l'âme rêveuse et un tempérament de feu. Tombée amoureuse de son oncle, Raymond de Poitiers, elle l'était désormais de Henri Plantagenêt, comte d'Anjou et duc de Normandie.

Louis VII, trahi, humilié, et surtout sans descendance mâle, avait fait annuler le mariage pour cause de parenté.

Hélas, deux ans plus tard, le Plantagenêt, nouvel époux d'Aliénor, était roi d'Angleterre et maître, par sa femme, du duché de Guyenne.

Un vassal bien encombrant en vérité, à qui Aliénor donnera plusieurs fils, et dont les successeurs de Louis VII essaieront vainement de se débarrasser.

Lorsque l'évêque de Lincoln vient porter les lettres de défi d'Edouard III au Valois, l'affaire est donc un casse-tête vieux de près de deux siècles. Depuis la fin du XIIe siècle, les différends entre les deux royaumes ne se sont jamais vraiment apaisés. La présence en Bordelais d'un duc de Guyenne qui est d'abord roi d'Angleterre irrite assez logiquement les Capétiens qui entendent rester maîtres chez eux, et les occasions de heurts ne peuvent que se multiplier.

Mais, en cette année 1337, la remise en question de l'hommage du roi d'Angleterre et surtout la contestation de la légitimité de Philippe VI marquent l'aboutissement de la première phase du conflit. Ce sont elles qui vont mettre le feu aux poudres.

Une coutume bien commode

Remise en cause de la « légitimité » du Valois ?

Ici, il faut s'arrêter un instant. Car la question dynastique est d'une importance capitale dans les origines du conflit.

Dans *Le Lys et le Lion*, Maurice Druon nous décrit le roi Edouard III venant en France prêter hommage à Philippe VI pour la Guyenne. La scène s'est déroulée huit ans plus tôt à Amiens, en 1329, et a donné lieu à de somptueuses festivités.

Pourquoi donc ne plus reconnaître désormais la légitimité de Philippe VI ? Edouard III ne serait-il qu'un parjure ?

En vérité, la succession à la couronne en France n'a jamais été aussi délicate depuis la mort de Philippe le Bel.

Couronné à Noyon au mois de juillet 987, Hugues Capet a voulu également faire sacrer de son vivant son fils Robert de manière à assurer l'avenir de sa dynastie et, surtout, à rompre avec cette conception patrimoniale du pouvoir qui faisait que les héritiers mérovingiens ou carolingiens se partageaient l'empire comme de vulgaires arpents de terres cultivables.

Ce système s'est perpétué jusqu'à Louis VII qui, en 1179, a fait sacrer à Reims son fils, Philippe Auguste. Ensuite, l'hérédité paraît s'être naturellement installée sans que naissent trop de contestations, puisque Philippe Auguste n'a pas jugé bon d'associer le futur Louis VIII à son pouvoir.

Dès lors, s'ajoutant à l'hérédité, la primogéniture – en attribuant le royaume à l'aîné – fait apparaître le royaume comme un bien indivisible, achevant la rupture avec la conception carolingienne.

De l'élection par les grands ne subsiste même plus au XIIIe siècle que le rite d'acclamation. Encore celui-ci à partir de Saint-Louis se déroule-t-il durant le sacre, mais après l'onction et non avant. Il a simplement valeur de confirmation. Les barons ne font plus le roi.

Jusque sous Philippe le Bel, le problème de la succession au trône de France ne se pose donc pas.

Il va falloir, au début du XIVe siècle, toute une série de circonstances bien particulières pour que la coutume qui, jusque-là, suffisait, devienne peu à peu l'objet d'une réflexion théorique et juridique.

En 1314, le roi de Fer, en effet, a trois fils, tous mariés – Louis de Navarre a déjà une fille, Jeanne –, et rien ne permet alors de penser qu'ils n'auront pas eux-mêmes des fils qui assureront la succession.

L'adultère des brus du roi, en jetant une ombre sur la cour de France, va compliquer singulièrement la question. D'un côté, la petite Jeanne est peut-être une bâtarde, de l'autre, l'emprisonnement de Marguerite et Blanche de Bourgogne à Château-Gaillard de même que l'éloignement de Jeanne en forteresse de Dourdan ne laissent rien augurer de bon à un roi qui n'a plus que quelques mois à vivre.

Lorsque meurt Philippe le Bel, la situation dynastique est loin d'être assurée à terme. Le roi a toutefois posé un acte lourd de conséquences juste avant de rendre l'âme. Il a donné l'apanage du Poitou à son second fils en faisant préciser par lettres patentes que, faute d'héritier mâle, le comté de Poitou reviendrait de droit à la couronne de France, « ne voulant pas que la comté fût en main femelle ».

Mais, c'est avec la mort de Louis X le Hutin, le 5 juin 1316, après seulement dix-huit mois de règne, que se pose clairement le problème de la succession au trône. Louis n'a eu qu'une fille de Marguerite de Bourgogne. Or la reine Clémence est enceinte. Et la question, dès lors, est sur toutes les lèvres : aura-t-elle un fils ?

Contrairement à ce que l'on pourrait penser, la possibilité pour une femme – en l'occurrence la petite Jeanne – de ceindre la couronne n'a rien d'une éventualité choquante pour les barons du royaume. Ailleurs, nombre de femmes – faute d'héritier mâle – ont déjà recueilli des héritages importants. Aliénor a régné sur l'Aquitaine, des comtesses ont gouverné le Toulousain, la Flandre, la Champagne. Mahaut, pair de France depuis 1302, a hérité de son père le comté d'Artois.

L'éventuelle bâtardise de Jeanne de même que son très jeune âge risquent cependant de soulever des contestations et d'être causes de désordre.

La naissance de Jean Ier au mois de novembre 1316 fait espérer un court instant que le problème sera résolu. Las ! L'enfant meurt au bout de cinq jours, et des bruits courent déjà selon lesquels sa mort pourrait n'être pas naturelle.

La disparition de l'héritier du trône laisse en revanche les mains libres à Philippe, comte de Poitiers. Dès le mois de juillet 1316, celui-ci s'est imposé comme régent et s'est fait reconnaître par une assemblée des grands du royaume qui lui a confié la garde de la Couronne en attendant l'accouchement de la reine Clémence. La mort du petit Jean Ier sert ses ambitions. Son oncle Charles de Valois et son frère Charles, comte de la Marche, ont beau manifester leur désaccord, la duchesse Agnès de Bourgogne réclamer la Couronne au nom de sa petite-fille Jeanne, tout est déjà joué. Le 9 janvier 1317, malgré l'absence de presque tous les pairs laïcs à la cérémonie du sacre – à l'exception de Charles de Valois et de Mahaut d'Artois –, Philippe devient roi sous le nom de Philippe V en tant que « plus droit héritier du royaume ».

La vérité oblige à un constat : le comte de Poitiers, frère de Louis X, s'est emparé du pouvoir parce qu'il était le plus habile. Nulle loi particulière n'a été invoquée, et seule la coutume justifiera plus tard cet acte.

Le problème de la succession n'en est pas tranché pour autant. Mis devant une situation de fait, les grands du royaume ont accepté Philippe V parce qu'il était le seul en mesure de gouverner. Son frère Charles était trop jeune, et la petite Jeanne n'était encore qu'une enfant.

Lorsque Philippe V meurt en 1322, ne laissant que quatre filles, le même problème induit les mêmes solutions. Charles se fait couronner roi et nul ne songe à s'opposer à sa prise du pouvoir en invoquant les droits des filles du roi défunt à exercer l'autorité.

En 1328 enfin, à la mort de Charles IV, le sort semble s'acharner sur la dynastie capétienne. Le roi, à l'instar de son frère Louis X, laisse une veuve enceinte de sept mois. Tous ses enfants sont décédés, à l'exception d'une fille, Marie. Une différence, cependant. Charles IV le Bel, sans doute influencé par l'exemple de ses frères, avait pris quelques dispositions : si Jeanne d'Evreux lui donne un fils posthume, il règnera, son cousin Philippe de Valois assurant la régence jusqu'à sa majorité ; si l'enfant est une fille, l'assemblée des pairs et des grands barons du royaume devra se réunir et choisir pour roi celui dont les droits leur semblent les plus légitimes.

La situation présente d'évidentes ressemblances avec celle de 1316. Elle en diffère malgré tout sur plusieurs points.

Car Philippe de Valois – le fils de Charles de Valois – n'est pas le plus proche des parents du roi défunt en mesure de recueillir l'héritage du royaume. Dans la lignée capétienne, on songe d'abord à Isabelle, reine d'Angleterre, la fille de Philippe le Bel et la sœur des trois Capétiens qui viennent de se succéder. Philippe de Valois n'est après tout que le neveu du roi de Fer.

Ses atouts ? Etre un homme tout d'abord, être un homme d'expérience ensuite – il a déjà trente-cinq ans –, de bonne réputation, courageux, et posséder l'estime générale des pairs et barons.

Lorsque les grands se réunissent, conformément à la volonté de Charles IV, il semble d'ailleurs que le Valois se soit déjà assuré de la régence avec la même autorité que Philippe de Poitiers en 1316. Quelques esprits sourcilleux soulèvent alors le problème de l'exclusion des femmes. Jusqu'à ce qu'un nom prestigieux mais également ambigu soit avancé : celui d'Edouard III d'Angleterre. Celui-ci n'est-il pas le seul descendant mâle direct – par sa mère Isabelle – du roi Philippe le Bel ?

De l'avis du plus grand nombre, les arguments juridiques les plus évidents s'opposent à la légitimité d'Edouard III. Si les filles n'ont aucun droit à hériter de la Couronne, comme le laisse penser la coutume capétienne consacrée par l'usage, comment Edouard III pourrait-il invoquer les prétendus droits de sa mère, Isabelle ? Dans le cas d'ailleurs où on admettrait cette hypothèse, les fils que pourraient avoir les filles des trois derniers Capétiens ne seraient-ils pas fondés à leur tour à revendiquer le trône ?

On imagine dans quelle situation ubuesque plongerait

alors le royaume avec une multitude de prétendants, tous « légitimes », en compétition.

Il y a d'autres raisons au choix des grands en faveur de Philippe de Valois. Ils ne veulent pas d'un prince étranger, ils exigent un prince français. Ils refusent également la réunion sur une même tête des couronnes de France et d'Angleterre. Enfin, Edouard III – âgé de dix-sept ans – leur apparaît dominé par sa mère, dont ils n'apprécient guère le caractère ni les mœurs devenues trop légères, ainsi que par l'amant de celle-ci, Roger Mortimer.

Le souvenir de Charles de Valois, père de Philippe, n'est sans doute pas non plus étranger à la préférence des barons.

La naissance d'une fille comme héritière du feu roi Charles le Bel semble confirmer leur choix. La « loi des mâles » triomphe.

Lorsque Philippe VI se fait sacrer à Reims le 29 mai 1328, son pouvoir demeure néanmoins contesté. A l'intérieur par ceux qui n'ont pas admis de voir les femmes systématiquement écartées de la succession au trône, comme à l'extérieur par Edouard III. Le Valois à peine sacré, ce dernier lui expédie d'ailleurs un message pour lui rappeler qu'il est lui aussi « droit héritier » du royaume de France. « Selon lui, même si sa mère ne recueillait pas personnellement l'héritage de Philippe le Bel, elle pouvait légitimement le lui transmettre. Sa thèse, qui n'était pas dénuée de tout fondement, eut beau convaincre quelques docteurs en droit civil ou canon, il ne s'agissait encore que d'un manifeste assez platonique, et par l'hommage prêté en 1329 pour la Guyenne, Edouard III reconnut expressément le nouveau souverain [1]. »

La loi salique : une loi rêvée par les hommes !

En 1316 comme en 1328, jamais il n'a été question d'une quelconque loi destinée à légitimer l'accession au pouvoir de Philippe V ou de Philippe VI. Seule la coutume a parfois été invoquée, de même que l'approbation des barons ou d'assemblées qu'on qualifiera plus tard d'états. Personne n'a encore prononcé le nom de « loi salique » ou des Francs Saliens.

De quoi s'agit-il ? De l'une des nombreuses lois germaniques rédigées vers les VIe-VIIIe siècles, inspirées du droit oral, et que l'on date généralement de la fin du règne de Clovis. Revue et corrigée sous Charlemagne, elle traite des sujets les plus variés : relations sociales, régime des biens, tarif des amendes en cas de vol, de meurtre, etc. Loin de toute considération d'ordre purement politique, elle comportait seulement un article sur la dévolution successorale des biens familiaux. Celui-ci précisait que les parents par le sang étaient seuls admis à recueillir les biens immobiliers tandis que les femmes avaient seulement droit aux biens meubles. Dans un ouvrage composé vers 660, le *Liber Historiae Francorum*, le moine Frédégaire reliait cette loi à un ancêtre mythique de la dynastie mérovingienne : Pharamond.

Or, pour ce qui concerne les femmes, ni la coutume ni le droit féodal ne se montrent alors particulièrement clairs quant aux règles de dévolution. Si la possibilité existe pour une femme d'accéder au pouvoir dans certains royaumes et grands fiefs, il est fréquent d'admettre en droit qu'elles ne puissent gérer les fiefs mais soient en mesure de les transmettre.

Tombée dans l'oubli, ignorée même des juristes, cette « loi salique » va donc ressortir fort opportunément au beau milieu du XIVe siècle. La nécessité où se trouve le Valois de conforter sa légitimité en établissant de façon claire l'exclusion des femmes de la succession au trône ainsi que des descendants par les femmes est devenue un enjeu politique majeur. Aussi, la référence à ce qui apparaîtra bientôt comme la première loi fondatrice du royaume va-t-elle peu à peu s'imposer.

Conforme à la loi naturelle et à la loi divine, la « loi

salique » offre en effet toutes les garanties. « Elle émane d'une autorité souveraine qui agit par conseil. C'est une loi ancienne et respectable. Son apparition, qui coïncide avec celle de la monarchie, concrétise l'existence chez les Francs d'un pouvoir séparé de l'Empire romain et capable de légiférer pour son propre compte. Enfin, cette autorité est païenne. La loi salique projette en quelque sorte aux origines de la monarchie les prétentions du roi de France du XIIIe siècle à n'être soumis ni à l'empereur ni au pape. Potentiellement, la loi salique est riche d'avenir [2]. »

Dans les années qui suivent la défaite de Poitiers et la captivité du roi Jean II le Bon, Richard Lescot, moine de Saint-Denis, s'efforce d'établir l'exclusion des femmes de la succession au trône de France en la reliant à la pratique des Francs Saliens. D'autres auteurs, membres de l'entourage de Charles V, prendront le relais en faisant des allusions de plus en plus précises à la loi salique qui, s'ils ne la citent pas toujours expressément, intègre peu à peu l'idée d'une exclusion des femmes de la succession. Raoul de Presles, traduisant *La Cité de Dieu* de saint Augustin, invoque ainsi le caractère sacré de la royauté pour justifier le fait que les femmes, ne pouvant exercer aucun sacerdoce ni office, sont de ce fait même exclues de la succession à la couronne.

L'argument, repris, enrichi et développé au début du XVe siècle par Jean de Montreuil et Jouvenel des Ursins dans son *Grand Traité*, devait connaître une fortune singulière. Désormais, la loi salique sera parée de toutes les vertus et unira les trois dynasties – capétienne, carolingienne, mérovingienne – pour les relier à leur ancêtre commun, Pharamond. Du texte de ce premier législateur, on tirera ainsi tous les arguments propres à établir les lois fondamentales du royaume.

Déjà, sous le règne de Charles VII, la loi salique figure dans la liste des *privilegia regni*. Elle témoigne de l'indépendance du royaume et de sa spécificité. Outre l'exclusion des femmes, le droit de primogéniture, on y trouve l'impossibilité de déshériter l'aîné des mâles aptes à la succession, « même s'il est inhabile, et le fait que ceux qui conspirent contre le roi sont coupables de lèse-majesté, ce que jusque-là on n'avait pas eu l'idée de rattacher à la loi salique. Peu à peu donc presque tous les principes fondamentaux du droit public français tendent à remonter à la loi salique [3] ».

A la fin du XVe siècle, la partie est gagnée. Le mythe, né de la réflexion tortueuse de quelques juristes, est devenu réalité.

En 1338 en revanche, à l'heure où commence la guerre de Cent Ans, la loi salique est donc encore largement inconnue, elle n'est jamais invoquée officiellement puisqu'elle ne s'établira que tout au long des XIVe et XVe siècles. Elle n'en justifiera pas moins a posteriori la parfaite légitimité de Philippe VI de Valois face aux prétentions du roi d'Angleterre.

Et toujours la Guyenne

Si les lettres de défi du roi Edouard III dénient à Philippe VI la qualité de « plus droit héritier du royaume », il ne s'agit là que d'une partie du contentieux à l'origine de la guerre entre le Plantagenêt et le Capétien.

La question de la Guyenne, telle une épine au cœur du royaume, blesse les Capétiens depuis la séparation du roi Louis VII d'avec la trop légère Aliénor d'Aquitaine.

Longtemps on a cru régler le problème à coups de guerres, de traités, de partages successifs, mais sans jamais y parvenir. La présence, au sein du royaume capétien, d'un duché aussi important ayant pour suzerain le roi d'Angleterre est devenue de plus en plus insupportable.

Durant trente ans, Philippe Auguste a lutté contre l'Anglais. Il a reconquis sur lui la majeure partie du duché de Guyenne, s'est emparé de la Normandie, du Poitou, de la Touraine, de l'Anjou. En 1214, à Bouvines, il a battu les armées d'une coalition nouée contre lui entre le roi Jean sans Terre, l'empereur Otton IV et les Flamands. Il a même projeté d'envahir l'Angleterre.

Plus patient, moins hostile au Plantagenêt, Saint Louis s'est montré soucieux de régler le conflit à « l'amiable ». Au traité de Paris en 1259, il a accepté de restituer au roi Henri III le Limousin, le Quercy, le Périgord, l'Agenais et une partie de la Saintonge. En contrepartie, Henri III a renoncé à tous ses droits sur la Normandie, le Poitou, l'Anjou et la Touraine. Pour ces provinces comme pour sa principauté de Guyenne – redevenue un fief –, il a également dû promettre l'hommage au roi de France.

Transformer ce fief en alleu – propriété libre et exempte de tous droits – a dès lors été l'objectif des souverains anglais. Agents du roi de France et agents du vassal de Guyenne n'ont depuis cessé de se heurter, les premiers voulant empiéter sur les droits des seconds.

Sous Philippe le Bel, en 1293, le conflit reprend à l'occasion de véritables batailles navales opposant marins normands ou charentais et gascons et anglais. Pour des questions de pêche.

Dès 1286, le roi d'Angleterre Edouard Ier a pourtant prêté hommage au nouveau roi de France pour l'Aquitaine. Mais, cité à comparaître devant Philippe le Bel en cette année 1293, Edouard Ier se dérobe.

La deuxième citation à comparaître n'aura guère plus d'effet. Philippe le Bel décide alors d'envahir la Guyenne. D'abord mis en difficulté, les Français finissent, galvanisés par Charles de Valois, par conquérir tout le duché. Menacé d'un projet d'invasion de son île, Edouard Ier capitule.

Un accord est rapidement trouvé par l'entremise du pape Boniface VIII : le roi d'Angleterre retrouvera une partie de son duché contre l'hommage au roi de France, il épousera la sœur de ce dernier, Marguerite – il était veuf –, et unira son fils à la fille de Philippe le Bel, Isabelle.

Cet accord, dit de Montreuil, sera définitivement scellé en 1303. Edouard Ier récupérera alors la totalité de ses fiefs à l'exception de Bordeaux, et, hormis les mariages princiers célébrés respectivement en 1299 et 1308, on en reviendra au statu quo antérieur.

En 1324, une banale querelle au sujet de la construction d'une bastide fortifiée en pays agenais et la pendaison de quelques officiers de Charles IV donnent l'occasion de rallumer les hostilités. Prenant prétexte qu'Edouard II n'a toujours pas prêté l'hommage pour la Guyenne, le Parlement de Paris confisque le duché. Charles de Valois – encore lui – se rue à nouveau sur l'Aquitaine et l'occupe en quasi-totalité, à l'exception de Bordeaux, de Bayonne et de Saint-Sever.

Edouard II, roi contesté dans son propre pays et désireux de se consacrer à ses affaires anglaises, décide alors de transiger. En 1325, un accord est à nouveau conclu par l'intermédiaire de la papauté stipulant que les officiers du duché seront désormais nommés par le roi de France. En échange, Edouard II obtient que l'hommage soit prêté, non par lui mais par son fils, le prince Edouard.

Charles IV le Bel n'ayant laissé à son vassal qu'une Guyenne réduite à la portion congrue, le conflit ne pouvait toutefois que rejaillir à court terme.

En 1327, Edouard III ayant succédé à son père, les deux souverains parviennent cependant à se mettre d'accord sur une restitution de la totalité du duché au roi d'Angleterre contre la promesse d'une indemnité de guerre.

La mauvaise volonté des officiers français à restituer territoires et places fortes de même que la stratégie des vassaux aquitains, usant du droit féodal pour réclamer justice à tout propos auprès du Parlement de Paris, vont envenimer une fois de plus le conflit.

Lorsque meurt Charles IV en 1328, rien n'est donc réglé. Certes, l'année suivante, Edouard III acceptera de prêter l'hommage d'Amiens à Philippe VI de Valois. Mais les rancœurs accumulées sont décidément trop fortes et la querelle reprend de plus belle. Philippe VI informe le Plantagenêt que l'hommage ne concerne pas les terres détachées du duché de Guyenne, tandis qu'Edouard III spécifie que cet hommage ne signifie pas qu'il ait renoncé à récupérer ces terres. C'est l'impasse !

Durant six longues années, Philippe VI et Edouard III vont ainsi s'affronter par l'intermédiaire d'ambassades et de conseillers tandis que, en Guyenne, les tracasseries administratives des officiers du roi répondront aux exactions des gens de Douvres sur des bateaux français, chacun des deux souverains cherchant à gagner du temps en prévision d'un conflit inévitable.

La querelle de Guyenne, féodale au départ, sera décisive dans le déclenchement de la guerre de Cent Ans. La notion d'Etat s'étant renforcée des deux côtés de la Manche, les rapports entre le Capétien et le Plantagenêt s'étaient fatalement modifiés et le roi d'Angleterre ne pouvait plus guère supporter une tutelle de plus en plus étroite de Philippe VI sur ses affaires de Guyenne. De plus, vassal du roi de France comme le souligne Philippe Contamine, « le souverain anglais voyait sa liberté d'action réduite d'autant : il ne pouvait, par exemple, s'allier aux ennemis du roi de France sans se rendre coupable, en tant que duc de Guyenne, de félonie envers son seigneur. Logiquement, il lui fallait donc obtenir l'indépendance totale de sa principauté ».

Ami des Flamands – ennemis de la France et révoltés contre le Capétien dès 1328 –, Edouard III se trouvait déjà « hors la loi » féodale. Mais la contestation de la légitimité de Philippe VI – mentionné dans les actes de la chancellerie anglaise comme celui « qui se dit roi de France » – allait constituer un argument décisif pour régler une fois pour toutes la querelle de Guyenne.

L'Artois : une succession contestée

Un duel au sommet, une bataille de titans, telle est la façon dont Maurice Druon, dans sa saga des *Rois maudits*, conçoit le long conflit opposant Mahaut et Robert d'Artois pour l'héritage du comté. Et il est vrai que cette guerre qui allait durer près de vingt années – car c'est bien d'une guerre dont il est question – devait peser elle aussi d'un certain poids aux origines du conflit.

Les protagonistes, nous les connaissons déjà : Mahaut d'Artois, fille de Robert II ; et Robert, son neveu, fils de Philippe d'Artois, tué à la bataille de Furnes en 1297.

Entre ces deux « monstres sacrés », la bataille fait rage tout au long du roman. Mais pour quelles raisons exactement ?

Pour le comprendre, il faut remonter au XIIe siècle.

L'Artois est entré dans le domaine royal en 1178, lorsque le roi Philippe Auguste a épousé Isabelle de Hainaut, nièce du comte de Flandre. L'Artois constituait alors la dot de cette dernière.

Lorsque Saint Louis est monté sur le trône à la mort de Louis VIII, ses trois frères ont hérité d'apanages en compensation du pouvoir dévolu à leur aîné. Parmi eux, Robert, second fils de Louis VIII, a obtenu le comté d'Artois, tandis que ses frères Alphonse et Charles recevaient respectivement le Poitou et l'Auvergne ainsi que l'Anjou et le Maine.

Ces apanages sont des terres et des revenus généralement pris sur le domaine royal dans des provinces récemment annexées. Ils permettent aux princes d'assurer un train de vie digne de leur rang et sont censés éviter toute contestation de leur part à l'endroit du nouvel héritier du trône.

Un problème va cependant se poser dès 1284. Cette année-là, à la mort d'Alphonse de Poitiers, Charles d'Anjou réclame une partie de l'apanage de son frère. Mais le Parlement rejette sa demande et affirme pour la première fois le principe de retour des apanages à la Couronne s'il advient que l'apanagiste meure « sans hoir de son corps [4] ». Philippe le Bel lui-même, ayant apanagé ses trois fils, fait préciser dans l'acte de constitution d'apanage de Philippe que, s'il meurt sans héritier mâle, le comté de Poitiers qui lui a été donné reviendra à la Couronne. Il s'agit là toutefois d'une nouveauté et qui ne remet pas en cause les apanages antérieurs attribués sans conditions particulières.

En 1297, l'Artois est érigé en pairie en récompense des services rendus par Robert II.

Lorsque celui-ci meurt héroïquement en 1302 à la terrible bataille de Courtrai contre les tisserands de Flandre, sa fille Mahaut hérite du comté.

Rien ne s'oppose en effet à cet héritage, et quand Mahaut prête hommage au roi, reçoit les serments de fidélité des nobles et des bourgeois des villes, aucune contestation ne s'élève.

Aucune ? Pas tout à fait. Si Robert d'Artois, neveu de Mahaut, n'a encore que quatorze ans, sa mère, Blanche de Bretagne, proteste déjà en son nom.

Il est vrai que le comté d'Artois est une proie bien tentante. Prospère, il possède deux évêchés et de grandes villes telles que Saint-Omer (42 000 habitants), Douai (37 000 habitants) Calais, Hesdin ou Béthune ayant chacune près de 15 000 habitants. Des villes qui ont le textile pour activité principale. Vers 1300, Saint-Omer produit près de 100 000 draps par an ! En outre, le commerce entre la Flandre, toute proche, et la capitale passe par l'Artois. Les péages y sont donc particulièrement nombreux et lucratifs.

Enfin, l'Artois est l'une des régions agricoles les plus prospères de l'Occident. Cette « bonne terre à blé » dont Robert d'Artois est si charnellement épris alimente Paris, les grandes villes de Flandre, les ports anglais. Les fermes de Thierry d'Hirson, chancelier de Mahaut, produisent 31 hectolitres de blé à l'hectare, un rendement énorme pour l'époque.

Oui, l'affaire d'Artois est décidément bien « juteuse ». Mahaut d'Artois, entre 1303 et 1309, bénéficie de revenus domaniaux oscillant entre 19 500 et 28 000 livres. Riche, elle peut ainsi se permettre de ne jamais emprunter à un Tolomei ou à un Gandoufle d'Arcelles.

Seule anicroche à ce tableau idyllique : la proximité de la Flandre dont les fréquentes turbulences – les révoltes de tisserands par exemple – exigent en Artois un prince fidèle au Capétien face à une Flandre qui, bientôt, sera le meilleur allié de l'Angleterre.

Etre comte d'Artois n'est donc pas toujours de tout repos, mais Mahaut a la poigne nécessaire – elle le prouvera lors des révoltes de ses barons – pour diriger son comté.

Quoi qu'en pense Blanche de Bretagne, le fait qu'elle soit une femme ne constitue pas un argument défavorable à son combat. La coutume d'Artois ignore la représentation du fils héritier par le petit-fils. A la mort du possesseur légitime du comté, lui succède donc son plus proche parent, mâle ou femelle. En l'occurrence, Mahaut d'Artois est bien l'héritière légitime de son père, Robert II, et son neveu Robert d'Artois ne peut hériter d'un comté dont le défunt Philippe d'Artois, son propre père, n'a jamais été titulaire.

La coutume d'Artois admet très bien par ailleurs les filles à la succession au cas où il n'y aurait pas d'héritier mâle. En revanche, si Philippe d'Artois avait été vivant en 1302, il serait devenu comte, et Robert après lui. Robert II aurait pu le favoriser par testament – il en avait le droit –, il ne l'a pas fait.

Conclusion : c'est bien Mahaut qui est l'héritière légitime de Robert II, et non le fils de Philippe.

Les débats pourraient dès lors être clos.

C'était compter sans la pugnacité de Robert.

La sorcière contre le faussaire

Dès sa majorité, Robert d'Artois va reprendre le flambeau de Blanche de Bretagne. Il s'élève contre sa tante

Mahaut. « Mahaut la gueuse, Mahaut la catin », qui lui a volé son comté.

Las ! Par jugement du 9 avril 1309, Philippe le Bel donne raison à Mahaut. En compensation et en sa qualité d'héritier secondaire, Robert reçoit les châtellenies de Conches et de Beaumont-le-Roger, ainsi que d'importantes sommes d'argent.

Robert ne s'avoue pas vaincu. La mort de Philipe le Bel lui redonne espoir. Louis X règne, mais ne gouverne guère. Charles de Valois, en revanche, pèse d'un poids très lourd au Conseil et encourage la réaction féodale. Or, Robert s'apprête à épouser la fille de Charles de Valois, Jeanne.

En outre, l'adultère des brus du roi a porté un coup sévère à leur mère, qui n'est autre que... Mahaut d'Artois.

Mahaut déstabilisée, Robert encourage donc les barons d'Artois, qui veulent se débarrasser de Thierry d'Hirson, à la rébellion. Occasion inespérée de semer le désordre dans le comté et de saccager joyeusement les biens de sa tante !

En 1316, Robert va plus loin encore : il fait accuser Mahaut de magie et de sorcellerie par une certaine Isabelle de Feriennes. Mahaut aurait empoisonné Louis X le Hutin et le petit Jean Ier, et ensorcelé son gendre, Philippe V.

C'était aller trop loin. Le 9 octobre 1317, l'innocence de Mahaut est reconnue par le Parlement de Paris. Dépité, abandonné par ses partisans en Artois, Robert doit accepter une réconciliation.

Dès lors, le loup se fait agneau. Redevenu sage, Robert d'Artois se montre loyal serviteur de la Couronne, siège au Conseil et ne parle plus de soulever l'Artois.

L'accession au trône de Philippe VI de Valois en 1328, son beau-frère, le remet en selle. Devenu lui aussi pair de France après la bataille de Cassel contre les Flamands, fort de la confiance du nouveau roi, il intente pour la troisième fois un procès à sa tante Mahaut. Le comte de Flandre, Robert de Béthune, ne vient-il pas de léguer son comté à Louis de Nevers, son petit-fils, et non à ceux de ses fils qui ont survécu à leur aîné ? Une telle décision ne pourrait-elle pas lui servir d'argument basique dans la reconquête de son héritage ?

Nous sommes alors en février 1329. Robert a rameuté ses partisans autour de lui, notamment le duc de Bretagne et le comte d'Alençon, frère du roi. Il ne doute pas que Philippe VI, auprès duquel il se montre influent, lui rendra justice.

C'est alors qu'apparaît dans l'entourage de sa femme, Jeanne de Valois, une certaine Jeanne de Divion. Autrefois amie de Thierry d'Hirson, elle a été chassée de l'entourage de Mahaut d'Artois et vient offrir ses services à Robert.

Il y a longtemps en effet qu'on évoque à mots couverts certaines « convenances de mariage » entre Philippe d'Artois et Blanche de Bretagne, convenances qui admettraient la représentation et auraient été ratifiées par Robert II. De tels documents, s'ils existaient – on les dit perdus –, permettraient à Robert de retrouver son comté.

L'enthousiasme de Robert d'Artois est à son comble. Que la Divion produise des témoins, ou, mieux, qu'elle retrouve les documents, et son combat sera gagné !

La mort de Mahaut d'Artois, au mois de novembre 1329, va précipiter les événements. En attendant qu'il soit statué sur le sort de l'Artois, le comté est placé sous la garde de Philippe VI.

Cette affaire de succession, si embrouillée, divise tant la cour de France que le roi, fatigué, envisage finalement de conserver l'Artois à la Couronne contre une indemnisation des ayants droit, en l'occurrence Robert d'Artois et Eudes de Bourgogne dont l'épouse, fille de Philippe V, pourrait hériter du comté au cas où Robert serait débouté de ses demandes. Il devra renoncer à cette solution. Le refus des états d'Artois de lever l'impôt permettant de payer ces indemnités expédie le projet aux oubliettes.

La procédure du Parlement reprend donc au mois de décembre 1330. Il s'agit cette fois d'examiner les documents que présente Robert à l'appui de sa thèse, soit les fameuses « convenances de mariage » de Philippe d'Artois.

Et là, coup de théâtre !

L'étoile de Robert d'Artois pâlit d'un seul coup. Les documents sont si manifestement des faux qu'un tollé général s'empare du Parlement et de la Cour. Parmi ceux-ci figurent même des pièces attribuées à Philippe le Bel. Or, contrefaire une lettre royale est un crime de lèse-majesté. De même, les sceaux ont été fabriqués. La supercherie est évidente Pire, grossière pour des clercs habitués à manipuler de tels documents.

Philippe VI, ulcéré, voudrait que Robert d'Artois avoue et s'amende. Ainsi l'affaire pourra peut-être être étouffée. Mais Robert s'obstine à refuser cette solution de compromis.

L'homme aux bottes rouges a commis l'erreur de trop. Le Valois l'abandonne. La Cour, jugeant au civil, rend un premier arrêt qui le déclare débouté de tous droits sur l'héritage de son grand-père.

Jeanne de Divion et ses complices, une fois arrêtés, avoueront tout en revanche. Elle reconnaîtra la fausseté et la fabrication des « convenances de mariage », elle expliquera en détail les procédés de falsification. Et le 6 octobre 1331, convaincue de tous ces crimes, elle périra dans les flammes du bûcher.

Robert d'Artois, lui, était déjà loin. Sa culpabilité ayant été reconnue, il avait été convoqué devant la cour des pairs au mois d'août 1331. Il ne s'était pas présenté.

Il avait fui.

En cet été 1331, le faussaire n'était déjà plus qu'un proscrit.

L'errance de l'homme aux bottes rouges

« Pendant plus de trois années, Robert d'Artois, comme un grand fauve blessé, rôda aux frontières du royaume. »

Parent de tous les rois et princes d'Europe et de tant d'autres seigneurs encore, « il était, à quarante-cinq ans, un voyageur solitaire devant lesquels les portes des châteaux se fermaient [5] ».

Aux yeux de ses pairs, il n'est plus en effet qu'un exilé et, pire encore, un parjure.

Le 8 avril 1332, la cour des pairs, à l'unanimité ou presque – exception faite du duc de Bretagne –, l'a condamné au bannissement.

Il n'est plus rien. Ruiné, loin de son comté d'Artois, il se réfugie chez le duc de Brabant, puis chez sa sœur, la comtesse de Namur. Commence alors une période d'errances qui le mène en Flandre, à Louvain, à Bruxelles, et même en Avignon. Il a tout perdu et remâche sa rancune.

Cette tête folle qui ne manque ni de courage ni de panache n'entretient plus qu'une idée : se venger du Valois. N'a-t-il pas contribué en son temps à son accession au trône ? Il ne cesse de le clamer à qui veut l'entendre : « Par moi a été roi, par moi sera démis. »

En 1334, déguisé en marchand, Robert passe en Angleterre et va offrir ses services au roi Edouard III qui lui fait bon accueil.

Dès lors, il n'aura plus qu'un objectif : convaincre le roi d'Angleterre de déclarer la guerre à Philippe VI de Valois.

De quel poids aura pesé cette obstination dans la décision d'Edouard III ? Nous ne le saurons probablement jamais. Mais, un jour de 1338, Edouard et Robert, par défi, prêteront serment, sur un héron – oiseau réputé pour sa lâcheté –, de conquérir ensemble le royaume du Capétien.

Edouard III, en engageant la lutte armée contre Philippe VI, tiendra ses engagements. Robert aussi. Courageusement, il fera la guerre au côté du Plantagenêt. On le retrouvera ainsi à la bataille de l'Ecluse en 1340 et surtout durant la guerre de succession de Bretagne. Grièvement blessé en 1342 sous les murs de Vannes d'un coup d'arbalète, il mourra sur le bateau qui le ramenait en

Angleterre. On l'enterrera dans la cathédrale Saint-Paul de Londres.

La guerre, qu'il avait peut-être contribué à déclencher par vengeance, allait se poursuivre durant plus d'un siècle. Une guerre qui devait changer le visage de l'Europe et se terminer en 1453 par la fin de la présence anglaise au royaume de France.

13

Maudits rois ou rois maudits ?

19 mars 1314. Des flammes qui s'élèvent dans la nuit, le ciel de Paris qui rougeoie. Sur l'îlot aux Juifs, on a dressé un bûcher. Et sur ce bûcher deux hommes en chemise, les mains liées à leur poteau de souffrance, qui regardent vers Notre-Dame : le Grand Maître de l'ordre du Temple Jacques de Molay, et Geoffroy de Charnay, commandeur de Normandie.

Tous deux savent que, de son palais de la Cité, Philippe le Bel observe la scène d'un œil glacé. Glacé comme l'âme de ce roi inaccessible à la pitié et qui a condamné l'Ordre pour de basses raisons d'Etat.

La foule s'est tue et observe les corps se consumer, muette de stupeur et de terreur, soupçonnant qu'on est peut-être en train de brûler des innocents. Les flammes atteignent maintenant le haut des corps, lèchent les barbes des deux hommes, embrasent leurs longs cheveux blanchis par les années de cachot.

Quand tout à coup, surgissant de la fournaise, la voix effrayante de Jacques de Molay s'élève vers le ciel :

« Pape Clément !... Chevalier Guillaume !... Roi Philippe... Avant un an, je vous cite à paraître au tribunal de Dieu pour y recevoir votre juste châtiment !... Maudits ! Maudits ! tous maudits jusqu'à la treizième génération de vos races [1] !... »

La foule immense qui semble paralysée par on ne sait quelle force mystérieuse va pourtant se précipiter la nuit suivante pour recueillir les os calcinés et les cendres des dignitaires du Temple avant que les vents les emportent. Tout comme un jour de janvier 1793 elle se jettera sous la guillotine afin de tremper ses mouchoirs dans le sang du roi Louis XVI.

Dévotion ou fétichisme malsain ?

L'exécution de Jacques de Molay et de Geoffroy de Charnay venait de faire entrer les Templiers dans la légende.

La malédiction est un thème récurrent du christianisme comme de bien d'autres religions. Déjà, au jardin d'Eden, Adam est maudit par Dieu pour avoir enfreint son ordre de ne pas manger du fruit de l'arbre de la connaissance du bien et du mal. Ensuite, l'Ancien Testament abonde en formules de malédiction adressées par les prophètes aux persécuteurs du peuple juif. Dans l'Evangile, Jésus maudit le figuier stérile, et Pierre, dans les Actes des Apôtres, ne se prive pas de maudire Ananias et sa femme pour avoir menti sur le prix d'un champ vendu aux chrétiens.

Conscients de la gravité du sujet, les pères de l'Eglise avaient divisé les malédictions en deux catégories : celles qui, portées sans raison, retombaient sur celui qui les avait proférées ; celles, légitimes, qui faisaient appel au jugement de Dieu. D'autres critères avaient même été définis par Albert le Grand et Bonaventure. La « bonne malédiction » devait être prononcée, l'âme exempte de colère ou de haine, et seulement pour permettre au pécheur concerné de s'amender. Elle ne pouvait être lancée que par quelqu'un qui avait autorité pour cela (Dieu, un saint, un prêtre, un père contre son fils, etc.). Elle était forcément proportionnelle à la faute commise. Elle concernait n'importe quel fautif, fût-il roi ou pape.

Prononcer une malédiction n'est d'ailleurs pas une mince affaire, car elle doit obéir à un rituel très précis.

Là encore, il en existe trois sortes : la malédiction

monastique d'un abbé, l'excommunication majeure prononcée par les évêques, et celle réservée au pape dans les cas les plus graves.

Le rituel est établi. Il se déroule durant la messe après l'Evangile, devant les deux espèces consacrées, et en présence de toute la communauté monastique ou paroissiale. L'énumération des fautes commises, les prières des assistants, la lecture de certains psaumes (82, 101, 108) en constituent l'armature essentielle.

Ensuite, deux délais de grâce sont accordés au pécheur sur qui s'est abattue la malédiction. S'il vient réclamer son pardon dans un délai de quarante jours, celui-ci lui est automatiquement accordé. S'il dépasse ce délai, le pardon peut lui être consenti mais sous certaines conditions. Si le délai excède un an, il est condamné comme hérétique et mis au ban de l'Eglise comme de la société.

Dans le cas d'une malédiction formulée par Jacques de Molay, on comprend aisément que celle-ci ait revêtu une réelle gravité puisque le statut du personnage est celui d'un clerc et non d'un laïc.

Mais a-t-il réellement prononcé cette fameuse imprécation que Maurice Druon, après tant d'autres, met dans sa bouche en cette soirée du 19 mars 1314 ?

En réalité, les « rois maudits » le sont bien avant que la rumeur selon laquelle Jacques de Molay a lancé sa malédiction du haut du bûcher ait eu le temps de se fixer dans les esprits.

Les effets d'une telle condamnation, on le sait, peuvent être d'une exceptionnelle gravité lorsqu'il s'agit d'une dynastie : mort prématurée du roi, réputation entachée de vices, adultère ou stérilité de l'épouse royale, mort de ses enfants, toutes épreuves qui ne peuvent être que la conséquence d'une faute initiale.

Or, les Capétiens les cumulent. Entre 1314 et 1327, soit en treize ans, les Français vont voir disparaître Philippe IV, ses brus sombrer dans l'adultère – l'une d'elles mourra à Château-Gaillard, peut-être étranglée –, Louis X mourir après seulement dix-huit mois de règne, son fils, le petit Jean Ier, passer après cinq jours, de même que le fils de Philippe V, et Charles IV rendre l'âme après cinq années de pouvoir seulement, les trois fils du roi de Fer n'ayant eu aucune descendance mâle susceptible d'assurer l'avenir de la dynastie. Le tout sur fond de rivalités successorales, de rumeurs d'empoisonnement et de complots.

Tous ces événements justifieraient à eux seuls le fait que les « rois maudits » aient été considérés de leur vivant comme de maudits rois.

La mort soudaine de Philippe le Bel apparaît comme un premier signe de cette malédiction. Si les chroniques sont souvent peu loquaces sur l'événement et si la version de Maurice Druon, inspirée de la vision de saint Eustache, paraît somptueusement romanesque – la vision d'un cerf entre les bois desquels brille une croix d'or et qui frappe le roi d'aphasie –, une autre version ne tarde pas à se mettre en place. Philippe IV aurait fait une chute de cheval en forêt, à Pont-Sainte-Maxence, lors d'une chasse. Effrayé par un sanglier, l'animal l'aurait alors traîné sur une longue distance, lui faisant perdre connaissance et le plongeant dans un état intermédiaire évoluant très vite vers la mort.

Il n'est pas inintéressant d'ailleurs que l'animal mentionné soit, dans ce cas précis, un sanglier. Car si le cerf est, dans le bestiaire du Moyen Age, un symbole du Christ, le sanglier apparaît très nettement comme un animal maléfique. L'image du sanglier reviendra ainsi dans le récit de la mort de Louis de Bavière, hérétique et farouche adversaire de la papauté. La première vision – celle du cerf – a donc une connotation très positive, celle d'une mort sanctifiée, tandis que celle du sanglier induit une condamnation sans appel : Philippe le Bel meurt, renversé à cause d'un sanglier, parce qu'il n'a pas été un roi digne de gouverner.

La mort de Louis X et celle de son fils Jean Ier – on a soupçonné Mahaut d'Artois d'empoisonnement –

confirment l'idée de malédiction. Le poison, au Moyen Age, est un procédé apparenté à la sorcellerie. Or, celui qui en est victime ne peut être qu'un roi qui échappe à la protection de Dieu. Car Dieu épargne toujours les rois qui lui sont fidèles. Ainsi, Louis VI survit aux tentatives criminelles de sa marâtre, Bertrade d'Anjou, et Saint Louis échappe à celles de la comtesse de la Marche.

Les chroniques sont également nombreuses qui affirment que Philippe V aurait subi le même sort. Une maladie assez longue – six mois – semble pourtant écarter l'idée de poison. Mais Jean de Saint-Victor ne craint pas de dire qu'on le « lui avait donné depuis le début de sa maladie ». Avant d'ajouter cette conclusion sévère en référence à l'Evangile : « Mieux valait qu'un seul mourût plutôt que tout le peuple. »

Pour Charles IV le Bel, les chroniqueurs n'évoquent guère la possibilité d'un « enherbement » mais rappellent parfois à mots couverts ce soupçon de malédiction divine.

D'autres signes du « mauvais sort » réservé aux Capétiens sont également évoqués. La famine de 1315-1316, l'apparition d'une comète, les rumeurs d'empoisonnement de puits par des Juifs ou des lépreux – qui conduisirent à des massacres – apparaissent toujours accolées dans les chroniques comme dans l'opinion aux successeurs de Philippe le Bel.

L'entourage royal est lui-même frappé par la malédiction. Mahaut d'Artois est une empoisonneuse. D'abord parce qu'il s'agit d'une femme, ensuite parce que l'ambition de cette belle-mère pour son gendre, Philippe V, la pousse naturellement au crime. Hormis les accusations reprises par les barons du pays d'Artois favorables à Robert, on ne trouve pourtant qu'un seul texte l'incriminant pour l'assassinat du petit Jean Ier. Selon Jean d'Outremeuse, qui n'est d'ailleurs pas l'un de ses contemporains, « Mahaut voulut lors du baptême prendre l'enfant et le prit à tel convent qu'il ne vécut que cinq jours et en fut la suspicion sur la comtesse car Philippe avait sa fille à femme et elle aimait mieux le royaume à son gendre que à autrui. »

Les complices directs de Philippe le Bel dans l'affaire des Templiers attirent sur eux encore davantage de soupçons. Nogaret, qui est le petit-fils d'un cathare, est un ennemi de l'Eglise et de la papauté. Sa haine des Templiers l'aveugle. Le pape l'a excommunié, et même si cette excommunication a été levée en 1312 au concile de Vienne, sa mort l'année suivante ne peut être que la conséquence d'une souillure.

Quant au pape Clément V, outre qu'il est jugé comme le complice de la politique dévoyée de Philippe le Bel, il accumule sur lui toutes sortes de péchés. Le jour même de son couronnement à Lyon, un pan de mur ne s'est-il pas écroulé sur le passage du cortège pontifical, envoyant sa tiare rouler dans la poussière ?

Clément V passe pour impie, il est convaincu de népotisme et ne déteste pas la compagnie des femmes, notamment celle d'une certaine Brunissende de Périgord. Sa famille est à son image. Coupable de viol sur une jeune fille, son neveu s'est pendu à un orme devant l'église Saint-Porchaire de Poitiers. Sur son lit de mort, le pape aurait formulé des paroles de repentir.

Et ce n'est pas tout.

L'absence de descendance mâle des héritiers de Philippe le Bel est considérée à elle seule comme un fléau de Dieu. Jean Ier est mort au bout de cinq jours ; Louis, le fils de Philippe V, au bout de sept mois ; Philippe, le fils de Blanche d'Artois, est né et mort la même année en 1313 ; et Louis, le fils de Charles IV et de Marie de Luxembourg, n'a vécu que quelques jours en 1324. Même si leur mort ne paraît guère anormale en un temps où beaucoup d'enfants passent en bas âge, la succession rapide de disparitions au sein de la même dynastie n'est pas sans inquiéter. Serait-ce le résultat de mariages consanguins, pourtant interdits par l'Eglise ? Philippe le Bel était déjà accusé par Bernard de Saisset d'être un bâtard, ses trois belles-filles ont été convaincues ou soupçonnées d'adultère, le roi et ses trois fils ont épousé en premières noces des cousines issues de germains grâce à des dispenses pontificales. Or, le concile de Latran IV, en 1215, a interdit les unions à ce degré de parenté. Transgression ?

Mauvais rois, mauvaises reines, mauvais papes, mauvais conseillers... pourquoi chercher ailleurs, aux yeux d'une opinion naturellement attentive aux signes et aux symboles, les raisons d'une malédiction ?

Pour l'homme du peuple, les faits sont têtus. Comme l'écrit Jean de Saint-Victor : « et ainsi la noble lignée et belle trépassa en moins de treize ans dont tous eurent grand merveille, mais Dieu sait la cause laquelle nous ne savons ».

Dieu !... Nul besoin de chercher ailleurs la cause première de la malédiction pesant sur les derniers Capétiens. Comme le fait observer Colette Beaune [2], les années 1314-1328 n'ont pu être ressenties dans l'opinion que comme des années d'une exceptionnelle noirceur.

La malédiction templière

Cette malédiction qui pèse sur la famille royale, on finira par l'attribuer aux Templiers et à leur Grand Maître Jacques de Molay. Pourquoi ?

L'opinion populaire, au temps de Philippe le Bel et de ses successeurs, n'y fait pourtant que très rarement allusion. Certes, les Templiers n'ont pas toujours bonne presse auprès d'elle. Mais ce ne sont pas eux auxquels on pense en premier lieu. Les problèmes fiscaux sont bien plus souvent incriminés dans les textes du temps, le poids des impôts, l'altération des monnaies, et ensuite les persécutions envers Boniface VIII à qui l'on attribuera également l'origine de la malédiction lancée contre les Capétiens. Pour Jean de Saint-Victor, Philippe IV est mort

« à cause des injustes tailles, extorsions, mutations, qui émurent le cœur du peuple, et Dieu l'affligea à cause des malédictions des pauvres affligés ». Jean d'Outremeuse ne dit pas autre chose au sujet de Philippe V : « Il mourut à cause d'une grande taille, et, disaient les bourgeois de Paris : que sont devenues les rentes du royaume de France et les décimes, les biens des Juifs et des Lombards ? Le roi ne paie nulle dette et ne donne nulle aumône et ne fait nulle arme. »

Les pauvres se contentent, eux, de maudire les rois en secret. N'ayant pas accès à une possibilité d'expression organisée, ils véhiculent des rumeurs et, dans une société où la transmission est essentiellement orale, la rumeur suffit à installer durablement dans les esprits l'image des « rois maudits ».

Les Templiers viendront plus tard.

En réalité, ils fournissent un alibi commode au sentiment profondément enraciné dans la conscience populaire. Le doute persistant sur leur culpabilité rend plausible une malédiction, qu'elle soit d'origine diabolique ou divine. Au pacte avec Satan, évoqué chez Druon par Béatrice d'Hirson, correspond la vengeance de Dieu contre les Capétiens acharnés à perdre un ordre saint et à soumettre la papauté. Or, la rumeur évoque aussi bien les crimes des Templiers que leur héroïsme. Le fait qu'ils aient été brûlés presque à la sauvette sans avoir réclamé leur pardon mais en proclamant au contraire leur innocence invalide du même coup leur condamnation. Cette attitude jette en outre une ombre sur la sincérité de Philippe le Bel et de ceux qui ont juré leur perte.

De là à leur attribuer des pouvoirs exceptionnels, obtenus par magie ou par grâce divine, il n'y a qu'un pas.

La solution retenue va consister à mettre dans leur bouche des paroles qui expriment ce sentiment partagé par tous d'une malédiction frappant les derniers Capétiens. Alors que l'on attribue déjà cette malédiction à Boniface VIII après l'attentat d'Anagni, certains chroniqueurs en donnent donc rapidement d'autres versions. Un humaniste de Vicence, Ferreto de Ferretis, rapporte ainsi dès le début du XIVe siècle une anecdote selon laquelle un Templier napolitain, amené devant le pape Clément V à Poitiers, et se sachant condamné à mort, déclare au souverain pontife :

— Toi qui m'as condamné, tu te trouveras un jour proche à trembler devant le tribunal du ciel.

Et il ajoute :

— J'en appelle de ton injuste jugement au Dieu vrai et vivant ; dans un an et un jour avec Philippe responsable aussi de cela tu comparaîtras pour répondre à mes objections et donner ta défense !

Malheureusement, aucun Templier italien n'a jamais été interrogé à Poitiers en 1308.

L'histoire réapparaît soixante-dix ans plus tard chez un autre chroniqueur, Fulgoso. Cette fois, la scène se situe à Bordeaux, en présence du pape et du roi de France qui assistent à son supplice :

— Cruel tyran, j'en appelle au juste juge le Christ, de toi comme du roi Philippe qui t'a conseillé. Qu'avant un an, jour pour jour, vous soyez devant son tribunal tous les deux pour que j'expose ma cause et que justice soit faite impartialement.

Attribuer une telle formule – revue et corrigée – à Jacques de Molay, formule qui prend aussi bien sa source dans ces chroniques que dans les derniers propos réellement tenus par le Grand Maître peu avant de monter sur le bûcher, va pourtant mettre encore près de deux siècles.

En France, c'est dans le *De rebus gestis Francorum* de Paul Emile, publié en 1518, qu'on trouve pour la première fois un discours de Jacques de Molay formulé le 19 mars devant le bûcher. Trente ans plus tard, l'historien Du Haillan utilise la formule de Paul Emile, mais en y ajoutant une convocation du roi et du pape au tribunal du ciel. A partir de 1579, avec Belleforest, la malédiction prononcée du haut du bûcher est reprise par la plupart des auteurs jusqu'au XVIIIe siècle.

Curieusement, la figure de Jacques de Molay s'impose plus tardivement, à mesure que la légende de la malédiction devient une réalité que plus personne ne remet en question. Au XIXe siècle, selon Alain Demurger, le développement d'un théâtre patriotique favorise une mise en lumière d'un Jacques de Molay jusque-là relativement méconnu. L'immense succès de la pièce de Raynouard, *Les Templiers*, interprétée notamment par le célèbre tragédien Talma dans les années 1805-1806, en offre un exemple frappant. La représentation du Grand Maître de l'Ordre en buste sur un tableau de 1840 figurant dans les salles des croisades du château de Versailles, achève de consolider la légende.

Les survivants

Dans les romans de Maurice Druon, le bûcher du 19 mars 1314 n'éclipse pas définitivement les Templiers. Il y a Evrard, l'amant occasionnel de Béatrice d'Hirson, expert en poisons et diableries, devenu amer, désireux de venger l'Ordre et de se venger lui-même des tourments endurés lors de son arrestation. Il y a messire Jean de Longwy, le neveu de Jacques de Molay, qui tient plus que tout à réhabiliter la mémoire de son oncle, et dont la haine n'a pas désarmé devant la mort de Philippe le Bel et de ses complices. Tous deux font également allusion à de nombreux frères dispersés, et qui attendent une résurrection de l'Ordre.

Le thème de la survie du Temple, il est vrai, finira par hanter autant les esprits que celui de la malédiction.

Pourtant, sur ce sujet, nous sommes un peu mieux renseignés.

Hormis les Templiers qui ont quitté l'Ordre avant le procès et ceux qui ont été brûlés vifs en France – peu en vérité –, certains ont pu s'enfuir et se sont fondus dans la masse. D'autres se sont défroqués, se sont mariés, et ont eu descendance. Tous n'ont pas eu la chance – ou le courage –, tel Bernard de Fuentes, de devenir chef d'une milice chrétienne au service du maître musulman de Tunis avant de revenir en Aragon pour y servir comme ambassadeur.

Beaucoup ont été acquittés ou se sont réconciliés avec l'Eglise, puis ont vécu paisiblement dans des maisons du Temple devenues celles des Hospitaliers, ou dans des monastères.

Les plus durement condamnés, en revanche, ont pu croupir en geôle pendant de longues années ou même y mourir sans avoir jamais revu la lumière du soleil si chère à leur cœur lorsqu'ils bataillaient en Palestine.

Mais nombreux aussi seront ceux qui continueront de servir.

Les Templiers, on l'a vu, n'ont été durement traités qu'en France ou presque. En 1308, le pape Clément avait ordonné aux rois d'Aragon, de Castille et du Portugal d'arrêter tous les Templiers et de les faire traduire devant des commissions pontificales. Or, les conciles de Tolède et de Salamanque en 1310, celui de Tarragone en 1312, les ont déclarés innocents des crimes dont on les accusait. L'Ordre ayant malgré tout été dissous lors du concile de Vienne, les biens des Templiers sont allés en priorité à l'ordre des Hospitaliers ou à d'autres ordres militaires.

L'évêque de Lisbonne persistant à déclarer les Templiers innocents, le roi Denys Ier du Portugal va même aller plus loin. En 1316, il envoie au pape Jean XXII un délégué chargé de le convaincre d'accepter la restauration de l'ordre du Temple. Celui-ci hésite, longuement. Trois ans plus tard cependant, Jean XXII propose la création d'un nouvel ordre : celui des Chevaliers du Christ.

Soumis au pape, d'obédience cistercienne, ayant adopté un vêtement identique à celui des Templiers, ces nouveaux Chevaliers du Christ fixeront comme par hasard en

1366 leur siège à Tomar où se trouvait une ancienne et vaste commanderie templière célèbre pour sa chapelle à chœur octogonal. Relevés de leurs vœux de chasteté et de pauvreté, ils allaient plus tard combattre pour le royaume du Portugal contre les Maures et installer des colonies le long des côtes d'Afrique. Sécularisés en 1789, dissous en 1830, ils devaient se reformer par la suite pour subsister jusqu'à nos jours.

L'ordre de Montessa jouera également ce rôle en Espagne. Reconnu par le pape Jean XXII dès juin 1317, calqué sur celui des Chevaliers du Christ, rattaché à la couronne d'Espagne, il allait devenir un Ordre militaire et national important.

D'autres Templiers trouveront refuge au sein de l'ordre des Chanoines réguliers du Saint-Sépulcre ou encore dans l'éphémère ordre de l'Etoile, fondé en 1352 par le roi Jean II et disparu dès 1356. Geoffroy de Charny, petit-neveu de Geoffroy de Charnay, en sera membre. L'ordre de Saint-André du Chardon, fondé par le roi d'Ecosse Robert Bruce, passe également pour avoir abrité de nombreux Templiers.

Les survivants de l'Ordre, du moins hors du royaume de France, semblaient donc s'être adaptés. Si l'ordre du Temple en tant que tel n'existait plus, bon nombre de ses membres avaient trouvé le moyen de poursuivre leur idéal de service en acceptant une légère reconversion.

Tout cela ne plaide guère, en revanche, en faveur des mythes qui continuent de circuler sur la survie de mystérieuses organisations templières. Maurice Druon lui-même, dans une note informative, semble accepter cette idée d'une vaste société secrète née sur les ruines du Temple. « Il est connu que l'ordre du Temple, écrit-il, aussitôt après sa destruction officielle, se reconstitua sous la forme d'une société secrète internationale, et l'on a les noms de grands maîtres occultes jusqu'au XVIIIe siècle. » Plus loin, il attribue aux Templiers l'origine du compagnonnage, et naturellement celle de la franc-maçonnerie.

Ici, nous sommes plus proches du *Da Vinci Code* de Dan Brown que de la réalité historique. Mais puisque Maurice Druon nous y invite, allons y voir d'un peu plus près.

D'abord, une société secrète étant par nature... secrète, il est parfois difficile d'en retrouver toutes les filiations comme d'en suivre toutes les mutations, à l'image de ces nébuleuses terroristes actuelles qui se désagrègent subitement pour se reconstituer ailleurs avant de se désintégrer à nouveau et ainsi de suite.

Des sociétés secrètes, ou des organisations initiatiques – et le Temple, bien que dans la mouvance du Saint-Siège, en fut apparemment une –, il en a existé bien d'autres au Moyen Age. Les « Fidèles d'amour » ou la « Fede Santa » par exemple, à laquelle semble avoir appartenu Dante Alighieri. Sans parler des fameux « rose-croix », plus tardifs, dont on ignore encore s'ils ont jamais constitué une organisation « cohérente » à l'image de leurs médiocres héritiers d'aujourd'hui.

Ces organisations ont pu vivre un certain temps, puis se dissoudre sans jamais renaître ou se fondre dans d'autres sociétés plus opérantes.

Le cas des Templiers n'a probablement pas échappé à cette règle. En suivre à la trace toutes les influences – réelles ou supposées – relève du jeu de pistes. Ainsi, lorsque l'on attribue aux Templiers l'origine de la franc-maçonnerie actuelle, est-il surtout fait référence à des symboles et à des noms de hauts grades qui évoquent les Templiers. Mais les symboles voyagent, beaucoup sont universels, et il n'est pas toujours possible de les rattacher à une origine géographique ou historique très précise. On sait parfaitement que le christianisme a hérité de certaines influences orientales, qu'elles soient égyptiennes ou gnostiques – les fameux Esséniens –, cela ne signifie pas pour autant qu'il y ait continuité entre ces traditions. Chacune possède sa spécificité, et vouloir ressusciter des traditions mortes depuis longtemps en adoptant leurs apparences, tels ces druides modernes que l'on voit chaque année jouer à « Panoramix » dans les forêts bretonnes, relève du canular.

Dans le cas des Templiers, la volonté si fréquente de s'y rattacher, par goût du mystère ou par besoin de légitimation, ne saurait suffire à établir un lien réel avec l'ordre abattu par Philippe le Bel.

Les mythes – les faux, si l'on peut dire – ont pourtant la vie dure. Ainsi, en 1764, naît un ordre maçonnique dit de la « stricte observance templière ». Karl von Hund, riche propriétaire saxon, théosophe et « templariste » convaincu, en explique l'origine en ces termes : « Après la catastrophe [*sic*] le maître provincial d'Auvergne, Pierre d'Aumont, s'enfuit avec deux commandeurs et cinq chevaliers. Pour n'être point reconnus, ils se déguisèrent en ouvriers maçons et se réfugièrent sur une île écossaise où ils trouvèrent le grand commandeur Georges de Harris et plusieurs autres frères avec lesquels ils résolurent de continuer l'Ordre. Ils tinrent, le jour de la Saint-Jean 1315, un chapitre au cours duquel d'Aumont, premier du nom, fut nommé Grand Maître. Pour se soustraire aux persécutions, ils empruntèrent des symboles pris dans l'art de la maçonnerie et se dénommèrent maçons libres [...] En 1361, le Grand Maître du Temple se transporta à Aberdeen et par la suite l'Ordre se répandit sous le voile de la franc-maçonnerie en Italie, en Allemagne, en Espagne, et ailleurs... »

Dans un autre récit datant de 1798, Cadet de Gassicourt – un bâtard du roi Louis XV – voulant sans doute raviver de la légende la malédiction précise que d'Aumont et sept autres chevaliers auraient recueilli sur le bûcher encore fumant des cendres du Grand Maître et de Geoffroy de Charnay et les auraient lancées en direction du palais de Philippe le Bel en jurant de venger leurs frères.

Un manuscrit adressé au prince de Hesse par le futur Charles XIII de Suède conforte ce récit pour le moins vague en faisant allusion à un trésor dissimulé dans la crypte du Temple à Paris et à la succession de Jacques de Molay, via le comte de Beaujeu, jusqu'au chevalier d'Aumont. « Depuis Beaujeu, écrit-il, l'Ordre n'a jamais cessé un instant de subsister, et nous connaissons depuis Aumont une suite ininterrompue des grands maîtres de l'Ordre jusqu'à nos jours [...] Le nom et la résidence du véritable Grand Maître et des vrais Supérieurs qui régissent l'Ordre et dirigent ses sublimes travaux aujourd'hui, sont un mystère qui n'est connu que des vrais illuminés. »

N'est-ce pas ce que laisse plus ou moins entendre Maurice Druon ?

Une autre version veut qu'un certain grand commandeur de Jérusalem, Jean-Marc Larménius (ou l'Arménien), ait été choisi par Jacques de Molay pour successeur. Il aurait alors établi secrètement son siège à Paris, et l'Ordre aurait survécu jusqu'au début du XIXe siècle. Du moins est-ce ce que réussit à faire croire, sur la foi d'un faux grossier – une prétendue charte templière de 1324 –, un dénommé Ledru à un ancien séminariste devenu médecin, le naïf Fabré-Palaprat. Ce dernier devait même, au mois de mars 1808, se faire introniser Grand Maître de l'Ordre dans une cérémonie très officielle en l'église Saint-Paul à Paris, sous les auspices sans doute amusés de Napoléon.

On n'en finirait pas d'énumérer toutes les pseudo-organisations ésotériques se réclamant des Templiers [3]. Dans cette liste, on y verrait les plus loufoques côtoyer les plus sincères, et même y trouverait-on peut-être quelques bribes de vérité. Elles ont encore de beaux jours devant elles, et les héritiers supposés de Jacques de Molay continueront à réécrire l'histoire du Temple à leur goût, un peu comme ces vieux généraux qui n'en finissent pas de reconstituer d'anciennes batailles avec des soldats de plomb.

La tragédie du « Temple solaire », encore dans toutes les mémoires, ne doit pas cependant nous faire oublier qu'on ne joue pas impunément avec les mythes.

Vous avez dit trésor ?

Il était inévitable qu'autour de la tragédie du Temple se développât un autre mythe : celui du trésor caché.

Inévitablement aussi, nous vient à l'esprit celui de Montségur et du « grand secret » des cathares.

Peu avant la chute de l'un des derniers bastions de l'hérésie en 1244, quelques « parfaits », comme ils se surnommaient, auraient en effet évacué leur trésor de Montségur pour éviter qu'il ne tombe entre les mains des croisés. Contenant quoi ? De l'or, des manuscrits, des rituels secrets ?

Les nazis eux-mêmes, fascinés par l'occulte, expédièrent une mission en Languedoc sous la responsabilité d'un certain Otto Rahn afin de percer le mystère. Sans résultat. Des « catharistes » continuent aujourd'hui encore de le chercher en arpentant les montagnes ariégeoises.

Le trésor est un sous-produit des mythes. Il inspire et fait rêver. Il donne un sens à une quête ou s'y substitue plus grossièrement.

Dans le cas des Templiers, on voit mal cependant comment ils auraient pu évacuer un trésor de l'enclos du Temple juste avant leur arrestation. On sait qu'ils furent complètement pris au dépourvu par cette mesure de police et que Philippe le Bel se transporta aussitôt sur place pour joindre le trésor royal à celui qui se trouvait dans la tour du Temple.

Des dépositions de rares Templiers, dont Jean de Châlons, font pourtant allusion à une scène qui se serait déroulée dans la nuit du 12 au 13 octobre 1307, quelques heures avant l'arrestation. Trois coffres dissimulés sous la paille d'une charrette et contenant le trésor du grand visiteur de France auraient quitté le Temple à destination de Dieppe afin d'être transportés en Angleterre ou en Ecosse.

Le témoignage est cependant fragile et bien isolé. Il

signifierait en outre que les Templiers de Paris se doutaient de quelque chose, ce qu'aucun document ne laisse supposer.

Ce mythe du trésor du Temple ne trouve d'ailleurs quelque crédit que beaucoup plus tard. Comme celui de la malédiction ou du secret des cathares, il a pour principale conséquence d'enfiévrer les imaginations.

Ainsi, le comte de Beaujeu évoqué par Charles XIII de Suède aurait convaincu Philippe le Bel de le laisser rapatrier le corps calciné de son oncle Jacques de Molay pour l'inhumer dans le Beaujolais. Après quoi, il en aurait profité pour récupérer les richesses du Temple et les faire sortir de Paris. Il les aurait ensuite enfouies sur ses terres d'Arginy où, depuis la fin du XIXe siècle, bon nombre de chercheurs – patients ou illuminés – tentent de localiser le trésor des Templiers.

Dans les années 1950, un jardinier du nom de Roger Lhomoy se persuada également que la forteresse de Gisors recelait dans ses profondeurs un trésor. Sur la foi de quels documents, de quelle légende ? Toujours est-il qu'il avait repéré près de l'enceinte du donjon un puits qu'il entreprit de rouvrir. Il se mit dès lors à creuser avec acharnement, et sans autorisation. Jusqu'à manquer demeurer au fond du puits à cause d'un éboulement.

Il en ressortit de justesse avec une jambe cassée. Effet de la malédiction des Templiers ?

Loin de se décourager, il transporta sa curiosité à une quinzaine de mètres de là et se remit à l'ouvrage. Une nuit, alors qu'il se trouvait à une vingtaine de mètres sous terre, engagé dans un souterrain, sa barre à mine heurta une surface dure. Découvrant qu'il s'agissait d'un mur, il parvint à en dégager plusieurs pierres et à passer une tête par l'ouverture.

Et ce qu'il découvrit alors le laissa pantois. Le faisceau de sa lampe-torche éclairait l'intérieur d'une chapelle romane, des statues de Jésus et des apôtres, des sarcophages de pierre, et surtout, à l'intérieur de la nef, « une trentaine de coffres précieux rangés par colonnes de dix ».

Du moins est-ce le récit que Lhomoy fit à Gérard de Sède qui, lui-même, devait plus tard y consacrer un ouvrage à sensation [4].

Au comble de l'excitation et conscient qu'il ne pouvait garder pour lui sa découverte, Lhomoy prévint alors les autorités municipales. Lesquelles refusèrent de s'aventurer dans le souterrain et le prirent pour un fou. Lhomoy eut beau protester de sa bonne foi, rien n'y fit. Le puits fut rebouché, et les diverses tentatives du jardinier pour reprendre ses travaux dans les années qui suivirent furent toutes rejetées.

Lhomoy avait-il menti ? Gérard de Sède est sûr du contraire. Tout comme il est persuadé que ce qu'a vu Lhomoy n'est autre que le trésor du Temple. Un trésor que Guichard de Beaujeu ne serait pas parvenu, pour de mystérieuses raisons, à faire passer en Angleterre et qu'il aurait enfoui là, à Gisors.

Bien entendu, toutes ces hypothèses ne reposent sur rien, ou presque, et néanmoins Gérard de Sède parvient à nous tenir en haleine. Preuve que l'on peut faire de la bonne littérature de divertissement avec des élucubrations.

Car le trésor des Templiers ne peut qu'exciter les curiosités, et il les excitera longtemps encore. L'Ordre était décidément trop glorieux, trop séduisant, trop entouré de mystères, trop puissant, pour ne pas continuer sept siècles plus tard à hanter les imaginations.

Or, il n'y a pas de puissance sans secret.

Gisors... Dernier avatar de la malédiction du Grand Maître de l'Ordre ?

Gageons qu'il y en aura d'autres.

La malédiction des Templiers a beau être une invention tardive, l'historien comme l'honnête homme ne peut, à l'instar de Maurice Druon, que s'interroger sur l'accumulation formidable de circonstances dramatiques qui présidèrent à la fin des Capétiens.

Le fait que la fin de trois dynasties – Capétiens directs, Valois, Bourbons – ait été marquée par les règnes de trois frères n'est pas non plus sans intriguer. A la trilogie capétienne – Louis X, Philippe V, Charles IV – fait en effet écho celle des Valois – Charles IX, François II, Henri III – puis celle des Bourbons – Louis XVI, Louis XVIII, Charles X.

Tant de correspondances laissent perplexe. Mais là où s'arrête l'histoire ne doit pas fatalement commencer l'affabulation. Les « rois maudits » dépeints avec un incontestable talent par Maurice Druon représentaient de toute évidence une fin de race. Les circonstances, si peu ordinaires fussent-elles, qui accompagnèrent leur déclin ne doivent pas nous égarer : ils sont morts autant de leurs faiblesses que des accidents du destin qui jalonnent l'histoire de chaque dynastie. Certainement pas de la malédiction de Jacques de Molay ni des « sorceries » de Mahaut d'Artois.

ANNEXES

Les personnages principaux

Mahaut d'ARTOIS (comtesse 1303-1329) : fille de Robert II comte d'Artois et d'Amicie de Courtenay, elle épouse fort jeune l'un des compagnons d'armes de son père, Otton IV comte de Bourgogne. Très endetté et mauvais politique, celui-ci passe sous influence française ; il cède le comté en dot à sa fille aînée Jeanne, épouse du futur Philippe V, déshéritant de fait ses trois fils et son autre fille Blanche épouse du futur Charles IV. Mahaut est une épouse discrète jusqu'à ce que le hasard fasse d'elle une comtesse d'Artois (à la mort de son père en 1302) et une comtesse de Bourgogne en 1303 (à la mort de son mari). Elle ne se remarie pas et exerce désormais un pouvoir sans partage ; comtesse, pair de France, belle-mère de deux rois, marraine d'enfants royaux. L'adultère des brus du roi (dont deux sont ses filles) puis la révolte des ligues orchestrée en Artois par Robert III et enfin des accusations de sorcellerie la déstabilisent. Trois fois, les juges lui donneront raison mais les rumeurs persistent. Druon fait de cette femme de pouvoir une mauvaise femme et une empoisonneuse, ce qui n'est pas prouvé.

Robert III d'ARTOIS (1287-1342) : neveu de Mahaut, Robert III a eu le malheur de voir son père mourir sans avoir hérité du comté. La coutume le prive donc de tout droit à celui-ci qui échoit à sa tante. Il n'aura de cesse de dénoncer cette injustice. Trois procès en 1309, 1318, 1329 sont intentés en son nom et il n'est pas étranger aux rumeurs contre Mahaut.

A vouloir trop prouver, il finit par tout perdre. Les pièces qu'il fournit pour prouver ses droits à l'Artois s'avèrent falsifiées. Banni, il se réfugie en Angleterre en 1334 où il pousse Edouard III à la guerre. Il meurt au siège de Vannes dans l'une des premières opérations de celle-ci.

Boniface VIII (pape 1294-1303) : juriste éminent, curialiste, puis cardinal en 1281, Benoît Caetani devint pape en évinçant le saint ermite Célestin V. Partisan convaincu des idées théocratiques, il s'opposa vigoureusement à Philippe IV en 1296 puis en 1302. Le roi l'accusa d'idolâtrie et de magie et le pape rétorqua en le menaçant d'excommunication. Philippe, inquiet, envoya Guillaume de Nogaret à Agnani. Le vieil homme fut menacé (mais non giflé) et il en mourut quatre jours plus tard.

Agnès de Bourgogne (1268-1325) : la plus jeune des filles de Saint Louis épouse le duc Robert II. Elle en a deux fils (les ducs Hugues V et Eudes IV), pour lesquels elle assure la régence depuis 1306, et deux filles, Marguerite, l'épouse adultère de Louis X, et Jeanne, épouse de Philippe VI. L'efficace douairière prend en 1316 le parti de sa petite-fille dont elle soutient les droits au trône de France. Elle échoue, mais Philippe V fait d'importantes concessions. L'enfant obtient la couronne de Navarre, les comtés de Champagne et de Brie, et Eudes IV épouse la fille aînée de Philippe V, héritière de l'Artois et du comté. La réunion des deux Bourgogne ainsi réalisée est l'un des plus anciens objectifs des ducs.

Blanche de Bourgogne (1295-1326) : fille de Mahaut d'Artois et d'Otton comte de Bourgogne, elle épouse le futur Charles IV en 1307. La « plus jolie fille de France » est convaincue d'adultère en 1314 et enfermée à Château-Gaillard puis au château de Gavray. Quand Charles devient roi en 1322, il obtient du pape l'annulation du mariage pour parenté spirituelle (Mahaut étant la marraine du roi, il ne pouvait épouser sa fille !). Blanche se retire alors à Maubuisson près des tombeaux de ses aïeux.

Jeanne de Bourgogne (reine de France 1316-1322) : fille de Mahaut et d'Otton IV, elle épouse en 1307 le futur Philippe V avec pour dot la comté de Bourgogne. Elle est accusée en 1314 de n'avoir pas dénoncé sa sœur Blanche et sa cousine Marguerite. Philippe qui veut garder la femme et la comté pardonne. Mais aucun de leurs fils ne survit. Devenue veuve, Jeanne se réfugie avec ses trois filles auprès de sa mère Mahaut. Elle meurt trois mois après celle-ci.

Jeanne de Bourgogne (reine de France 1328-1349) : fille d'Agnès de France et de Robert II duc de Bourgogne, elle épouse en 1313 le fils aîné de Charles de Valois, Philippe (dont nul ne pense alors qu'il deviendra roi), et lui donne de nombreux enfants. Reine en 1328, elle exerce une très forte influence politique sur son mari. Une légende noire se crée autour d'elle, celle de la mâle reine boiteuse qui faisait disparaître ses adversaires.

Marguerite de Bourgogne : fille d'Agnès de France et de Robert II duc de Bourgogne, elle épouse le futur Louis X en 1305 et lui donne une fille Jeanne en 1311. Convaincue d'adultère en 1314, elle est enfermée à Château-Gaillard où elle a le bon goût de décéder en 1315, permettant ainsi au roi de se remarier et d'essayer d'avoir lignée.

Charles IV le Bel (roi de France 1322-1328) : la guerre de Saint-Sardos en 1323 aboutit à l'annexion de l'Agenais et du Bazadais repris au roi d'Angleterre et duc d'Aquitaine. Le gros problème du roi de France est de procréer, lui le dernier Capétien direct, un héritier mâle. Après l'annulation de son mariage avec Blanche de Bourgogne, il épouse successivement Marie de Luxembourg et Jeanne d'Evreux qui ne lui donnèrent que des filles.

Clémence de Hongrie (reine de France 1315-1316) : fille de l'Angevin Charles Robert roi de Hongrie, nièce de Charles de Valois, elle épouse Louis X en août 1315. Elle lui donne un fils posthume, le petit Jean Ier, qui ne vit que quelques jours. Un long veuvage puisqu'elle ne meurt que douze ans plus tard en l'hôtel du Temple.

CLÉMENT V (pape 1305-1314) : Bertrand de Got est le premier des papes d'Avignon. Ce juriste français devenu archevêque de Bordeaux fut couronné à Lyon. Installé en Avignon, il louvoya avec Philippe IV le Bel dans l'affaire des Templiers tout en cherchant à préserver les prérogatives de la papauté et la mémoire de Boniface VIII que Philippe voulait faire condamner comme hérétique.

ÉDOUARD II (roi d'Angleterre 1307-1327) : dès son avènement qui fut difficile, le Parlement affirma devoir fidélité non au roi mais à la Couronne. Edouard multiplie les favoris encombrants (Pierre Gaveston, Hugh Despenser) qui le brouillent avec sa femme Isabelle de France épousée en 1308. La reine vient chercher du secours sur le continent en 1324. Elle débarque en Angleterre avec son amant Roger Mortimer comte de March. Les barons sont vainqueurs. Edouard II doit abdiquer au profit de son fils. Il meurt assassiné peu après. Le corps n'étant pas montrable, on utilisa pour les funérailles la première effigie royale connue.

ÉDOUARD III (roi d'Angleterre 1327-1377) : proclamé roi à la déposition de son père, il prétend en 1328 sans succès à la couronne de France. Il prête certes hommage à Philippe VI à Amiens en 1329 pour l'Aquitaine mais n'abandonne rien de ses droits au trône de France. La guerre de Cent Ans éclate en 1337, et tant qu'il vécut, Edouard fut vainqueur. A Crécy en 1346, Philippe VI s'enfuit. Les chroniques de Froissart écrites pour Philippa de Hainaut son épouse le présentent comme le parangon de la chevalerie.

Louis d'ÉVREUX (1276-1319) : demi-frère de Philippe IV et de Charles de Valois, il reçoit en apanage le comté d'Evreux en 1298. Diplomate discret et expérimenté, il servit au mieux le roi. De Marguerite, sœur de Robert d'Artois, il eut Jeanne, troisième épouse de Charles IV, et Philippe, qui épousa l'enfant exclue du trône en 1316 et devint roi de Navarre.

ISABELLE de FRANCE (reine d'Angleterre) : fille de Philippe IV et sœur des trois derniers rois de France, elle épouse

Edouard II auquel elle donne un héritier (le seul petit-fils du roi de Fer). Femme de pouvoir, elle écarte un mari qui ne lui convient pas en s'alliant aux barons. De 1326 à 1328, elle gouverne au nom de son fils. Celui-ci l'écarte en 1330 et Isabelle meurt vingt-huit ans plus tard dans une pieuse retraite.

JEAN XXII (pape 1316-1334) : Jacques Duèze est un juriste qui a fait carrière au service de la maison d'Anjou. Il fut élu après un long interrègne dû à la division des cardinaux comme un pape de transition. Il s'avéra plus robuste que prévu. La papauté d'Avignon doit à ce remarquable administrateur son organisation et sa puissance financière. Il condamna très fermement les Spirituels (c'est-à-dire les franciscains partisans de la pauvreté absolue) et prit sur la vision béatifique une position qui ne fut pas retenue par l'ensemble de l'Eglise.

LOUIS X (roi de France 1314-1316 et roi de Navarre 1305-1316) : fils aîné de Philippe IV, il accorde des chartes aux nobles révoltés qui veulent revenir au temps de Saint Louis, mais parallèlement affranchit tous les serfs du domaine royal. Soucieux d'assurer sa descendance, il se remarie avec Clémence de Hongrie. Il meurt jeune d'un refroidissement contracté après une partie de jeu de paume.

Enguerrand de MARIGNY (1275-1315) : chevalier normand, il fit carrière dans l'hôtel de la reine qui le recommanda à sa mort à Philippe IV dont il devint le chambellan. Doté d'un grand sens politique et de capacités en matière de diplomatie et de finances, il devint assez vite le principal conseiller du roi. L'opinion attisée par la haine de Charles de Valois lui reprocha dès la mort de Philippe tous les aspects contestables du règne. Il fut pendu à Montfaucon le 30 avril 1315. Il avait amassé une solide fortune et fait de l'un de ses frères un archevêque de Sens. L'autre devint archevêque de Rouen.

Jacques de MOLAY (Grand Maître du Temple 1292-1314) : originaire de Franche-Comté, il entre dans l'Ordre en 1265 et fait toute sa carrière en Orient. Il est élu Grand Maître après la chute d'Acre, et sa politique d'alliance avec les Mongols à l'extérieur et de réforme interne ne s'avère pas concluante. En 1306, il élabore un mémoire qui s'oppose à la fusion des ordres. Arrêté en 1307, il avoue avant de proclamer tardivement en 1314 l'innocence de l'Ordre. Les circonstances exigeaient un héros ou un fin politique. Or Molay n'était ni l'un ni l'autre. Il meurt sur le bûcher le 19 mars 1314.

Guillaume de NOGARET (1270-1313) : docteur en droit et professeur à l'université de Montpellier, il opte pour le service du roi en 1294. La disparition de Pierre Flote tué à Courtrai le fit passer au premier plan. Il devint garde des Sceaux en 1307. Sa responsabilité est grande dans le procès des Templiers comme dans l'affrontement avec Boniface VIII où il sut manœuvrer l'opinion en faveur du roi. Il passa au second plan après 1311 quand Marigny s'imposa. Il mourut au printemps 1313, et nul ne regretta ce légiste excommunié en 1303 dont le grand-père déjà était cathare !

PHILIPPE IV le BEL (roi de France 1285-1314) : fils cadet de Philippe III et Isabelle d'Aragon, il accède au pouvoir à dix-sept ans. On lui doit un réel perfectionnement des services de l'Etat, chancellerie, Parlement et Cour des comptes. En matière financière en revanche, c'est le temps des expédients (mutations monétaires, confiscation des biens juifs ou lombards). L'affrontement avec la papauté commence d'ailleurs sur la décime que Philippe veut prélever sur les biens d'Eglise sans autorisation pontificale en 1296, puis débouche sur le problème plus général des rapports entre pouvoir spirituel et pouvoir temporel en 1302-1303. Menacé d'excommunication, Philippe envoie Nogaret à Anagni, et Boniface VIII, humilié, meurt quelques jours plus tard. La papauté s'installe à Avignon et doit composer avec le roi, lui abandonnant les Templiers. Avec la Flandre, les campagnes militaires (Courtrai en 1302) alternent avec des trêves peu respectées (en 1305, en 1313). Avec l'Angleterre, le statut de l'Aquitaine demeure une pomme de discorde. Le roi d'Angleterre est vassal de Philippe comme duc d'Aquitaine, situation intenable pour les deux parties.

La fin de règne est catastrophique. Le roi est en 1314 tout aussi impopulaire que Marigny son ministre.

PHILIPPE V le LONG (roi de France 1316-1322) : Philippe sut habilement se faire reconnaître comme roi au détriment de sa nièce, en jouant des circonstances et en multipliant concessions et consultations. Il vient aussi à bout des ligues nobiliaires de Bourgogne et d'Artois. Il projette d'imposer dans tout le royaume les mêmes poids et mesures. De sa femme Jeanne de Bourgogne, il ne laissa que trois filles à qui le trône fut logiquement refusé. Elles devinrent duchesse de Bourgogne, comtesse de Flandre et dauphine de Viennois.

PHILIPPE VI de VALOIS (roi de France 1328-1350) : fils aîné de Charles de Valois et Marguerite d'Anjou, il est fait roi par les barons qui le choisissent au détriment d'Edouard III comme régent en février 1328 puis comme roi en avril. L'écrasante victoire de Cassel contre les Flamands quelques mois plus tard persuade l'opinion que Dieu approuve cette désignation. La défaite de Crécy contre Edouard III en 1346 remit en question toutes ces certitudes.

Charles de VALOIS (1270-1325) : frère de Philippe IV, dépensier et fastueux, il épousa successivement Marguerite d'Anjou, Catherine de Courtenay et Mahaut de Saint-Pol qui lui donnèrent quatorze enfants. Pour les caser, il accumula les apanages (Valois, Alençon, Anjou et Maine) et ne cessa de rechercher une couronne, d'abord en Aragon, en Sicile puis dans l'empire et en Orient. Bon chef militaire et conseiller influent du roi, il s'opposa à Marigny, dont il obtint la mort, et soutint la révolte des ligues.

Chronologie

FRANCE	ARTOIS
RÈGNE DE PHILIPPE IV **(1285-1314)**	
1302 Défaite de Courtrai contre les Flamands	**1302** Mort de Robert II comte d'Artois à Courtrai
1303 Attentat d'Agnani Mort de Boniface VIII	**1303** Mort d'Otton IV comte de Bourgogne
	MAHAUT COMTESSE D'ARTOIS ET DE BOURGOGNE **(1303-1329)**
1305 Mort de la reine Jeanne Traité d'Athies avec la Flandre	
1306 Expulsion des Juifs et des Lombards	
1307 Couronnement du futur Louis X comme roi de Navarre	
1308 Procès de Guichard de Troyes	
1309 Confiscation des biens des Lombards	**1309** Philippe IV donne raison à Mahaut malgré les protestations de Robert d'Artois
1310 Templiers brûlés à Paris et à Sens	
1312 Suppression du Temple au concile de Vienne	

1313 Adoubement des fils de Philippe IV	
Mort de Guillaume de Nogaret	
1314 Adultère des trois brus du roi	**1314** Deux des filles de Mahaut accusées d'adultère
Mort de Jacques de Molay le 19 mars	
Conventions de Marquette avec la Flandre	
Mort de Clément V en avril	
Révoltes des ligues	
Mort de Philippe IV fin novembre	
RÈGNE DE LOUIS X (1314-1316)	
1314 Mort de Marguerite de Bourgogne en décembre ou janvier	
1315 Octroi de Chartes aux révoltés	
Exécution d'Enguerrand de Marigny le 30 avril	
1315 Ost boueux contre les Flamands	
Remariage avec Clémence de Hongrie le 13 août	
1316 Mort de Louis X le 5 juin	
Avènement au pontificat de Jean XXII en août	**1316** Mahaut est marraine de Jean Ier
Naissance du petit Jean Ier le 13 novembre	
RÈGNE DE PHILIPPE V (1316-1322)	
1316 Sacre à Reims	**1316** Mahaut soutient la couronne lors du sacre
	1317 Mahaut accusée de la mort du roi Louis X et d'envoûtement sur Philippe V, est innocentée le 20 juillet
	Mort de son dernier fils

	Robert à dix-huit ans en septembre
	1318 Mariage de Robert d'Artois avec Jeanne, fille de Charles de Valois
1320 Croisade des pastoureaux Massacre des lépreux et des Juifs en France du Sud	
1322 Mort du roi	
RÈGNE DE CHARLES IV (1322-1328)	
1322 Annulation du mariage du roi et de Blanche de Bourgogne Remariage avec Marie de Luxembourg	**1322** Annulation du mariage de Blanche sa fille
1324 Mort de la reine Marie Guerre de Saint-Sardos en Guyenne Remariage du roi avec Jeanne d'Evreux	
1325 Mort de Charles de Valois en décembre	
1326 Mort de Blanche d'Artois à Maubuisson	**1326** Mort de Blanche d'Artois à Maubuisson
1327 Mort du roi d'Angleterre Edouard II assassiné	
1328 Mort du roi laissant sa femme enceinte	
RÈGNE DE PHILIPPE VI (1328-1350)	
1328 Régent puis roi quand Jeanne d'Evreux accouche d'une fille Victoire de Cassel contre les Flamands en septembre Mort de Clémence de Hongrie	
1329 Hommage d'Amiens	**1329** Troisième procès sur la succession d'Artois en juin
	1329 Mort de Mahaut le 26 novembre

1331 Saisie des biens des Lombards

1332 Robert d'Artois est banni et ses biens confisqués le 8 avril

1334 Robert passe en Angleterre

1336 Visite du roi à Avignon

1337 Confiscation de Guyenne et débuts de la guerre de Cent Ans

1340 Edouard III prend le titre de roi de France
Désastre naval de l'Ecluse

1342 Mort de Robert d'Artois au siège de Vannes

1346 Désastre de Crécy contre les Anglais

1348 Peste noire

1354-
1361 Aventures du roi Giannino

Notes

1
LEVER DE RIDEAU

1. R. Cazelles, *Paris, de la fin du règne de Philippe Auguste à la mort de Charles V*, Association pour la publication d'une histoire de Paris, 1972.
2. *Ibid.*
3. Colette Beaune, « Paris, ville capitale », *Historia*, mars-avril 2001.
4. B. Geremek, *Les Marginaux parisiens aux* XIVe *et* XVe *siècles*, 1976.
5. M. Druon, *Le Roi de Fer, Les Rois maudits*, t. I.

2
LA FAMILLE

1. M. Druon, *Le Roi de Fer, Les Rois maudits*, t. I.
2. Robert-Henri Bautier.
3. J. Favier, *Philippe le Bel*, Fayard, 1978.
4. J. Petit, *Charles de Valois*, 1900.
5. Dans son roman, Maurice Druon évoque ce sentiment populaire par un dialogue entre un mercier et sa femme, celle-ci voyant passer Louis X et ricanant : « Il a surtout une bonne mine de cocu ! » (*Les Rois maudits*, t. II chap. 4.)
6. J.-M. Richard, *Une petite nièce de Saint Louis : Mahaut, comtesse d'Artois et de Bourgogne*, 1887.

7. J. R. Strayer, *Les Gens de justice en Languedoc sous Philippe le Bel*, Toulouse, Association Marc-Bloch, 1970.
8. R. Fawtier, *L'Europe occidentale de 1270 à 1328*, 1940.
9. J. Favier, *Un conseiller de Philippe le Bel, Enguerrand de Marigny*, 1963.
10. A ce sujet, Maurice Druon commet une petite erreur, il n'y avait pas de statue de Marigny dans la galerie des Rois. Il confond cette galerie avec la galerie Mercière.

3
ROIS MAUDITS, FRANCE BÉNIE ?

1. M. Druon, *Le Roi de Fer*, *op. cit.*
2. M. Bourin-Derruau, *Nouvelle Histoire de la France médiévale : temps d'équilibres, temps de ruptures*, Le Seuil, 1990.
3. M. Druon, *La Reine étranglée*, IIe partie, chap. IV.
4. J. Derens, *Dictionnaire du Moyen Age*, Albin Michel, 1997.
5. J. Favier, *Philippe le Bel*, *op. cit.*

4
UN ROYAUME ENTRE CIEL ET TERRE

1. Colette Beaune, *Naissance de la nation France*, Gallimard, 1985.
2. *Ordo* (pl : *ordines*) : ensemble des textes servant pour un sacre, prières et bénédictions. Le mot *ordo* évoque cette notion d'ordre chère au Moyen Age, l'univers fonctionnant comme un tout hiérarchique et harmonieux.
3. Les six pairs ecclésiastiques sont les cinq évêques suffragants de l'archevêque de Reims, plus celui de Langres.
4. Lorsqu'il décrit le sacre de Philippe V, Maurice Druon évoque le roi couché sur son lit en train d'attendre l'arrivée des évêques. En réalité, ce rite du « roi dormant » ne prend toute son ampleur qu'à la fin du XVe siècle.
5. Dans son récit du couronnement de Philippe V (*La Loi des mâles*, t. V), Maurice Druon fait intervenir Mahaut d'Artois recevant de Philippe V le privilège de soutenir la couronne avec les autres pairs laïcs. C'est oublier que la comtesse Mahaut d'Artois, qui était pair de France, avait tout à fait sa place dans cette cérémonie. Elle y était même la bienvenue puisqu'elle fut la seule, avec Charles de Valois, à y assister, en l'absence des

pairs anciens. Quant à la contestation exprimée par la duchesse Agnès de Bourgogne, fille de Saint Louis, sur la légitimité de Philippe V, si elle a bien été formulée, il est peu probable qu'elle se soit déroulée en pleine cérémonie du sacre, comme le décrit Maurice Druon.

6. J. Le Goff, in *Les Lieux de mémoire*, 1986, sous la direction de P. Nora.

5
DES TEMPLIERS TROP PUISSANTS

1. Simonie : en droit canon, trafic d'objets religieux, de bénéfices ecclésiastiques ou même de biens spirituels.

2. J. Piquet, *Les Templiers, études de leurs opérations financières*, 1939.

6
ABATTEZ LE TEMPLE !

1. Cité in J. Favier, *Philippe le Bel*, *op. cit.*

2. Ce type de baiser n'a d'ailleurs aucune connotation sexuelle et se retrouve dans bien des rituels de sociétés initiatiques traditionnelles.

3. A. Demurger, *Jacques de Molay*, Payot, 2002.

7
FILLES D'ÈVE OU DE MARIE ?

1. Voir M. Druon, *La Loi des mâles*, *op. cit.*

2. M. Druon, *Le Lys et le Lion*, *op. cit.*

8
CRIMES ET SORCELLERIE

1. M. Druon, *Les Poisons de la couronne*, t. III.

2. *Ibid.*

3. M. Druon, *Le Roi de Fer*, *op. cit.*

4. Franck Collard, *Le Crime de poison au Moyen Age*, PUF, 2003.

5. *Ibid.*

6. P. Dupuy, *Histoire du différend entre le pape Boniface VIII et Philippe le Bel, roy de France*, 1655.

7. Norman Cohn, *Démonolâtrie et sorcellerie au Moyen Age*, 1982.

9
AVIGNON, NOUVELLE BABYLONE OU TERRE PROMISE ?

1. Sur ce sujet, voir A. Paravicini Bagliani, *Boniface VIII, un pape hérétique*, Payot Rivages, 2003, et J. Coste, *Boniface VIII en procès*, Fundazione Camilio Caetani 1995.
2. Sur ce sujet, voir G. Mollat, *Les Papes d'Avignon*, 1964, et B. Guillemain, *La Cour pontificale d'Avignon*, 1962.
3. R. Darbois, *Quand les papes régnaient en Avignon*, Fayard, 1981.
4. M. Druon, *La Louve de France*, *op. cit.*
5. On appellera ces hôtels des « livrées » en raison des nombreux domestiques qui y servaient.
6. Ce droit demeura assez théorique, excepté pour les clercs décédés à la curie dont le pape nommait les remplaçants, ou pour ceux qui obtenaient un transfert.

10
HONNI QUI EN LOMBARD SE FIE !

1. J. Le Goff, *Marchands et banquiers au Moyen Age*, PUF, « Que sais-je », 1956.
2. R. de Roover, *L'Evolution de la lettre de change, XIVe-XVIIIe siècles*, 1953.
3. R. H. Bautier, *Les Lombards et les problèmes de crédit en France aux XIIIe et XIVe siècles*, 1992.
4. L'usure est alors de 33 pour cent en moyenne, voire plus.
5. R.-H. Bautier, *op. cit.*
6. *Ibid.*
7. J. Favier, *Philippe le Bel*, *op. cit.*

11
UN ROI D'OPÉRETTE : GIANNINO BAGLIONI

1. Y.-M. Bercé, *Le Roi caché*, Fayard, 1990.
2. *Istoria del re Giannino di Francia.* Ce texte, écrit entre la fin du XIVe et le début du XVe, aux allures d'autobiographie,

a probablement été rédigé par Tomaso Agazzari, un parent de la seconde femme de Giannino. Il n'est pas impossible cependant que plusieurs auteurs y aient collaboré. Il demeure une source indispensable pour la connaissance de cette histoire.

3. A paraître en 2005.

12
NI FEMME NI ÉTRANGER SUR LE TRÔNE DE FRANCE !

1. Philippe Contamine, *La Guerre de Cent Ans*, PUF, 2002.
2. Colette Beaune, *Naissance de la Nation France*, *op. cit.*
3. *Ibid.*
4. Sans aucun héritier, mâle ou femelle.
5. M. Druon, *Le Lys et le Lion*, *op. cit.*

13
MAUDITS ROIS OU ROIS MAUDITS ?

1. M. Druon, *Le Roi de Fer*, *op. cit.*
2. Voir Colette Beaune, « Les rois maudits », *Cahiers du centre d'études médiévales de Nice.*
3. Pour ceux que le sujet intéresserait, on ne peut que recommander la lecture du livre de Peter Partner, *Templiers, francs-maçons et sociétés secrètes*, Pygmalion, 1992.
4. G. de Sède, *Les Templiers sont parmi nous : l'énigme de Gisors*, Plon, 1980.

Remerciements

Pour avoir passé quelques mois passionnants parmi les ombres et les lumières du XIVe siècle, j'aimerais adresser mes remerciements à :

M. Maurice Druon de l'Académie française, auteur de cette passionnante saga romanesque des *Rois maudits* qui fut le point de départ de ce livre et dont on ne saurait trop recommander la lecture.

M. Xavier de Bartillat, directeur des Editions Perrin, pour m'avoir fait confiance dans cette aventure périlleuse.

Mary Leroy, éditrice, pour sa vigilance et ses remarques toujours judicieuses.

Enfin, je n'aurais garde d'oublier Colette Beaune, éminente spécialiste du Moyen Age, et dont l'érudition sans faille, lumineuse sans jamais être aride, aura été mon plus précieux garde-fou tout au long de ce livre.

Table

La photocomposition de cet ouvrage
a été réalisée par
GRAPHIC HAINAUT
59163 Condé-sur-l'Escaut

Cet ouvrage a été imprimé par la
SOCIÉTÉ NOUVELLE FIRMIN-DIDOT
Mesnil-sur-l'Estrée
pour le compte des Éditions Perrin
76, rue Bonaparte
Paris 6e
en septembre 2005

Imprimé en France
Dépôt légal : septembre 2005
N° d'édition : 2051 - N° d'impression : 75514